QINHEFENGYUN QINHELIUYUMINSUYUHUI

沁河风韵系列丛书　　主编|行　龙

沁河流域民俗语汇

以端氏方言为例

史秀菊|著

山西出版传媒集团　　山西人民出版社

图书在版编目（CIP）数据

沁河流域民俗语汇：以端氏方言为例 / 史秀菊著. —
太原：山西人民出版社，2016.6
（沁河风韵系列丛书/行龙主编）
ISBN 978-7-203-09658-0

Ⅰ. ①沁… Ⅱ.①史… Ⅲ.①西北方言—方言研究—
山西省 Ⅳ.①H172.2

中国版本图书馆CIP数据核字（2016）第151117号

沁河流域民俗语汇：以端氏方言为例

丛书主编：行　龙
著　　者：史秀菊
责任编辑：李建业

出 版 者：山西出版传媒集团·山西人民出版社
地　　址：太原市建设南路21号
邮　　编：030012
发行营销：0351-4922220　4955996　4956039　4922127（传真）
天猫官网：http://sxrmcbs.tmall.com　电话：0351-4922159
E-mail：sxskcb@163.com　发行部
　　　　　sxskcb@126.com　总编室
网　　址：www.sxskcb.com

经 销 者：山西出版传媒集团·山西人民出版社
承 印 者：山西出版传媒集团·山西新华印业有限公司

开　　本：720mm×1010mm　　1/16
印　　张：20.75
字　　数：300千字
印　　数：1–1600册
版　　次：2016年6月　第1版
印　　次：2016年6月　第1次印刷
书　　号：ISBN 978-7-203-09658-0
定　　价：60.00元

风韵是那前代流传至今的风尚和韵致。

沁河是山西的一条母亲河。

沁河流域有其特有的风尚和韵致，

那悠久而深厚的历史文化传统至今依然风韵犹存。

这里是中华传统文明的孵化地，

这里是草原文化与中原文化交流的过渡带，

这里有闻名于世的北方城堡，

这里有相当丰厚的煤铁资源，

这里有山水环绕的地理环境，

这里更有那独特而深厚的历史文化风貌。

由此，我们组成"沁河风韵"学术工作坊，

由此，我们从校园和图书馆走向田野与社会，

走向风光无限、风韵犹存的沁河流域。

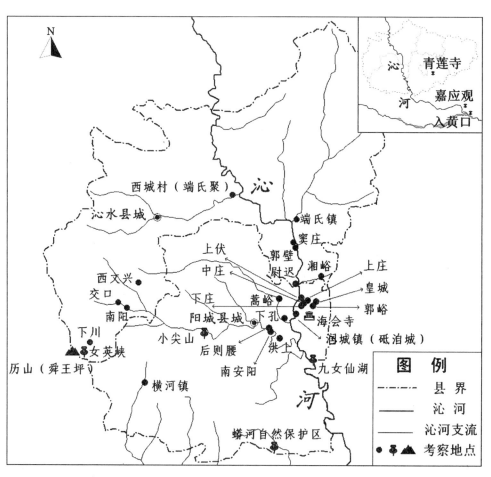

"沁河风韵学术工作坊"集体考察地点一览图（山西大学中国社会史研究中心　李嘎绘制）

三晋文化传承与保护协同创新中心

沁河風韵 学术工作坊

一个多学科融合的平台
一个众教授聚首的场域

第一场

鸣锣开张：

走向沁河流域

主讲人：行龙

中国社会史研究中心 教授

时间：2014年6月20日晚7：30
地点：山西大学中国社会史研究中心（鉴知楼）

"沁河风韵学术工作坊"海报

田野考察

会议讨论

总 序

行 龙

"沁河风韵"系列丛书就要付梓了。我作为这套丛书的作者之一,同时作为这个团队的一分子,乐意受诸位作者之托写下一点感想,权且充序,既就教于作者诸位,也就教于读者大众。

"沁河风韵"是一套31本的系列丛书,又是一个学术团队的集体成果。31本著作,一律聚焦沁河流域,涉及历史、文化、政治、经济、生态、旅游、城镇、教育、灾害、民俗、考古、方言、艺术、体育等多方面,林林总总,蔚为大观。可以说,这是迄今有关沁河流域学术研究最具规模的成果展现,也是一次集中多学科专家学者比肩而事、"协同创新"的具体实践。

说到"协同创新",是要费一点笔墨的。带有学究式的"协同创新"概念大意是这样:协同创新是创新资源和要素的有效汇聚,通过突破创新主体间的壁垒,充分释放彼此间人才、信息、技术等创新活力而实现深度合作。用我的话来说,就是大家集中精力干一件事情。教育部2011年《高等学校创新能力提升计划》(简称"2011计划")提出,要探索适应于不同需求的协同创新模式,营造有利于协同创新的环境和氛围。具体做法上又提出"四个面向":面向科学前沿、面向文化传承、面向行业产业、面向区域发展。

在这样一个背景之下,2014年春天,山西大学成立了"八大协同创新中心",其中一个是由我主持的"三晋文化传承与保护协同创新中心"。在2013年11月山西大学与晋城市人民政府签署战略合作协议的基础上,在征求校内外多位专家学者意见的基础上，我们提出了集中校内外多学科同人对沁河流域进行集体考察研究的计划，"沁河风韵学术工作坊"由此诞生。

风韵是那前代流传至今的风尚和韵致。词有流风余韵，风韵犹存。

沁河是山西境内仅次于汾河的第二条大河，也是山西的一条母亲河。沁河流域有其特有的风尚和韵致：这里是中华传统文明的孵化器；这里是草原文化与中原文化交流的过渡带；这里有闻名于世的"北方城堡"；这里有相当丰厚的煤铁资源；这里有山水环绕的地理环境；这里更有那独特而丰厚的历史文化风貌。

横穿山西中部盆地的汾河流域以晋商大院那样的符号已为世人所熟识，太行山间的沁河流域却似乎是"养在深闺人不识"。与时俱进，与日俱新，沁河流域在滚滚前行的社会大潮中也在波涛翻涌。由此，我们注目沁河流域，我们走向沁河流域。

以"学术工作坊"的形式对沁河流域进行考察和研究，是由我自以为是、擅作主张提出来的。2014年6月20日，一个周五的晚上，我在中国社会史研究中心学术报告厅作了题为"鸣锣开张：走向沁河流域"的报告。在事先张贴的海报上，我特意提醒在左上角印上两行小字"一个多学科融合的平台，一个众教授聚首的场域"，其实就是工作坊的运行模式。

"工作坊"（workshop）是一个来自西方的概念，用中国话来讲就是我们传统上的"手工业作坊"。一个多人参与的场域和过程，大家在这个场域和过程中互相对话沟通，共同思考，调查分析，也就是众人的集体研究。工作坊最可借鉴的是三个依次递进的操作模式：首先是共同分享基本资料。通过这样一个分享，大家有了共同的话题和话语可供讨论，进而凝聚共识；其次是小组提案设计。就是分专题进行讨论，参与者和专业工作者互相交流意见；最后是全体表达意见。就是大家一起讨论即将发表的成果，将个体和小组的意见提交到更大的平台上进行交流。在6月20日的报告中，"学术工作坊"的操作模式得到与会诸位学者的首肯，同时我简单介绍了为什么是"沁河流域",为什么是沁河流域中游沁水—阳城段,沁水—阳城段有什么特征等问题,既是一个"抛砖引玉",又是一个"鸣锣开张"。

在集体走进沁河流域之前,我们特别强调做足案头工作,就是希望大家首先从文献中了解和认识沁河流域,结合自己的专业特长初步确定选题,以便在下一步的田野工作中尽量做到有的放矢。为此,我们专门请校图书馆的同志将馆藏有关沁河流域的文献集中在一个小区域,意在大家"共同分享基本资料",诸位开始埋头找文献、读资料,校图书馆和各院系及研究所的资料室里,出现了工作坊同人伏案苦读和沉思的身影。我们还特意邀请对沁河流域素有研究的资深专家、文学院沁水籍教授田同旭作了题为"沁水古村落漫谈"的学术报告;邀请中国社会史研究中心阳城籍教授张俊峰作了题为"阳城古村落历史文化刍议"的报告。经过这样一个40天左右"兵马未动,粮草先行"的过程,诸位都有了一种"才下眉头,又上心头"的感觉。

2014年7月29日,正值学校放暑假的时机,也是酷暑已经来临的时节,山西大学"沁河风韵学术工作坊"一行30多人开赴晋城市,下午在参加晋城市主持的简短的学术考察活动启动仪式后,又马不停蹄地赶赴沁水县,开始了为期10余天的集体田野考察活动。

"赤日炎炎似火烧,野田禾稻半枯焦。"虽是酷暑难耐的伏天,但"沁河风韵学术工作坊"的同人还是带着如火的热情走进了沁河流域。脑子里装满了沁河流域的有关信息,迈着大步行走在风光无限的沁河流域,图书馆文献中的文字被田野考察的实情实景顿时激活,大家普遍感到这次集体田野考察的重要和必要。从沁河流域的"北方城堡"窦庄、郭壁、湘峪、皇城、郭峪、砥洎城,到富有沁河流域区域特色的普通村庄下川、南阳、尉迟、三庄、下孔、洪上、后则腰;从沁水县城、阳城县城、古侯国国都端氏城,到山水秀丽的历山风景区、人才辈出的海会寺、香火缭绕的小尖山、气势壮阔的沁河入黄处;从舜帝庙、成汤庙、关帝庙、真武庙、河神庙，到土窑洞、石屋、四合院、十三院；从植桑、养蚕、缫丝、抄纸、制铁，到习俗、传说、方言、生态、旅游、壁画、建筑、武备；沁河流域的城镇乡村，桩桩件件，几乎都成为工作坊的同人们入眼入心、切磋讨论的对象。大家忘记了炎热，忘记了疲劳，忘记了口渴，忘记了腿酸，看到的只是沁河流域的历史与现实，想到的只是沁河流域的文献与田野。我真的被大家的工作热情所感染，60多岁的张明远、上官铁梁教授一点不让年轻人，他们一天也没有掉队；沁水县沁河文化研究会的王扎根老先生，不顾年老腿疾，一路为大家讲解，一次也没有落下；女同志们各个被伏天的热火烤脱了一层皮；年轻一点的小伙子们则争着帮同伴拎东西；摄影师麻林森和戴师傅在每次考察结束时总会"姗姗来迟"，因为他们不仅有拍不完的实景，还要拖着重重的器材！多少同人吃上"藿香正气胶囊"也难逃中暑，我也不幸"中招"，最严重的是8月5日晚宿横河镇，次日起床后竟然嗓子痛得说不出话来。

何止是"日出而作，日入而息"，不停地奔走，不停地转换驻地，夜间大家仍然在进行着小组讨论和交流，似乎是生怕白天的考察收获被炎热的夏夜掠走。8月6日、7日两个晚上，从7点30分到10点多，我们又集中进行了两次带有田野考察总结性质的学术讨论会。

8月8日，满载着田野考察的收获和喜悦，"沁河风韵学术工作坊"的同人们一起回到山西大学。

10余天的田野考察既是一次集中的亲身体验，又是小组交流和"小组提案设计"的过程。为了及时推进工作进度，在山西大学新学期到来之际，8月24日，我们召开了"沁河风韵学术工作坊"选题讨论会，各位同人从不同角度对各选题进行了讨论交流，深化了对相关问题的认识，细化了具体的研究计划。我在讨论会上还就丛书的成书体例和整体风格谈了自己的想法，诸位心领神会，更加心中有数。

与此同时，相关的学术报告和分散的田野工作仍在持续进行着。为了弥补集体考察时因天气原因未能到达沁河源头的缺憾，长期关注沁河上游生态环境的上官铁梁教授及其小组专门为大家作了一场题为"沁河源头话沧桑"的学术报告。自8月27日到9月18日,我们又特意邀请三位曾被聘任为山西大学特聘教授的地方专家就沁河流域的历史文化作报告:阳城县地方志办公室主任王家胜讲"沁河流域阳城段的文化密码";沁水县沁河文化研究会副会长王扎根讲"沁河文化研究会对沁水古村落的调查研究";晋城市文联副主席谢红俭讲"沁河古堡和沁河文化探讨"。三位地方专家对沁河流域历史文化作了如数家珍般的讲解,他们对生于斯、长于斯、情系于斯的沁河流域的心灵体认,进一步拓宽了各选题的研究视野,同时也加深了相互之间的学术交流。

这个阶段的田野工作仍然在持续进行着,只不过由集体的考察转换为小组的或个人的考察。上官铁梁先生带领其团队先后七次对沁河流域的生态环境进行了系统考察;美术学院张明远教授带领其小组两赴沁河流域,对十座以上的庙宇壁画进行了细致考察;体育学院李金龙教授两次带领其小组到晋城市体育局、武术协会、老年体协、门球协会等单位和古城堡实地走访;政治与公共管理学院董江爱教授带领其小组到郭峪和皇城进行深度访谈;文学院卫才华教授三次带领多位学生赶去参加"太行书会"曲艺邀请赛,观看演出,实地采访鼓书艺人;历史文化学院周亚博士两次到晋城市图书馆、档案馆、博物馆搜集有关蚕桑业的资料;考古专业的年轻博士刘辉带领学生走进后则腰、东关村、韩洪村等瓷窑遗址;中国社会史研究中心人类学博士郭永平三次实地考察沁河流域民间信仰;文学院民俗学博士郭俊红三次实地考察成汤信仰;文学院方言研究教授史秀菊第一次带领学生前往沁河流域,即进行了20天的方言调查,第二次干脆将端氏镇76岁的王小能请到山西大学,进行了连续10天的语音词汇核实和民间文化语料的采集;直到2015年的11月份,摄影师麻林森还在沁河流域进行着实地实景的拍摄,如此等等,循环往复,从沁河流域到山西大学,从田野考察到文献理解,工作坊的同人们各自辛勤劳作,乐在其中。正所谓"知之者不如好之者,好之者不如乐之者"。

2015年5月初,山西人民出版社的同志开始参与"沁河风韵系列丛书"的有关讨论会，工作坊陆续邀请有关作者报告自己的写作进度，一面进行着有关书稿的学术讨论，一面逐渐完善丛书的结构和体例，完成了工作坊第三阶段"全体表达意见"的规定程序。

"沁河风韵学术工作坊"是一个集多学科专家学者于一体的学术研究团队，也是一个多学科交流融合的学术平台。按照山西大学现有的学院与研究所（中心）计，成员遍布文学院、历史文化学院、政治与公共管理学院、教育学院、体育学院、美术学院、环境与资源学院、中国社会史研究中心、城乡发展研究院、体育研究所、方言研究所等十几个单位。按照学科来计，包括文学、史学、政治、管理、教育、体育、美术、生态、旅游、民俗、方言、摄影、考古等十多个学科。有同人如此议论说，这可能是山西大学有史以来最大规模的、真正的一次学科交流与融合，应当在山西大学的校史上写上一笔。以我对山大校史的有限研究而言，这话并未言过其实。值得提到的是，工作坊同人之间的互相交流，不仅使大家取长补短，而且使青年学者的学术水平得以提升，他们就"沁河风韵"发表了重要的研究成果，甚至以此申请到国家社科基金的项目。

"沁河风韵学术工作坊"是一次文献研究与田野考察相结合的学术实践，是图书馆和校园里的知识分子走向田野与社会的一次身心体验，也可以说是我们服务社会，服务民众，脚踏实地，乐此不疲的亲尝亲试。粗略统计，自2014年7月29日"集体考察"以来，工作坊集体或分课题组对沁河流域170多个田野点进行了考察，累计有2000余人次参加了田野考察。

沁河流域那特有的风尚和韵致，那悠久而深厚的历史文化传统吸引着我们。奔腾向前的社会洪流，如火如荼的现实生活在召唤着我们。中华民族绵长的文化根基并不在我们蜗居的城市，而在那广阔无垠的城镇乡村。知识分子首先应该是文化先觉的认识者和实践者，知识的种子和花朵只有回落大地才有可能生根发芽，绚丽多彩。这就是"沁河风韵学术工作坊"同人们的一个共识，也是我们经此实践发出的心灵呼声。

"沁河风韵系列丛书"是集体合作的成果。虽然各书具体署名，"文责自负"，也难说都能达到最初设计的"兼具学术性与通俗性"的写作要求，但有一点是共同的，那就是每位作者都为此付出了艰辛的劳作，每一本书的成稿都得到了诸多方面的帮助：晋城市人民政府、沁水县人民政府、阳城县人民政府给予本次合作高度重视；我们特意聘请的六位地方专家田澍中、谢红俭、王扎根、王家胜、姚剑、乔欣，特别是王扎根和王家胜同志在田野考察和资料搜集方面提供了不厌其烦的帮助；田澍中、谢红俭、王家胜三位专家的三本著述，为本丛书增色不少；难以数计的提供口述、接受采访、填写问卷，甚至嘘寒问暖的沁河流域的单位和普通民众付出的辛劳；田同旭教授的学术指导；张俊峰、吴斗庆同志组织协调的辛勤工作；成书过程中参考引用的各位著述作者的基本工作；山西人民出版社对本丛书出版工作的大力支持，都是我们深以为谢的。

本书凡例

1.每条词语都加【 】，然后用国际音标注音，再用五度制调值标调，最后释义或举例，例句之间用"｜"间隔。与普通话差异不大、无理解困难的词条一般不作解释。如:【扭】niʌu21 歪。如：放～了。｜那一头是～的。

2.词表中声调的标注以实际读音为准，不标识单字调和连读变调的区别。

3.同义词或近义词排列在一起，常用的作为第一条顶格排列，其他各条缩两格另行排列。

4.多义词的不同义项用圆圈数码①②③等分开表示。如:【弓】koŋ²² ①弹棉花的工具。②弓箭。

5.替代号"～"表示复举前面的词或词组。

6.本书标音符号:

（1）辅音，本书所用辅音符号共 26 个。

音标		例字	
p	菠 pɤ²²	步 pu⁵³	病 piəŋ⁵³
pʰ	坡 pʰɤ²²	配 pʰɛ⁵³	旁 pʰã²⁴
m	磨 mɤ²⁴	忙 mã²⁴	麦 mɑʔ²²
f	飞 fe²²	凡 fæ²⁴	法 fɑʔ²²
v	味 vɛ⁵³	物 vəʔ²²	洼 vɒ²²
t	多 tuɤ²²	待 tɛ⁵³	党 tã²¹
tʰ	拖 tʰuɤ²²	图 tʰu²⁴	通 tʰoŋ²²
n	脑 no²¹	难 næ²⁴	捏 niɑʔ²²
l	来 lɛ²⁴	狼 lã²⁴	吕 ly²¹

ts	左 tsuɤ²¹	尖 tse²⁴	贼 tsɛ²⁴
tsʰ	搓 tsʰuɤ²²	浅 tsʰe²¹	钱 tsʰe²⁴
s	锁 suɤ²¹	鲜 sue²²	宋 soŋ⁵³
tʂ	遮 tʂɤ²²	捉 tʂuaʔ²²	庄 tʂuã²²
tʂʰ	除 tʂʰu²⁴	床 tʂʰuã²⁴	拆 tʂʰaʔ²²
ʂ	勺 ʂəʔ⁵³	瘦 ʂʌu⁵³	霜 ʂuã²²
ʐ	惹 ʐɤ²¹	让 ʐã⁵³	热 ʐaʔ²²
tɕ	姐 tɕia²⁴	尽 tɕiəŋ⁵³	接 tɕiaʔ²²
tɕʰ	齐 tɕʰi²⁴	秦 tɕʰiəŋ²⁴	漆 tɕʰiəʔ²²
ɕ	写 ɕiɛ²¹	袖 ɕiʌu⁵³	姓 ɕiəŋ⁵³
c	巨 cy⁵³	杰 ciɑʔ⁵³	家 ciɒ²²
cʰ	区 cʰy²⁴	欺 cʰi²²	屈 cʰyəʔ²²
k	歌 kɤ²²	狗 kʌu²¹	监 ke²²
kʰ	可 kʰɤ²¹	开 kʰɛ²²	客 kʰaʔ²²
ŋ	朋 pʰəŋ²⁴	贫 pʰiəŋ²⁴	荣 zoŋ²⁴
x	花 xɒ²²	壶 xu²⁴	灰 xuɛ²²
ɣ	爱 ɣɛ⁵³	饿 ɣɤ⁵³	硬 ɣe⁵³

（2）元音，本书所用元音符号共 20 个。

音标		例字	
ɿ	资 tsɿ²²	瓷 tsʰɿ²⁴	四 sɿ⁵³
i	鸡 ci²²	心 ɕiəŋ²²	甲 ciaʔ²²
u	补 pu²¹	口 kʰʌu²¹	活 xuaʔ⁵³
y	举 cy²¹	军 cyəŋ²²	削 ɕyɑʔ²²

ɯ	箔儿 pɣɯ⁵³	五 uɯ²⁴	十 ʂəɯ⁵³
ɿ	知 tʂɿ²²	池 tʂʰɿ²⁴	师 ʂɿ²²
ɚ	儿 ɚ²⁴	二 ɚ⁵³	而 ɚ²⁴
a	拍 pʰa²²	伯 pa²⁴	衲 na⁵³
ɒ	花 xɒ²²	茶 tʂʰɒ²⁴	家 ciɒ²²
ɣ	饿 ɣɣ⁵³	河 xɣ²⁴	多 tuɣ²²
E	才 tsʰE²⁴	街 ciE²²	靴 ɕyE²²
ɛ	罪 tsɛ⁵³	跟 kɛ²²	尊 tsuɛ²²
o	毛 mo²⁴	高 ko²²	标 pio²²
ʌ	走 tsʌu²¹	偷 tʰʌu²²	流 liʌu²⁴
e	减 ke²¹	严 ie²⁴	全 tsʰue²⁴
æ	贪 tʰæ²²	凡 fæ²⁴	端 tuæ²²
ɑ	帮 pɑ̃²²	良 liɑ̃²⁴	刷 ʂuɑʔ²²
ə	人 zəŋ²⁴	各 kəʔ²²	玉 yəʔ²²

[~]　　光 kuɑ̃²²（加在元音上表示鼻化）

[ʔ]　　答 tɑʔ⁵³　（喉塞音，表入声韵）

（3）声调符号。

本书用五度制调值标调，在音节的右上角标出，轻声用"0"表示。本书所用的调值符号共有 6 个。

调值符号	调类		例字	
22	阴平	高 ko²²	边 pe²²	初 tʂʰu²²
24	阳平	才 tsʰE²⁴	穷 cʰyəŋ²⁴	寒 xæ²⁴
21	上声	古 ku²¹	走 tsʌu²¹	口 kʰʌu²¹
53	去声	害 xE⁵³	罪 tsɛ⁵³	共 koŋ⁵³

| 22 | 阴入 | 眨 tʂaʔ²² | 渴 kʰaʔ²² | 获 xuaʔ²² |

| 53 | 阳入 | 杂 tsaʔ⁵³ | 侄 tʂəʔ⁵³ | 逼 piəʔ⁵³ |

（4）其他符号：

[ ] 是国际音标方括弧，如[a]、[tʂ]。大多数情况下为行文方便不加方括弧。如：【农忙】noŋ²⁴mã²⁴。

ø 表示零声母，为行文方便直接用元音开头，如：【银匠】iəŋ²⁴tɕiã⁵³。

﹏ 字下加波浪线表示同音字。如：【全换】tsʰue²⁴xuæ²¹ 齐全。

□表示有音无字或本字不可考。如：【□肘】tuaʔ²²tʂʌu²¹

音标下加竖线表示自成音节。如：【母榫】m̩²¹ɕyəŋ²¹。

4

目 录

CONTENTS

一、沁河流域民俗语汇的特点

语言，像流水一样，活在人们的交际之中，源源不断地流淌着、发展着。

一方水土养一方人，一方人的语言成了一方地域的标记。循着熟悉的乡音，异乡游子能追溯到自己的根。

沁河千百年来流淌在上党这片热土之上，养育着她周边的子民。沿河而栖的人民祖祖辈辈使用着沁河赋予他们的、只有他们能听懂的方言，传承着属于他们自己的文化。

语言是文化的载体，同时也是一种特殊的文化现象。透过语言，我们能看到文化曾经冲刷过的"河道"以及留下的点点珍珠，斑斑印迹。捡拾这些珍珠，追寻这些印迹，我们能领略到一方地域文化的博大精深。

本书以沁水县端氏镇方言为例，汇集沁河流域的民俗语汇，记录它们的读音，诠释它们的意义，透过这些散发着沁河流域泥土芬芳的语词，挖掘沁河流域千百年来的文化记忆。

端氏镇位于沁水县城东 45 公里处的沁河岸边，沁河绕镇而过。全镇辖 26 个行政村，168 个自然庄，总面积 257 平方公里，总人口 3 万余人。端氏镇交通便利，是沁水县城东地区经济、商贸、文化活动的中心，也是高平、阳城、沁水三县的交通枢纽，素有"旱码头"之称。

端氏镇历史悠久。据县志记载，远在夏商之前，这里就有先民居住生存。春秋时期韩、赵、魏三家分晋，曾迁晋君于端氏聚，西汉开始设县，隶属河东郡。三国、西晋、北魏，先后属平阳郡、安平郡管辖。隋开皇三年(583)，端氏县治由西城村迁至端氏村，隶属长平郡。唐、五代、宋归泽州管辖。元中统元年(1260)，端氏县并入沁水县，隶属于晋宁路。其县治从西汉至元历经 1000 多年时间。1941 年，晋冀鲁豫边区为了纪念著名抗战将领武士敏，端氏设士敏县，1947 年端氏、沁水二县又合并为沁水县。

端氏境内土地肥沃，气候温和，历史上农业、蚕桑业、商业都较为发达，早在唐代，在古老的东街就集中着众多的缫丝、织绢等手工业作坊，明清时期，端氏已是店铺林立，商贾云集，出现了"复兴楼""源顺祥""同兴和""育合昌"等较大的商号，成为沁河流域远近闻名的繁华古镇。

端氏镇曾有不少名人、名山和名胜。李东星、常伦、贾景德、武士敏、李小四等历史文化名人令人感佩；樀山、巍山等自然风光引人入胜；那建筑精美、文韵丰厚的坪上张家大院、贾氏民居，古朴沧桑、风格别具的阁楼古寨、汤王庙，还有曾经辉煌现已消失的端阳祠、文庙、南佛堂、城隍庙、文庙、铁佛寺、关帝庙、黑虎庙等，无不显示着端氏历史和文化的厚重。有着千年历史的端氏古镇，人杰地灵，文化灿烂。

有如此深厚文化积淀的千年古镇，她的子民们一代代口耳相传的方言，无可争议地成为上党地区方言的典型代表，端氏方言中存留下来古老的读音和丰富的历史文化、民俗文化内涵，同样令人叹为观止。

1.语音方面

端氏方言语音方面最突出的特点是：

a.有入声：入声调是古代汉语的特点，现代北方方言除了山西及其毗邻地域，入声调都已消失。端氏方言还保留有入声字，而且入声还分阴入和阳入，阴入字读低平调（调值22），如"眨入渴疾作桌力百"，阳入字读高降调（调值53），如"杂给拔侄镯逼白"。

b.普通话声母读为 j、q 的字，端氏方言读音仍近似 g、k，如"家九件杰"和"区斤屈箕"（本书记作国际音标 c、cʰ）的声母。而近似 g、k 的音是存古的读法。

c.普通话读 gua、kua、hua 的字端氏话读为 ga、ka、ha，韵母 a 特别靠后而且圆唇。例如：读 ga 的如"瓜寡剐挂卦褂"；读 ka 的如"夸垮跨挎胯"；读 ha 的如"花华划铧滑猾桦哈话画"。

d.普通话读 an、ian、uan、üan 韵母的字，端氏方言与普通话差别很大。其中普通话读 ian 韵母的字除零声母外端氏话都归入 an 韵母，而 an 韵母大多又读为[e]（国际音标），如"战缠善染鞭偏棉点天年连见牵尖千先"等字；零声母的 ian 韵母读为[ie]（国际音标），如"淹盐阎严言研沿谚眼演验炎艳燕咽焰"等字；üan 韵母大都读为[ue]（国际音标），如"全泉宣鲜旋悬选捐绢卷券圈犬拳权颧劝"；零声母的 üan 韵母字则都读[e]，如"元冤圆原袁园远院怨"等字。

e.普通话读 en、eng、uen、ong 的字，在端氏话中没有了鼻韵尾（不分前后鼻韵母），如：奔=悲、笨=辈、盆=陪、门=梅、闷=妹、分=飞、坟=肥、温=微、春=揣、滚=鬼、冷=磊、楞=累、僧=虽、省=水。当地不分前后鼻音韵母，如：针=蒸、深=声、宾=冰、林=灵、勋=兄。

2.构词法方面

端氏方言构词形式丰富多样，这里只列举最具特色的几种。

a."圪"头词

端氏方言"圪"头词以名词居多，名词有两音节、三音节甚至多音节的，动词多为两音节的，形容词则多为四音节生动形式。下面举例说明。

带"圪"的名词

两音节名词

圪雷	圪茬	圪糁	圪梁	圪垒	圪石	圪针
圪丁	圪忙	圪瓶	圪桃	圪蚪	圪蟆	圪台
圪栏	圪洞	圪墩	圪蚤	圪渣	圪瘦	圪脑
圪截	圪铃	圪把	圪咙喉咙	圪芦葫芦	圪当高粱杆儿

三音节名词

里圪渣	油圪蟆	油圪磋	车圪辘	扣圪窿	刨圜圙刨花
针圪芦	土圪拉	窗圪劳	红圪炭	水圪围	刷骨朵刷子
楼圪梯	树圪枝	猫圪洞	窗圪台	门圪圖	粪圪堆

以上三音节词第一语素是修饰性的。

脚圪尖	裤圪杈	石圪钉	榆圪钱	围圪嘴围嘴儿	膀圪蛋肩膀

山圪顶　　山圪嘴　　花圪朵　　油圪茶　　房圪廊　　柳圪毛柳絮

以上三音节词属于嵌圪词。

圪脑头　　圪嘴炉　　圪芦瓢　　圪蒲钉　　圪膝盖　　圪廊地　　圪毛虫

以上三音节词中"圪"为修饰语。

圪头虫　　圪几鬼小气鬼　　圪落鸡　　圪灵貗松鼠　　圪流鬼吊死鬼

以上三音节词中,前两个语素可组合成词,最后一实语素为中心语素。

多音节名词

狗圪铃蛋　　　粪圪料虫　　　半圪截裤　　　独圪朵蒜

玉茭圪棒　　　牛草圪蜱　　　笑靥圪圪　　　吃嘴圪窝

耳朵圪窿　　　萝卜圪条　　　打狗圪垛

带"圪"的动词

圪倾　圪捏　圪抽　圪逛　圪攮　圪晃　圪涂　圪颤

圪眯　圪舔　圪嗍　圪摸　圪刍　圪裂　圪转　圪缠

圪搅　圪捅　圪瓦　圪弯　圪泣　圪抠　圪撮　圪包

圪遛　圪踅　圪缯　圪抵　圪眊　圪咂　圪擞　圪照

圪出　圪探　圪蹲　圪爬　圪撒　圪逞逞能　圪嘟撅嘴

带"圪"的形容词

双音节的较少,多为四字更多字的熟语。

圪蔫　　　圪囵　　　圪荏

圪冷冷　　　圪蔫蔫　　　圪能能　　圪乎乎

粉圪奶奶　　蓝圪色色　　紫圪浓浓　　酥圪咪咪

脆圪嘣嘣　　眉圪楚楚　　硬圪嘣嘣

圪搐打蛋　　圪节蹦蛋　　圪渣马虎　　圪溜逛荡　　亲亲圪擞

圪蔫倒嚓　　圪抵圪试　　跌倒圪录　　圪抵圪缝　　圪抵马荏

嬉皮冷圪呲　　小眉圪作气　　黑天圪摸地

圪嗤哇列嘴　　尖馋圪遛嘴　　怪滋圪辣味味不正

狗汤圪辣水　　小眉圪作眼　　呵溜圪淡水形容味道不好

b."不"头词

"不"是一个表音字，没有意义。端氏方言中有很多带"不"音的词，既有名词，又有动词或形容词，形容词多为四音节。例如：

不梢_{熏肥用的柴火}　不咚_{拉粪用的桶}　不篮_{笸箩}　不来_摆　不烂_拌

不颊_{啮嘴}　不穗_{穗子}　不链_串　不溜_行　不娑_{抚摸}

不腆_{腆着肚子}　不甩_甩　不罗_搂　不荡_{晃荡}

水不池　碗不产_碗　香不袋_{香囊}　碾不脐

鸡不嗦　肚不脐　柴不遮　帽不扇

白不生生　黑不溜秋　红不拉拉　黑不光光

绿不油油　绿不茵茵　冰不碴碴　粗不楞腿

轻不撩撩　软不溜溜　酸不溜溜　涩不碴碴

血不淋淋　憨不愣瞪　冷不碴碴　油不嗤嗤

黑不愣腾　灰不溜溜　光不达达　凉不碴碴

圪渣不几　软溜不几　软不拉几　阴凉不碴

不朗颠倒　溜溜不扯　黏黏不扯　欢马不跳

红眉不扯眼　稀汤不油水　圪蔫不拉扯　稀汤不悠水_{饭特别稀}

糊里不拉倒　痴眉不瞪眼　香汤不辣水_{饭很香}

c.由中缀"里"构成的四字格

"里"也是一个表音字，多是四字格。例如：

猴里猴气　鬼里鬼气　邋里邋遢　妖里妖气

啰里啰唆　疯里失气　癔里癔症　风里风张

傻里巴气　零里巴碎　张里张踺　贱里失气

d.由数词构成的熟语

由数词构成的熟语中，数字已经失去了它的记数功能，多为当地使用频率很高的数词配对使用，多为四字格，也有个别三音节和少数多音节熟语。例如：

二吊半　　一拿两准　　一敞八荡　　丢二遍三

低三下四	假眉三道	三楞八瓣	四棱四角
四散五零	捶七倒八	七杂八货	七生八气_{动不动生气}
七聋半怔	多嘴八舌	七饼烂三棍_{乱七八糟}	
三步两圪叉	半头六圪截		
东一犁西一耙	三行鼻涕两行泪		

e.由"没"构成的熟语

没白没夜	没时没晌	没心没肝
没边没沿	没明没黑	没呵淡水_{没意思}
没事打事_{无所事事}	没歌淡扯_{没话找话}	
没憨倒锤_{没有把握}	没深量浅_{没有分寸或表示无法估量}	
少皮没毛	有松没要紧	没盐圪淡水

f.重叠

端氏方言中有大量的词语重叠形式，这些重叠形式多为名词性、动词性和形容词性的重叠。例如：

刷刷	垫垫	炒炒_{食物}	馍馍	票票
婆婆	姥姥	伯伯	大大_{叔叔}	娘娘
婶婶	姑姑	姨姨	舅舅	妗妗
公公	叔叔_{丈人}	爸爸_{继父}	哥哥	姐姐
妹妹	憨憨	奶奶_{乳房}		

向暖暖	水围围	圪窝窝	黑窝窝
灰菜菜	大爷爷	小伯伯	小勺勺
顶拐拐	猜谜谜	葬娃娃	定立立_{栽倒立时候头贴地}
端娃娃	水咕咕	蚕姑姑	圪镊镊_{镊子}
地狗狗	铁栓栓	线蛋蛋	柴皮皮
帽帽鸡	胡胡鸡	蝈蝈虫	娃娃书
蹦蹦虫	背背房	串串院	面面药
水水药	片片药	兵兵帽	猴猴帽

曲曲菜　　棍棍糖　　　末末名　　末末蛋

温温水　　空空柿

扳扳不倒　　　背背疙瘩　　　鸹树啵啵_{啄木鸟}

烤烤（火）　　　解解（馋）　　　压压（饥）

败败（毒）　　　啖啖（嘴）

圪捏圪捏　圪叉圪叉_{用脚丈量}　圪搓圪搓

不拉不拉　不娑不娑_{抚摸}　　圪掂圪掂

清溜溜　　浑洞洞　　　瘦巴巴

失灰灰　　圪撅撅　　　整齐齐

风风张张　歌歌溜溜　利利亮亮　凉不碴碴

g.其他构词特征

端氏方言中还要少量"日"头词，例如"日囊、日捣、日糊_{糊涂；反应慢；}_{形容饭菜温吞吞的}"，分音词如"不来=摆""不拉=拨""圪栏=杆""得料=鹛"，合音词"阶=几个""野=一个"等。

3.熟语方面

端氏方言中有大量四字格成语，在前文列举中已经列出一些，如"圪溜逛荡""假眉三道""三楞八瓣"等。除此之外，端氏方言中最有特色的是谚语和歇后语部分，谚语包括事理谚语和农业、气象、养生等方面的谚语；歇后语既有谐音的又有喻义的。

a.事理谚语

宁吃过头饭，不说过头话。

问路不施礼，多跑三十里。

多叫一声哥，少上十里坡。

镜子越擦越亮，脑子越用越灵。

人无志不立，树无根不长。

吃饭要吃米，说话要说理。

堆金积玉，不如积德。

勤是摇钱树，俭是聚宝盆。

越坐越懒，越吃越馋。

绳往细处断，果从破处烂。

不怕人不敬，就怕己不正。

一儿一女一枝花，儿女多了是冤家。

宁可无钱使，不可无廉耻。

石头虽小垒成山，羊毛虽小擀成毡。

一顿省一把，三年买匹马。

要学惊人艺，须下苦功夫。

百事通，不如一门精。

b.农业、气象谚语

椿头一大把，赶快种棉花。

家有一亩桑田，不愁柴米油盐。

要想富，卖酒醋。

宁叫小孩哭，不敢误了蚕上簇。

小满见桑葚，芒种见麦茬。

七月枣儿，八月梨，九月柿子红了皮。

秋耕深一寸，顶上一茬粪。

寸草铡三刀，无料也上膘。

云往东，一场空；云往西，关爷骑马披蓑衣；云往北，圪雷堆；云往南，雨团团。

春雾风，夏雾热，秋雾连阴，冬雾雪。

东面张开嘴，西面流股水。（说云）

日落牲口不回圈，明天一定是雨天。

星星眨眼，有雨不远。

c.有关养生的谚语

少吃多滋味，多吃坏脾胃。

若要身体好，吃饭不过饱。

忧多伤身，食多伤胃。

白天多动，夜里少梦。

气恼成病，欢乐长命。

活动好比灵芝草，何必苦把仙方找。

d.谐音歇后语

杨宗保老婆——没事（穆氏）。

半夜切谷——有岁（穗）数。

裁缝掉了剪——只剩尺（吃）。

纳底不用锥——针（真）好。

对着门口吹喇叭——鸣（名）声在外。

皇上的妈——太后（厚）。

灶王爷伸手——拿糖（搪）。

猪八戒摆手——不伺猴（候）儿。

老太太上鸡窝——奔（笨）蛋。

e.喻义歇后语

圪桃虫——嘴硬腰软。

床上拾卧单——现成。

半夜借尿盆——你使我不使？

羊群里跑出驴来——你算老几。

狗掀门帘猪拱地——只凭嘴使。

日本人看戏——什么也不懂。

圪蚤放屁——小气。

武大郎放风筝——出手不高。

二郎神放屁——神气儿十足。

4.语法方面

端氏方言语法方面也很有特色，这里略举几类具有典型特色的例子。

a."动"相当于普通话"……的时候"，例如：

吃动饭唤我啊！

学动兰操上心。

你出动撼上钥匙。

b."将来"相当于普通话的"过来"或"上来""起来"等。例如：

你唤得将来唤不将来？

这道题你做得将来做不将来？

跟你把饭端将来吧？

你不会跑将来？

c."……好"表示不确定或警告的语气。例如：

才将跟他说话那是他哥好？

星期天他在屋里好？

你这家伙想挨打兰好！

d."好……好"表达商量、猜测、询问、质疑、惊叹等多种语气。例如：

这书是小李的吧？——好是小李的好。

那是小张买的车吧？——好是小王买的好。

才将跟他说话那是他哥好？——好是嘞好。

阿慧开车走啦。——好不能好！她几时学的开车？

阿英没啦。——好不能好！夜还见她来！

e."好不能……"相当于普通话"难道……"的意思，多用于反问句。例如：

好不能他不行你能行？

好不能我就不如你！

好不能我没跟你说过？

好不能你就没有去？

好不能叫我去求他？

好不能红的好？

好不能（这么远）走的去？

f. "搁不住"即"经不住"或"不值得"，常用于客套话中表示"不客气"或"没关系"的意思。例如：

做一个人的饭还，搁得住做？——搁不住。

太麻烦你了！我请你吃饭吧？——搁不住，搁不住。

谢谢你！——搁不住，搁不住。

g. "甚"可以处于谓词后面，还可以与"太"构成框式状语。例如：

这孩太低了吧？——微低点，不低甚。

这菜太酸了吧？——微酸点吧，不酸甚。

这孩太鲁莽了吧？——微跑矛点吧，年轻人。

那孩太难看了吧？——微难看吧，也不太难看甚。

今天真凉快呀！——也不（是太）凉快甚吧。

5.方言与民俗文化

方言承载着民俗文化，文化又折射出方言的特色。一方水土养一方人，一方地域孕育出一方独有的方言，方言又孵化出特有的民俗文化。方言和民俗文化就是这样一种相辅相成的关系。从方言到民俗往往通过谐音和喻义。谐音其实就是一种心理联想，方言特有的读音产生特定的联想，投射到特定的人或事上，产生了一种喻义——祈愿或避讳（如"九"谐音"久"），这种祈愿和避讳最初可能是个人的，经过长时间的约定俗成，逐步演变成团体的、社会的。喻义也是一种心理联想，不过可以不通过谐音，而是通过对物质本身特点所产生的联想（如"石榴"多子）来赋予事物特有的意义。谐音和喻义是方言和民俗文化之间的纽带，其本质是趋吉避凶的文化心理。这里仅以端氏方言与当地婚丧习俗关系的几个实例来略作说明。

a.端氏婚嫁民俗中，有一种结婚时新人双方互赠蒸饼的习俗。蒸饼分为三层，第一层叫"大圪堆"，白面里边包有核桃、枣、花生、瓜子、制钱（过去为铜钱、银圆，现在为硬币）各五个。第二层叫"二圪堆"，先在二圪堆一周的面上插五个石榴，石榴上再插面塑的五个莲花和五条鱼（鱼捧莲、金鸡串石榴），在最上面一圈插面塑的牡丹、凤、叶子各五个，叫做"凤戏牡丹"。第三层叫"总石榴"，石榴周围插有一对柿子、一个如意、一个双喜字、一只蝴蝶，叫做"事事如意喜相逢"。石榴正上方插有松枝，松枝上有一对松圪堆（即松塔儿）。每一层蒸饼都有不同的寓意：第一层的"核桃"谐音"和"，是祝愿新人从此和和气气，幸福美满；"制钱"属金，金主贵，与"枣""花生""瓜子"一起寓意"早生贵子"。第二层的"石榴"多子，是祝愿一对新人多子多福；"莲花"和"鱼"寓意"连年有余"；"牡丹""凤"和"叶子"是祝愿一对新人琴瑟和谐（凤戏牡丹），并开枝散叶。第三层的"柿"谐音"事"，与"如意""喜"字合起来祝愿一对新人"事事如意喜相逢"；"蝴蝶"和"松枝"则是祈愿一对新人健康长寿。这些谐音和喻义贯穿当地民俗趋吉心理的始终。

b.端氏婚嫁习俗中还有"照半九""头九""接九"等习俗，即结婚第九天（"半九"即第四天或第五天）新娘家人接新娘回家的习俗。"九"谐音"久"。新娘家人希望新娘与新郎能够长长久久，恩恩爱爱，白头偕老。

c.端氏的相亲习俗中有招待相亲对方吃饭的习俗，吃不同的饭有不同的寓意：如果相中对方就吃"扯面"，寓意要"拉扯"在一起，将来要有"扯不断"的关系；如果没有相中对方，就吃"撅片"，寓意从此撅断关系，不再往来。这种习俗避免了当面拒绝的难堪，"此时无声胜有声"。

d.端氏还有一种"添种"习俗，即在清明节前后（清明当天不添种）或谷雨前后，新娘的家人把绿豆、馍馍放在小篮子里送到男方家。"添种"，在当地习俗中是一种双关的修辞手法：清明和谷雨正是播种时节，添种习俗一方面是希望女儿的婆家春天播下良种，秋天喜获丰收；另一方面也寓意企望女儿能早生贵子，为婆家"添种"。

e.端氏婚嫁习俗中还有一种叫"白头偕老"。这是近十多年来才新兴起来的习俗，即迎亲队伍中首尾都用白色的车，用白色寓意"白头偕老"。这是对传统的红色主喜庆、白色主丧葬习俗的挑战，起初受到当地传统婚嫁习俗的阻挠，甚至发生过冲突，但"白头偕老"的寓意受到当地年轻人的欢迎，逐步发展并盛行开来。这一新兴习俗充分说明文化是动态的，我们通过这一习俗的发生、发展到盛行看到了一种外来民俗在另一民俗系统中生根发芽并成长壮大的过程。

f.端氏人办丧事有用"醋"辟邪的习俗。例如当地"惊魂"和"赶阳"（也叫"赶魂"，详见正文）习俗中都要用到醋——"惊魂"和"赶阳"的共同点在于都要用醋浇在烧红的秤砣上辟邪。周边也有丧事中用醋压邪的风俗，如阳城人办丧事从坟地回来要喝醋压邪。在端氏的语音系统中我们已经看不到"醋"和"邪"的联系，但阳城方言中，"咸"和"邪"同音，都读[se]，在当地饮食习惯中，饭菜咸了要放点醋，因为醋能压住咸味，当地的人们由"咸"联想到"邪"，因此"醋"能压"邪"，这种通过方言同音字所产生的联想促成了一种民俗的产生。端氏方言虽然"咸"与阳城话同音，都读[se]，但"邪"已经读 xie 了，不过通过相同的民俗我们可以印证曾经的端氏方言"咸"和"邪"应该也同音。这是民俗文化和方言互证的典型实例。

以上从语音、构词法、熟语、语法、方言与民俗文化等方面简单概括了端氏方言的特点，但一种地域方言"麻雀虽小，五脏俱全"——地域虽有限，日常交际需要的要素一个也不会少。沁河流域方言语汇犹如波涛滚滚的大海，这里只不过是海滩拾贝，撷取了端氏方言几个较为耀眼的贝壳和珍珠，面对她的博大精深我们只能望洋兴叹。

本书正文部分是我们在全面调查的基础上对端氏方言语汇较为详细

的描写。我们记录词汇，解释意义，描写民俗特点和记录当地风土人情。说是全面和详细，只不过是我们倾注全力去采撷了方言语汇海洋馈赠给我们的珍宝，正文收录的也不过是当地语汇海洋里的几朵浪花，但我们希望通过自己的努力，能把沁河流域的方言保存下来，能把当地的民俗文化传承下去，在对这些非物质文化遗产的保存和传承中贡献出自己的一分力量。

端氏古城墙

端氏古镇

庙会

沁河

二、端氏方言民俗语汇

1.房舍民俗语汇

（1）房屋

【房】fã²⁴

【屋】vəʔ²² ①房屋。②指称"家"，如："你～你家"、"他～他家"。

【老房】lo²¹fã²⁴ 过去的旧房子。

　　【老屋】lo²¹vəʔ²²

【房圪廊】fã²⁴kəʔ²²lã²¹ 没有顶，只有墙的破房。

【预制板房】y⁵³tʂʅ⁵³pæ²¹fã²⁴ 水泥房。

　　【水泥房】ʂɛ²¹ni²⁴fã²⁴

【土房】tʰu²¹fã²⁴ 泥土建造的房子。

　　【胡墼房】xu²⁴tɕiəʔ²²fã²⁴

【砖房】tʂuæ²²fã²⁴

【楼房】lʌu²⁴fã²⁴ 当地明清时期的房子多为两层楼房。

【平房】pʰiəŋ²⁴fã²⁴ 只有一层的房子。

【瓦房】vɒ²¹fã²⁴ 用瓦盖顶的房子。

【窑】io²⁴ 当地统称圆拱顶的房屋，不单指就土山挖成的窑洞。

【土窑】tʰu²¹io²⁴ 就土山挖成的窑洞。

【砖窑】tʂuæ²²io²⁴ 砖垒的窑。

【石窑】ʂəʔ⁵³io²⁴ 石头垒起来的窑。

【楼窑】lʌu²⁴io²⁴ 两层的窑，第二层不住人，用来存放东西，一般是砖窑。

【打窨】ta²¹tɕio⁵³ 挖窨。

【大窨】ta⁵³tɕio⁵³

【红薯窨】xoŋ²⁴ʂu²¹tɕio⁵³

【萝卜窨】luɣ²⁴pu²¹tɕio⁵³

【背背房】pɛ²²pɛ²²fã²⁴ 借用其他房子后墙盖的房屋。当地人认为这种房屋
　　　　不好，俗语有："大房背小房，一天哭三场"。

【做饭厦】tsuəʔ⁵³fæ⁵³ʂɒ²² 搭在院子里用来做饭的地方。

　　【厦底】ʂɒ²⁴ti²¹

【堂房】tʰã²⁴fɑ̃²⁴ 坐北朝南的房屋，一般是两层楼房。堂房中间三间为主房，两边两间为耳房，称为"三大二小"。耳房的屋檐比主房低，有的主房与耳房相通，有的不通。四合院中，堂房屋檐最高。当地有"有钱住堂房，冬暖夏天凉"的说法。

【堂屋】tʰã²⁴vəʔ²²

【西屋】ɕi²²vəʔ²² 四合院中坐西朝东的房屋。

【南屋】næ²⁴vəʔ²² 四合院中坐南朝北的房屋。

【东屋】toŋ²²vəʔ²² 四合院中坐东朝西的房屋。

【厅房】tʰiəŋ²²fɑ̃²⁴ 形制较西屋、东屋等都大的北屋，一般包括三间主房和两间耳房。

【厅房院】tʰiəŋ²²fɑ̃²⁴ve⁵³ 有厅房的院子。

【院】ve⁵³ 一般为方院，当地人不修长院，认为东西长的院子不吉利。

【四合院】sɿ⁵³xɑʔ⁵³ve⁵³ 一般指四面都盖有房屋的院子，也有人专称"四大八小"的院落。"四大八小"的四合院是有钱人家住的，普通人家也盖堂屋、东屋、西屋、南屋，但只堂屋盖有耳房，东屋、西屋、南屋一般不盖，盖起了一般也称小屋，不称耳房。

【四大八小】sɿ⁵³ta⁵³pɑʔ²²ɕio²¹ 四合院东、西、南、北的四间主房（四大）和与各主房相连的八间耳房（八小）。

【主房】tʂu²¹fɑ̃²⁴

【耳房】əɭ²¹fɑ̃²⁴

【四破五】sɿ⁵³pʰɣ⁵³u²¹ 一种新兴的房屋建造样式。在原本能盖四间房屋的地方盖三间大房，两边再分别盖半间小房。

【里间】li²¹ke²² 一般指不直接与室外相通的房间。

【外间】ve⁵³ke²² 一般指与室外直接相通的房间。

【打壁】tɒ²¹piəʔ²² 垒墙隔出里间和外间。

【垒壁】lɛ²¹piə?²²

【楼上】lʌu²⁴ʂã⁵³

【楼下】lʌu²⁴ɕiɒ⁵³

【上楼】ʂã⁵³lʌu²⁴

【下楼】ɕiɒ⁵³lʌu²⁴

【水道】ʂɛ²¹to⁵³ 屋子周围的排水沟，用来排雨水和生活污水。

【前后院】tsʰe²⁴xʌu⁵³ve⁵³ 两进的院子。

【串串院】tʂʰuæ⁵³tʂʰuæ²¹ve⁵³

【院心】ve⁵³ɕiəŋ²² ①院子的中间。当地人常在院心栽花、垒花池。如：~
栽个花吧。②指称院子。如当地人可以问：你家 ~ 多大？

【当院】tã⁵³ve⁵³ 院子中间。如：把桌子摆到 ~ 。

【护墙】xu⁵³tɕʰiã²⁴ 沟边、河边等起保护作用的矮墙。

【影壁】iəŋ²¹piə?²² 家门口或路口的墙壁，上面雕有吉祥的图案或写有"福"
字，在风水上有辟邪的作用。

【笆】pɒ²² 荆条或者黄花连翘条编的像席箔那样的东西，建房时铺于椽上。

【寨】tʂɛ⁵³ 当地指称比普通村子地势高的村落。

【城墙】tʂʰəŋ²⁴tɕʰiã²⁴ 寨墙。

【寨门】tʂɛ⁵³mɛ²⁴ 寨子的大门。

【串房檐】tʂʰuæ⁵³fã²⁴ie²⁴ 借他人房屋暂住。

（2）房屋结构

【修房】ɕiʌu²²fã²⁴ 盖新房。

　　【盖屋】kɛ⁵³və?²²

【翻新】fæ²²ɕiəŋ²²

【起】cʰi²¹ ①~ 了，表示房屋盖起来了。②起床。

【完工】væ²⁴koŋ²⁴

【贺工】xɣ⁵³koŋ²² 完工后设宴答谢木匠和前来帮助的人。

【暖房】nuæ²¹fã²⁴ 住人前或刚住进来时在新房宴请亲友。这是近几年才有的习俗。

【屋脊】vəʔ²²tɕiəʔ²²

【扶脊】fu²⁴tɕiəʔ²² 搭建房脊。

【房腿】fã²⁴tʰɛ²⁴ 垂脊。

【扶腿】fu²⁴tʰɛ²¹ 铺设垂脊。

【屋檐】vəʔ²²ie²⁴

　　【房檐】fã²⁴ie²⁴

【房檐顶】fã²⁴ie²⁴tiəŋ²¹ 房顶。

【瓦坡】vɒ²¹pʰɤ²² 屋顶上铺瓦的斜坡。

【前坡】tsʰe²⁴pʰɤ²² 屋顶上朝前的斜坡。

【后坡】xʌu⁵³pʰɤ²² 屋顶上朝后的斜坡。

【夹瓦】ciɑʔ²²vɒ²¹ 给屋顶有破损的房屋铺换新瓦。

【补顶】pu²⁴tiəŋ²¹ 修补房顶。

【雨搭】y²¹tɑʔ²² 窗户上方向外探出用于挡雨的盖板。

【房根】fã²⁴kɛ²² 地基。

【夯根】xɛ²⁴kɛ²² 打地基。

【墙】tɕʰiã²⁴

【山墙】ʂæ²²tɕʰiã²⁴

【前墙】tsʰe²⁴tɕʰiã²⁴

【后墙】xʌu⁵³tɕʰiã²⁴

【胡墼】xu²⁴tɕiəʔ²² 土坯。将湿土放入方形模具中，用石锤捣结实，晒干后
　　用来砌墙。

【胡墼墙】xu²⁴tɕiəʔ²²tɕʰiã²⁴ 用胡墼土坯垒成的墙。

【砖包房】tʂuæ²²po²²fã²⁴ 墙外是砖，墙内是胡墼的房子。

　　【里生外熟】li²¹ʂɛ²²vɛ⁵³ʂuəʔ⁵³

【砖挂面】tʂuæ²²kɒ⁵³me⁵³ 前墙是砖墙，其他三面是土墙的房屋。

【半挂面】pæ⁵³kɒ⁵³me⁵³ 前墙下部是砖，上部是土坯的房屋。

【伙墙】xuɤ²¹tɕʰiã²⁴ 两家房屋共用一面山墙。

　【借山墙】tɕiɛ⁵³ʂæ²²tɕʰiã²⁴

【明根】miəŋ²⁴kɛ²² 露在外面的地基，多用丈石条砌成。

【暗根】ɣæ⁵³kɛ²² 埋在土里的地基。

　【黄根】xuã²²kɛ²²

【丈石条】tʂã⁵³ʂəʔ⁵³tʰio²⁴ 长方形石条。可以用来铺地基、院子、台阶等。

【仰尘】iã²¹tʂʰəŋ²⁴ 用竹签、纸搭成的天花板，可以遮挡房梁。

【楼棚】lʌu²⁴pʰoŋ²⁴ 天花板。多用松木板搭建，木板间的缝隙用隐缝板堵上，下用垂直于木板的栓圪劳固定。当地一般一楼设楼棚，二楼搭仰尘。

【棚板】pʰoŋ²⁴pæ²¹ ①楼棚上的长条形木板，多为松木。②指称"楼棚"。

【隐缝板】iəŋ²¹foŋ²⁴pæ²¹ 堵在棚板缝隙之间的细长条形木板。

【栓圪劳】ʂuæ⁵³kəʔ²²lo²¹ 横于棚板下方的木棍，起固定作用。

【张棚】tʂã⁵³pʰoŋ²⁴ 铺设棚板。

【脚地】tɕiʌu⁵³ti²¹ 地板。

【楼板】lʌu²⁴pæ²¹ 二楼的地板。

【苦砖】ʂæ⁵³tʂuæ²² 方形砖，多用于铺设地板。一般楼板上铺的是小苦砖，一层地板铺的是大苦砖和长条砖。

【梁】liã²⁴

【平梁】piəŋ²⁴liã²⁴ 铺设于一楼，平行于地面的房梁。

【人字梁】zəŋ²⁴tsɿ²¹liã²⁴ 一种房梁构造，成人字形（现代建筑多为人字梁）。

【工字梁】koŋ²⁴tsɿ²¹liã²⁴ 一种房梁构造，成工字形，比人字梁多一梁，上面的称为二梁，下面的称为大梁或老梁（当地明代建筑多为工字梁）。

　【垛梁】tuɤ⁵³liã²⁴

【二梁】əɻ⁵³liã²⁴ 工字梁位于上面的一根梁。

【大梁】ta⁵³liã²⁴ 工字梁位于下面的一根梁。

【老梁】lo²¹liã²⁴

【替木】tʰi⁵³məʔ²² 大梁上面支撑二梁的短柱。

【花梁】xɒ²²liã²² 脊檩正下方的长条木板，上面题有建造日期、家族男性
成员的名字，有记载的作用。花梁必须为公椿木，因为男性主家，
象征男性在家族的地位。

【挑梁】tʰio²¹liã²⁴ 露在外面的房梁。

【拍风】pʰɑʔ²²foŋ²² 搏风板。砖或木制的方形板，有的有雕花，保护露在
外面的椽头和挑梁。

　【拍风板】pʰɑʔ²²foŋ²⁴pæ²¹

【柱】tʂu⁵³

【四梁八柱】sɿ⁵³liã²⁴pɑʔ²²tʂu⁵³ 房屋的构造形式。这种构造的房屋有四根平
梁，每根梁端下各有一根柱子，共八根。

【檩】liəŋ²¹ 架跨在房梁上起托住椽子或屋面板作用的小梁。

【脊檩】tɕiəʔ²²liəŋ²¹ 架跨在房梁上最高的一根横木。

【土檩】tʰu²⁴liəŋ²¹ 平行于脊檩，与墙相接的横木。

【坡檩】pʰɤ²⁴liəŋ²¹ 位于脊檩和土檩之间的横木。

　【中檩】tʂoŋ²⁴liəŋ²¹

【月梁】yɑʔ²²liã²⁴ 房檐下的檩条，与坡檩平行。

【□肘】tuɑʔ²²tʂʌu²¹ 支撑月梁并与前墙相连的"L"形木头，左右各一个。

【椽】tʂuæ²⁴

【晒椽】ʂE⁵³tʂʰuæ²⁴ 二楼窗户下方两侧延伸出来的两根木棍，铺上笆后可
以晾晒东西。

【连檐】le²⁴iəŋ²⁴ 连接檐椽头的横木。

【大连檐】ta⁵³le²⁴iəŋ²⁴

【小连檐】ɕio²¹le²⁴iəŋ²⁴

【楼道】lʌu²⁴to⁵³ 楼上的走廊。

【出眺】tʂʰuəʔ²²tʰio²¹ 阳台。

【楼杆】lʌu²⁴kæ²² 出眺上起保护和支撑作用的木制栏杆。

　　【栏杆】læ²⁴kæ²²

【顶柱】tiəŋ²¹tʂu⁵³ 栏杆上和房檐相接的柱子，主要作用是支撑月梁。

【雀替】tɕʰiəʔ²²tʰi⁵³ 柱子上端两侧的雕花木板，与梁或枋相接，有力学上
　　的作用。

【砖】tʂuæ²²

【砖坯】tʂuæ²²pʰɛ²² 未经烧制的泥砖。

【蓝砖】læ²⁴tʂuæ²² 青砖。

【红砖】xoŋ²⁴tʂuæ²²

【空心砖】kʰoŋ²²ɕiəŋ²²tʂuæ²²

【半头砖】pæ⁵³tʰʌu²⁴tʂuæ²²

【砖头疙瘩】tʂuæ²²tʰʌu²⁴kəʔ²²tɑʔ²² 比半头砖小的砖块。

【砖疙瘩】tʂuæ²²kəʔ²²tɑʔ²² 比砖头疙瘩更小的砖块。

【瓦】vɒ²¹

【瓦片】vɒ²¹pʰe⁵³

【瓦坯】vɒ²¹pʰɛ²² 未经烧制的瓦。

【瓦碴疙瘩】vɒ²¹tʂʰɒ²²kəʔ²²tɑʔ²² 碎瓦片。

【挂瓦】kɒ⁵³vɒ²¹

【平瓦】pʰiəŋ²⁴vɒ²¹

【红瓦】xoŋ²⁴vɒ²¹ 一般指挂瓦。

【蓝瓦】læ²⁴vɒ²¹

【琉璃瓦】liʌu²⁴li²⁴vɒ²¹

【滴水】tiəʔ²²ʂɛ²¹ 瓦_动词于檐口处的瓦，瓦面一端带有三角形的挡片。

【筒瓦】tʰoŋ²⁴vɒ²¹

【猫头】mo²⁴tʰʌu²⁴ 猫头瓦当。

【猫头筒瓦】mo²⁴tʰʌu²⁴tʰoŋ²⁴vɒ²¹ 瓦_动词于檐边，一端雕有猫头的筒瓦。

【瓦口】vɒ²⁴kʰʌu²¹ 如：雨水从～流下来。

　　【檐口】ie²⁴kʰʌu²¹

【瓦瓦】vɒ⁵³vɒ²¹ 铺瓦。

【仰瓦】iɑ̃²⁴vɒ²¹ 铺瓦的一种样式，凹面朝上。

【扣瓦】kʰʌu⁵³vɒ²¹ 铺瓦的一种样式，仰瓦上再扣上瓦，形成俯仰互叠的样式，即仰合瓦。

【泥】ni²⁴

【麦糠泥】mɑʔ²²kʰɑ̃²²ni²⁴ 和有麦糠的泥，用来抹墙。

【脊头】tɕiəʔ²²tʰʌu²⁴

　　【兽头】ʂʌu⁵³tʰʌu²⁴

【烟筒】ie²⁴tʰoŋ²¹ 烟囱。

【圪台】kəʔ²²tʰE²⁴ 台阶。

【楼圪梯】lʌu²⁴kəʔ²²tʰi²² 楼梯，按建筑材料不同可以分为石梯、砖梯、木梯。

　　【楼梯】lʌu²⁴tʰi²²

【石梯】ʂəʔ⁵³tʰi²²

【砖梯】tʂuæ²²tʰi²²

【木梯】məʔ²²tʰi²²

【兜梯】tʌu²¹tʰi²²

【弓梯】koŋ²²tʰi²²

【门】mɛ²⁴

【屋门】vəʔ²²mɛ²⁴

【小屋门】ɕio²¹vəʔ²²mɛ²⁴

【小门】ɕio²¹mɛ²⁴

【山门】ʂæ²²mɛ²⁴ 开在山墙上的门。当地山门一般开在二楼的山墙上，旁边垒有楼梯。

　　【山墙门】ʂæ²²tɕʰiɑ̃²⁴mɛ²⁴

27

【过山门】kuɣ⁵³ʂæ²²mɛ²⁴ 开在山墙上连接主房和耳房的门，这种门很少见。

【街门】ciɛ²²mɛ²⁴ 临街或临路的院门，也称大门。

【便门】pe⁵³mɛ²⁴ 方便出入的小门。

【门脑】mɛ²⁴no²¹ 门上部的结构，包括脑窗和卧格两部分。

【脑窗】no²¹ʂuã²² 门和窗户上端的小窗。

　　【天窗】tʰe²²ʂuã²²

【卧格】uɣ⁵³kə²² 门框上方平放的木板，可以在上面摆放东西。也有人认为卧格就是脑窗，当地有"一门两窗三卧格"的说法。

【粘疙瘩】tʂæ²²kəʔ²²tɑʔ²² 门簪。

　　【门粘】mɛ²⁴tʂæ²²

【方粘】fã²²tʂæ²² 方形的红纸，写有"福"字或吉祥的话，过年时贴在门上或粘疙瘩上。

　　【粘】tʂæ²²

【门过石】mɛ²⁴kuɣ⁵³ʂəʔ⁵³ 门框上方的长条形石板，长度较门略宽，起承重作用，减少门上方的压力。木制的称门过木。

【门过木】mɛ²⁴kuɣ⁵³məʔ²²

【门圪劳】mɛ²⁴kəʔ²²lo²¹ 门框。

【门转】mɛ²⁴tʂuæ²¹ 门轴。门扇上下两端出头的部分，插进门头、门墩的凹槽内可以转动。

【门限】mɛ²⁴se²¹ 门槛。

【踢石】tʰiəʔ⁵³ʂəʔ⁵³ 门槛下方的石板。

　　【脚踢】ciɑʔ²²tʰiəʔ⁵³

【猫圪洞】mo²⁴kəʔ²²toŋ⁵³ 脚踢上供猫出入的小洞。

【门搭儿】mɛ²⁴tɣɯ²² 闩门的铁链，一端固定在门上，另一端可以搭在门框上。扣上门搭后，可以挂锁，起防盗作用。

【门闩】mɛ²⁴ʂuæ²² 闩门的短横木。

【上门】ʂã⁵³mɛ²⁴ 闩门。

【暗闩】$\gamma æ^{53}ʂuæ^{22}$ 门闩上的小闩。在门闩上打孔，里面可以插铁钉或木条，上好暗闩后，门闩就无法被人从外面打开。

【小井】$ɕio^{24}tɕiəŋ^{21}$ 暗闩的一部分，即在门闩上打的小孔。

【门杠】$mɛ^{24}kã^{53}$ 横插在门后的粗木棍，比门略宽。门框两侧的墙上各有一个铁环，或门后墙上有两个洞_{当地人叫"圪窝窝"}，门杠就插在铁环或"圪窝窝"中，插上门杠后可以将整个门堵起来，更加安全。一般街门上才有门杠，屋门很少有。

【横抢】$xuɛ^{24}tɕʰiã^{53}$ 门后长约一尺的方形木棍，起固定门板的作用，每扇门上四根，共八根，整齐排列于门后。

【门墩】$mɛ^{24}tuɛ^{21}$ 门枕，托住门扇转轴的墩子。街门的门墩较大，多雕有狮头。

【门墩石】$mɛ^{24}tuɛ^{22}ʂəʔ^{53}$ ①做门墩的石头。②指称"门墩"。

【风门】$foŋ^{22}mɛ^{24}$ 加在屋门外的一扇门，上面是木网格，可以糊纸，下面是木板。

　【护门】$xu^{53}mɛ^{24}$

【抢门圪叉】$tɕʰiã^{53}mɛ^{24}kəʔ^{22}tʂʰɒ^{22}$ 抵门棍。街门关闭后，抵在门后加以固定的粗木棍。

　【支门圪劳】$tʂ̩^{22}mɛ^{24}kəʔ^{22}lo^{21}$

【窗】$ʂuã^{22}$

【窗圪劳】$ʂuã^{22}kəʔ^{22}lo^{21}$ 窗框。

【窗过石】$ʂuã^{22}kuɣ^{53}ʂəʔ^{53}$ 窗框上方的长条形石板，略宽于窗，起承重作用。木制的称窗过木。

【窗过木】$ʂuã^{22}kuɣ^{53}məʔ^{22}$

【压窗石】$iɒʔ^{53}ʂuã^{22}ʂəʔ^{53}$ 窗户下面的长条形石板。

【窗圪台】$ʂuã^{22}kəʔ^{22}tʰE^{24}$ 窗台。

【支窗板】$tʂ̩^{22}ʂuã^{22}pæ^{21}$ 可以将窗扇撑起的木板或木棍。

【窗门】$ʂuã^{22}mɛ^{24}$ 窗户上的门。在窗户朝屋内的一侧，加强房屋的安全性。

【铁四件】tʰiɑʔ²²ʂ̩⁵³ke²¹ 铁制的，用来锁门的部件，由钉在门上的铁片和

　　　　铁片上的门圪圈、铁环、铁栓组成。因为多用门上，也叫门四

　　　　件。

【门四件】mɛ²⁴ʂ̩⁵³ke²¹

【铜四件】tʰoŋ²⁴ʂ̩⁵³ke²¹ 铜制的，用来锁箱的部件，形制与铁四件类似。因

　　　　为多用在箱子上，也叫箱四件。

【箱四件】ɕiɑ̃²²ʂ̩⁵³ke²¹

【门圪圈】mɛ²⁴kəʔ²²luæ²¹ 插铁栓的圆圈，一般有两个。当地有"门圪圈，

　　　　铁栓栓"的说法。

【铁栓栓】tʰiɑʔ²²ʂuæ²⁴ʂuæ²¹ 铁四件上栓门的铁棍，端头有口，可以挂锁。

【街门楼】ɕiɛ²²mɛ²⁴lʌu²⁴ 门楼顶部的挑檐式建筑，门楣上有匾额。

【门匾】mɛ²⁴pe²¹

【楦】ɕyəŋ²¹

【公楦】koŋ²⁴ɕyəŋ²¹

【母楦】m̩²⁴ɕyəŋ²¹

（3）其他设施

【拴马桩】ʂuæ²⁴mɒ²¹tʂuɑ̃²² 街门外可以拴马的短石柱。旧时设施，现有残

　　　　存。

【拴马石】ʂuæ²⁴mɒ²¹ʂəʔ⁵³ 砌在墙上可以拴马的石头。旧时设施，现有残存。

【下马石】ɕiɒ⁵³mɒ²¹ʂəʔ⁵³ 下马时踩踏的石头。旧时设施，现有残存。

【柴堆】tʂʰE²⁴tuɛ²²

【草堆】tsʰo²⁴tuɛ²²

【油坊】iʌu²⁴fɑ̃²⁴ 榨油的作坊。

【豆腐坊】tʌu⁵³fu²¹fɑ̃²⁴

【棚】pʰoŋ²⁴

【粪圪堆】fɛ⁵³kəʔ²²tuɛ²² 粪堆。

【茅】mo²⁴ 厕所。

【茅坑】mo²⁴kʰe²²

【茅圪洞】mo²⁴kəʔ²²toŋ⁵³ 茅房内短而窄的通道。

【粪坑】fɛ⁵³kʰe²² 厕所蓄粪的坑。

【磨房】mɣ⁵³fɑ̃²⁴

【马圈】mɒ²¹kue⁵³

【牛圈】iʌu²⁴kue⁵³

【牛棚】iʌu²⁴pʰoŋ²⁴

【牛槽】iʌu²⁴tʂʰo²⁴

【羊圈】iɑ̃²⁴kue⁵³

【猪圈】tʂu²⁴kue²¹

【猪槽】tʂu²²tʂʰo²⁴

【鸡笼】ci²²loŋ²⁴

【鸡窝】ci²²vɣ²²

【鸡食盆】ci²²ʂəʔ⁵³pʰɛ²⁴

【狗窝】kʌu²¹vɣ²²

【圪洞】kəʔ²²toŋ⁵³ 窄巷子，胡同。

【过道】kuɣ⁵³to⁵³ 比圪洞短的通道。

暗闩、小井

半挂面

出眺

椽、脊檩、中檩、土檩

方粘

窗过木、门过木

滴水

兜梯

寨门

房圪廊

圪洞

工字梁

脊头

扣瓦

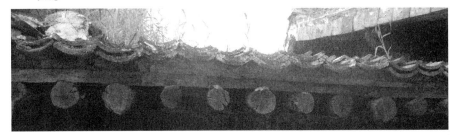

连檐

弓梯　　　　　　　　街门

梁、棚板、隐缝板、栓圪劳

楼道

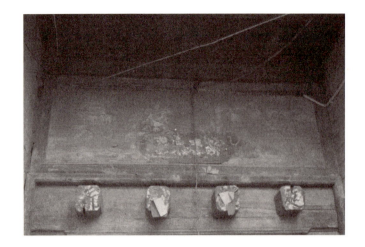

门匾、粘疙瘩

门墩石

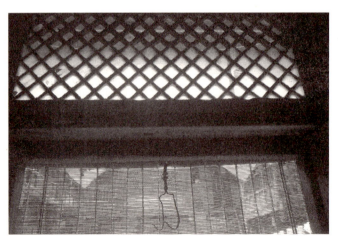

门脑、天窗、卧格

猫圪洞

猫头筒瓦

门匾

门闩

门四件

门限、脚踢

拍风

拍风

平房、瓦房

前坡

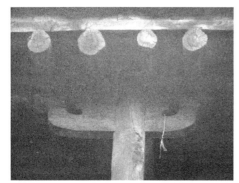

雀替

晒椽

石梯

四合院1

四合院2

屋脊、瓦坡　　　　　　　　　屋门

屋檐

下马石

压窗石

仰瓦

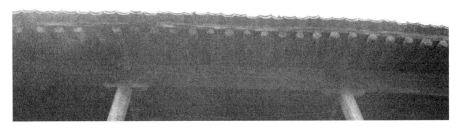

月梁

楼房

楼杆

影壁

院

粘疙瘩

2.地理民俗语汇

（1）地

【地】ti⁵³ 田地。

【旱地】xæ⁵³ti⁵³ 无灌溉设施的耕地。

【水浇地】ʂɛ²¹cio²²ti⁵³ 有灌溉设施的地。

　　【水地】ʂɛ²¹ti⁵³

【夏潮地】ɕiɒ⁵³tʂʰo²⁴ti⁵³ 耐旱的地，因地下出潮气所以不用灌溉。

【结板地】ciɑʔ²²pæ²¹ti⁵³ 粘土地，土质不好。

【园地】ve²⁴ti⁵³ 菜园子。

【果园地】kuɤ²¹ve²⁴ti⁵³ 种果树（苹果、桃树、梨树）的地。

【荒地】xuã²²ti⁵³ 荒废或未开垦的土地。

【沙地】ʂɒ²²ti⁵³ 地表被沙丘或沙覆盖，通常以固定或半固定沙丘为主，多
　　　　　　风少水，一般用来种红薯、花生。

【沙土地】ʂɒ²²tʰu²¹ti⁵³ 土里含有砂质的地。

【麦茬地】mɑʔ²²tʂʰɒ²⁴ti⁵³ 收完麦子后留着麦茬的地。

【回茬地】xuɛ²⁴tʂʰɒ²⁴ti⁵³ 收了麦子后再种别的农作物的地。

【地头起】ti⁵³tʰʌu²⁴cʰi²¹ 田地的一头。

【自留地】tsʅ⁵³liʌu²⁴ti⁵³

【承包地】tʂʰəŋ²⁴po²²ti⁵³

【簸箕地】pɤ⁵³cʰi²¹ti⁵³ 簸箕形状的地。当地人认为这种地风水不好，一般
　　　　　　不修房子住人，多用来种庄稼。

【山坡野圪梁】ʂæ²²pʰɤ²²iɛ²¹kəʔ²²liã²⁴ 山上高低不平的地。

【荒郊野地】xuã²²cio²²iɛ²¹ti⁵³ 偏远荒芜的地。

【野地】iɛ²¹ti⁵³

【荒坪】xuã²²pʰiəŋ²⁴ 荒地。

【坟地】fɛ²⁴ti⁵³

【圪垒】kəʔ²²lɛ²⁴ 高地与低地之间的垂直距离。

【圪梁】kəʔ²²liɑ̃²⁴ 田垄之间隆起的土堆。

【畦】tɕʰi²⁴

【垄】loŋ²¹

【山坡地】ʂæ²²pʰɣ²²ti⁵³

　　【坡地】pʰɣ²²ti⁵³

　　【圪梁地】kəʔ²²liɑ̃²⁴ti⁵³

【慢坡】mæ⁵³pʰɣ²²

【一慢坡】iəʔ²²mæ⁵³pʰɣ²² 比较缓的坡。

【陡坡】tʌu²¹pʰɣ²² 比较陡的坡。

【刹沟地】ʂɑʔ²²kʌu²²ti⁵³ 中间低两边高的地。

【红土地】xoŋ²⁴tʰu²¹ti⁵³ 土为红色的地，一般种红薯。

【白土地】pɑʔ⁵³tʰu²¹ti⁵³ 一般种粮食的土地。

【石坝】ʂəʔ⁵³pɒ⁵³ 石头垒成的大坝。

【土堰】tʰu²¹ie⁵³ 将土砌起来以供存水。

【圪廊地】kəʔ²²lɑ̃²⁴ti⁵³ 地势较低，面积较小的地，位于地势较高的地之间。

【圪裂皮】kəʔ²²liɑʔ²²pʰi²⁴ 下雨或浇地之后地面上结的干皮。

（2）山

【山圪顶】ʂæ²²kəʔ²²tiəŋ²¹ 也叫"山顶"。

【半山腰】pæ⁵³ʂæ²²io²²

　　【半山上】pæ⁵³ʂæ²²ʂɑ̃⁵³

【山根底】ʂæ²²kɛ²²ti²¹ 山底下。

【山沟】ʂæ²²kʌu²²

【山圪嘴】ʂæ²²kəʔ²²tsɛ²¹ 山崖上往外突出的部分。

【山圪梁】ʂæ²²kəʔ²²liɑ̃²⁴ 山底或山跟前凹凸不平的地方。

【崛山】vɛ²²ʂæ²² 端氏的三大名山之一。

【梠山】kʰɑʔ²²ʂæ²² 端氏的三大名山之一。

【孤山】ku²¹ʂæ²² 端氏的三大名山之一。

【老凹山】lo²¹vɒ²²ʂæ²²

【凤凰山】foŋ⁵³xuɑ̃²⁴ʂæ²²

【北山】pɛ²¹ʂæ²²

【罗山】luɤ²⁴ʂæ²²

（3）江河湖海

【沁河】tɕʰiəŋ⁵³xɤ²⁴ 流经端氏的河流，也是上党地区的母亲河，发源地为沁源。

【小河】ɕio²¹xɤ²⁴ ①小溪。②当地一条河名。

【河边】xɤ²⁴pe²² 河岸。

【河滩】xɤ²⁴tʰæ²²

【河头】xɤ²⁴tʰʌu²⁴ 一段河流的顶头。

【水渠】ʂɛ²¹cʰy²⁴ 人工开凿的水道，用于农田灌溉。

【水沟】ʂɛ²¹kʌu²²

【水不池】ʂɛ²¹pəʔ²²tʂʰʅ²⁴ 下雨积的水。

　　【水圪围】ʂɛ²¹kəʔ²²vɛ²⁴

　　【水围围】ʂɛ²¹vɛ²⁴vɛ⁰

【泉眼】tsʰue²⁴ie²¹

【泉水】tsʰue²⁴ʂɛ²¹

【水龙头】ʂɛ²¹loŋ²⁴tʰʌu²⁴

【自来水】tsʅ⁵³lɛ²⁴ʂɛ²¹ 水龙头流出的可以饮用的水。

【井水】tɕiəŋ²¹ʂɛ²¹

【坝】pɒ⁵³ 用石头砌的防洪墙，用来护村或者护地。

【清水】tɕʰiəŋ²²ʂɛ²¹

【清溜溜的水】tɕʰiəŋ²²liʌu²⁴liʌu⁰təʔ⁰ʂɛ²¹ 形容水清澈。

【浑水】xuɛ²⁴ʂɛ²¹

【浑洞洞的水】xuɛ²⁴toŋ⁵³toŋ⁰təʔ⁰ʂɛ²¹ 形容水浑浊。

【雨水】y²¹ʂɛ²¹ 雨水。

【洪水】xoŋ²⁴ʂɛ²¹ 涨河的水。

【熬水】vo²⁴ʂɛ²¹ 烧开的水。

　　【滚水】kuɛ²⁴ʂɛ²¹

【扑哒水】pəʔ²²tɑʔ²²ʂɛ²¹ 正开的水，"扑哒"为拟声。

【热水】zɑʔ²²ʂɛ²¹

【温温水】vɛ²²vɛ⁰ʂɛ²¹

【□忽水】zʅ⁵³xuəʔ²²ʂɛ²¹ 温水。

【冷水】lɛ²¹ʂɛ²¹ 未加热或烧开的水。

【冰水】piəŋ²²ʂɛ²¹ 凉的水，既可以指未烧过的水，也可以指烧过放凉的水。

【凉水】liã²⁴ʂɛ²¹

【白开水】pE²⁴kʰE²²ʂɛ²¹

【呵水】xɣ²²ʂɛ²¹ 冬天窗户上的小水珠。

（4）石沙土块矿物

【圪石】kəʔ²²ʂəʔ⁵³ 石头。

【河石蛋】xɣ²⁴ʂəʔ⁵³tæ⁵³ 河槽里被流水打磨得很光滑的石头。

　　【河卵石】xɣ²⁴luæ²⁴ʂəʔ⁵³

【石子】ʂəʔ⁵³tsʅ²¹

【石粉】ʂəʔ⁵³fɛ²¹ 石头粉碎后的粉状物。

【石条】ʂəʔ⁵³tʰio²⁴ 修房子地基用的石头。有八头石和长石条两种。

【八头石】pɑʔ²²tʰʌu²⁴ʂəʔ⁵³ 修房子地基用的正方形的石头。

【长石条】tʂʰã²⁴ʂəʔ⁵³tʰio²⁴ 修房子地基用的长方形的石头。

【红石板】xoŋ²⁴ʂəʔ⁵³pæ²¹ 多为红色的薄石板，可用作盛粮食的缸上的盖，
　　　　　　以防老鼠。

【结石】ciɑʔ²²ʂəʔ⁵³ 煤里面不能充分燃烧的石块。

【青石】tɕʰiəŋ²²ʂəʔ⁵³ 山上比较硬的石头，颜色发青。

【红土】xoŋ²⁴tʰu²¹ 颜色发红的土

【白土】pɑʔ⁵³tʰu²¹ 颜色发白的土。

【沙土】ʂɒ²²tʰu²¹ 含有沙质的土。

【土堆】tʰu²¹tuɛ²²

【戚灰】tɕʰiəʔ²²xuɛ²² 房屋长时间扫不到的地方落的灰。

【戚灰不穗】tɕʰiəʔ²²xuɛ²²pəʔ²²sɛ⁵³ 房屋里悬挂的成线状的尘土。

【土圪拉】tʰu²¹kəʔ²²lɑʔ²² 大块状的土。

【土面面】tʰu²¹me⁵³me⁰ 比较细碎的土。

【死土】sɿ²¹tʰu²¹ 不能种庄稼的土。

【活土】xuɑʔ⁵³tʰu²¹ 可以种庄稼的土。

【沙】ʂɒ²²

【黄沙】xuã²⁴ʂɒ²² 发黄的比较粗糙的沙。

【河沙】xɤ²⁴ʂɒ²² 河边比较细的沙。

【吸铁石】ɕiəʔ²²tʰiɑʔ²²ʂəʔ⁵³

【轻铁】cʰiəŋ²²tʰiɑʔ²² 铝。

【金】ciəŋ²²

【银】iəŋ²⁴

【铜】tʰoŋ²⁴

【铁】tʰiɑʔ²²

【生铁】ʂɛ²²tʰiɑʔ²² 用铁矿石炼成的铁。

【熟铁】ʂuəʔ⁵³tʰiɑʔ²² 用生铁精炼而成的铁。

【铁丝】tʰiɑʔ²²sɿ²²

【米丝】mi²¹sɿ²² 比铁丝稍细。

【煤】me²⁴

【炭】tʰæ⁵³ 块状可供烧的燃料。

【糊突煤】xu²⁴tʰuəʔ²²me²⁴ 煤和炭混合在一起的燃料。

【煤泥】me²⁴ni²⁴ 洗完的煤面面，用来打煤球。

【黑煤】xɑʔ²²mɛ²⁴ 可以直接燃烧的煤。

【白煤】pɑʔ⁵³mɛ²⁴ 需要搅入水摊平、放干才可用的煤。

【焦炭】tɕio²²tʰæ⁵³ 烟煤在隔绝空气的条件下，经过干燥、热解、熔融、黏
结、固化、收缩等阶段最终制成焦炭。

【黑焦炭】xɑʔ²²tɕio²²tʰæ⁵³ 未燃透的炭块。

【白焦炭】pɑʔ⁵³tɕio²²tʰæ⁵³ 燃透的炭块。

【臭煤】tʂʰʌu⁵³mɛ²⁴ 有烟煤。

【香煤】ɕiɑ̃²²mɛ²⁴ 无烟煤。

【臭炭】tʂʰʌu⁵³tʰæ⁵³ 有烟煤炭块。

【香炭】ɕiɑ̃²²tʰæ⁵³ 无烟煤炭块。

【煤球】mɛ²⁴cʰiʌu²⁴ 蜂窝煤。

【炉灰】lu²⁴xuɛ²² 炉子里柴火或煤炭燃烧后剩下的灰。

【火灰】xuɣ²¹xuɛ²² 柴火烧尽的余灰。

【草木灰】tsʰo²¹məʔ²²xuɛ²² 地里的草烧尽的余灰。

【圪良】kəʔ²²liɑ̃²⁴ 煤泥燃烧结成的块状。

【红圪炭】xoŋ²⁴kəʔ²²tʰæ⁵³ 正在燃烧的炭块。

【汽油】cʰi⁵³iʌu²⁴

【机油】ci²²iʌu²⁴

【柴油】tʂʰE²⁴iʌu²⁴

【黄油】xuɑ̃²⁴iʌu²⁴ 车轮轴承上抹的油。

【石油】ʂəʔ⁵³iʌu²⁴

【润滑油】ʐuɛ⁵³xɒ²⁴iʌu²⁴

3.器具用品民俗语汇

（1）一般家具

【家具】ciɒ²²cy⁵³

【柜】kuɛ⁵³

【老式柜】lo²¹ʂʅ⁵³kuɛ⁵³

【立柜】liəʔ²²kuɛ⁵³

　　【竖柜】ʂu⁵³kuɛ⁵³

【平面柜】pʰiəŋ²⁴me²¹kuɛ⁵³

【高低柜】ko²²ti²²kuɛ⁵³ 20 世纪 80 年代才有。

【组合柜】tʂu²¹xɑʔ⁵³kuɛ⁵³ 20 世纪七八十年代才有。

【墙柜】tɕʰiɑ̃²⁴kuɛ⁵³ 墙面凹进去，外面加有柜门的柜子。

【炕头柜】kʰɑ̃⁵³tʰʌu²⁴kuɛ⁵³ 过去放在炕头的小柜子，可以存放衣物。

【床头柜】tʂʰuɑ̃²⁴tʰʌu²⁴kuɛ⁵³ 新兴的家具。

【案柜】ɣæ⁵³kuɛ⁵³ 上面是案板，下面可以存放东西的柜子。

【小柜】ɕio²¹kuɛ⁵³ 放在炉边的柜子，用来放调料等东西。

　　【炉头柜】lu²⁴tʰʌu²⁴kuɛ⁵³

【顶箱柜】tiəŋ²¹ɕiɑ̃²²kuɛ⁵³ 上面可以放箱子的柜子。

　　【支箱柜】tʂʅ²²ɕiɑ̃²²kuɛ⁵³

【双箱并柜】ʂuɑ̃²²ɕiɑ̃²²piəŋ⁵³kuɛ⁵³ 两个箱子和两个柜子，指一对顶箱柜。

【连箱柜】le²⁴ɕiɑ̃²²kuɛ⁵³ 上面带有箱子的一种柜子。

【柜门】kuɛ⁵³mɛ²⁴ 柜子的门。

【堵板】tu⁵³pæ²¹ 方形木板，多用于箱、柜子等家具。

【箱】ɕiɑ̃²²

　　【板箱】pæ²¹ɕiɑ̃²²

【半开口箱】pæ⁵³kʰE²⁴kʰʌu²¹ɕiɑ̃²² 箱盖只有一半能打开的箱子。

【柳条箱】liʌu²¹tʰio²⁴ɕiɑ̃²² 柳条编制的箱子。

【桌（子）】tʂuɣɯ²²

【条桌】tʰio²⁴tʂuɑʔ²² 长条形的桌子，可以摆放东西，如米面罐等。过去没有橱柜，碗、筷子都放在条桌上。

【几桌】ci²²tʂuɣɯ²² 两头翘起的长型条几，放在正房的正中间，墙上挂有中堂，过年时用来祭祀祖先。

【中堂】tʂoŋ²²tʰɑ̃²⁴ 挂在厅堂正中的大幅字画，两侧有对联。

【方桌】fɑ̃²²tʂuɣɯ²² 方形的桌子，没有抽屉，可以用作供桌。

【小桌桌】ɕio²¹tʂuɑʔ²² tʂuɑʔ²²

【炕桌】kʰɑ̃⁵³tʂuɣɯ²² 放在炕上的小桌子，可以吃饭、抽烟、做活，过去有钱人家才有炕桌。也有人叫小饭桌。

【吃饭桌】tʂʰəʔ²²fæ⁵³tʂuɣɯ²² 过去有钱人家里才有。

【圆桌】ve²⁴tʂuɣɯ²² 20 世纪 80 年代以后才有。

【书桌】ʂu²²tʂuɑʔ²² 过去有钱人家里才有。

【桌布】tʂuɑʔ²²pu⁵³

【茶几】tʂʰɒ²⁴ci²² 20 世纪 80 年代以后才有。

【椅】i²¹

【椅背】i²¹pɛ⁵³ 椅子的靠背。

【躺椅】tʰɑ̃²⁴i²¹ 新兴的家具。

【摇椅】io²⁴i²¹ 新兴的家具。

【靠背椅】kʰo⁵³pɛ⁵³i²¹ 有靠背的椅子。

【高背椅】ko²²pɛ⁵³i²¹ 靠背较高的椅子。

【柳圈椅】liʌu²¹kʰue²⁴i²¹ 柳木制成的椅子，椅背、扶手由胳膊粗细的柳棍弯制成半圆的形状。

【太师椅】tʰɛ⁵³ʂʅ²²i²¹

【扶手椅】fu²⁴ʂʌu²¹i²¹ 有扶手的椅子。

【扶手】fu²⁴ʂʌu²¹ 椅子上用于支撑的把手。

【凳】tɛ⁵³ 有腿没靠背的坐具。

【板凳】pæ²⁴tɛ²¹ 木面板、无靠背的坐具，一般为长条形或方形。

【高板凳】ko²²pæ²⁴tɛ²¹

【小板凳】ɕio²⁴pæ²⁴tɛ²¹ 长方形的矮板凳。

【方板凳】fã²²pæ²⁴tɛ²¹ 正方形的板凳。

【长板凳】tʂʰã²⁴pæ²⁴tɛ²¹ 长方形的板凳。

【长条板凳】tʂʰã²⁴tʰio²⁴pæ²⁴tɛ²¹ 长条形的板凳。

【圪墩】kəʔ²²tuɛ²² 一种坐具，圆形或方形的墩子，用木桩或石头做成。

【坐杌】tsuɤ⁵³vəʔ²² 一种坐具。

【马扎】mɒ²¹tʂɑʔ²²

【草笆】tsʰo²¹pʰɒ²² 玉米皮编的圆形坐垫。现在也有用塑料编织的。

【坐车】tsuɤ⁵³tʂʰɤ²² 木制的婴幼儿推车。

【学步车】ɕiəʔ⁵³pu²¹tʂʰɤ²² 20世纪80年代以后才有。

【抽头】tʂʰʌu²⁴tʰʌu²¹ 抽屉。

【拉手】lɑʔ²²ʂʌu²¹ 抽屉上的把手。

【门帘】mɛ²⁴le²⁴

【竹帘】tʂuəʔ²²le²⁴

（2）卧室用具

【炕】kʰã⁵³ 当地的炕多为实炕，空炕较少。

【空炕】kʰoŋ²²kʰã⁵³ 里面是空心的炕，冬天可以存放红薯，保暖防冻。

【土炕】tʰu²¹kʰã⁵³ 用土坯垒的实炕。灶火多位于炕沿的中间位置。炕上一
般摆有小柜或者小箱，用于存放东西。

【火炕】xuɤ²¹kʰã⁵³ 跟炉子相连的炕，烧炉子可以使炕变暖。

【盘炕】pʰæ²⁴kʰã⁵³ 也有人说垒炕。实炕的做法是：外面用砖垒起来，里面
填满土，炕面用石灰抹光，上面铺席子、炕褥等。

【炕边】kʰã⁵³pe²² 炕沿。

【圪脑头】kəʔ²²no²¹tʰʌu²⁴ 睡觉时头朝向的一头。

【脚头】ɕiɑʔ²²tʰʌu²⁴ 睡觉时脚朝向的一头。

【踩石】tsʰe²¹ʂəʔ²² 放在炕边方便上下的石头。

【床】tʂʰuɑ̃²⁴

【床帘】tʂʰuɑ̃²⁴le²⁴ 围在床沿下的布帘。

【凳床】tɛ⁵³tʂʰuɑ̃²⁴ 过去的一种床，在两个长条凳上铺上木板搭成。

【竹床】tʂuəʔ²²tʂʰuɑ̃²⁴ 新兴的家具。

【折叠床】tʂəʔ²²tiɑʔ⁵³tʂʰuɑ̃²⁴ 新兴的家具。

【钩栏床】kʌu²²læ²⁴tʂʰuɑ̃²⁴ 旧时的一种床。三面和顶上有雕花的木板，四
　　　　角有柱，可以挂幔或蚊帐。

【蚊帐钩】vɛ²⁴tʂɑ̃²¹kʌu²²

【簸箕床】pɤ⁵³cʰi²¹tʂʰuɑ̃²⁴ 三面围有堵板，形似簸箕的床。

　【堵板床】tu⁵³pæ²¹tʂʰuɑ̃²⁴

【铺】pʰu⁵³ 临时搭建的床。

【铺板】pʰu²⁴pæ²¹ 搭建床铺的木板。

【围墙纸】vɛ²⁴tɕʰiɑ̃²⁴tʂʅ²¹ 在炕墙上贴的纸，防止蹭上墙灰。布做的叫围墙
　　　　布。

【围墙布】vɛ²⁴tɕʰiɑ̃²⁴pu⁵³

【铺盖】pʰu²⁴kᴇ²¹ 被褥的统称，包括褥、盖的被子、床单、胭枕枕头。当地
　　　　人用"垄"作量词称铺盖，如：一～铺盖、两～铺盖。

【床铺】tʂʰuɑ̃²⁴pʰu⁵³

【蚊帐】vɛ²⁴tʂɑ̃²¹

【席】ɕiəʔ⁵³

【凉席】liɑ̃²⁴ɕiəʔ⁵³ 夏季铺的竹席或草席。

【竹席】tʂuəʔ²²ɕiəʔ⁵³

【草席】tsʰo²¹ɕiəʔ⁵³

【苇席】vɛ²¹ɕiəʔ⁵³ 芦苇编制的席子，铺在炕底。

【毡】tʂe²²

【毛毯】mo²⁴tʰæ²¹

【线毯】se⁵³tʰæ²¹

【绒毯】zo̯ŋ²⁴tʰæ²¹

【褥子】z̯ɯ²¹

【卧单】vɣ⁵³tæ²² 床单。

　　【床单】tʂʰuã²⁴tæ²²

【胭枕】tʌu⁵³tʂəŋ²¹ 枕头。

【小胭枕】ɕio²¹tʌu⁵³tʂəŋ²¹ 小孩子枕的小枕头。

【盖的】kᴇ⁵³ti²¹ 被子。

【盖的窝儿】kᴇ⁵³ti²¹vɣɯ²² 被窝。

　　【床铺窝儿】tʂʰuã²⁴pu⁵³vɣɯ²²

【盖的套】kᴇ⁵³ti²¹tʰo⁵³ 被套。

【盖的面】kᴇ⁵³ti²¹me⁵³ 被面。

【盖的里】kᴇ⁵³ti²¹li²¹ 被子里。

【薄盖的】pɣ²⁴kᴇ⁵³ti²¹ 薄被子。

【厚盖的】xʌu⁵³kᴇ⁵³ti²¹ 厚被子。

【装盖的】tʂuã²¹kᴇ⁵³ti²¹ ①名词，絮有棉花的被子。②动作，往被子里絮
　　棉花。

【夹盖的】ɕiɑʔ²²kᴇ⁵³ti²¹ 未絮棉花的被子。

【套】tʰo⁵³ 装在被褥里面的棉絮。

【网套】vã²⁴tʰo²¹ 网有线网的棉套，20 世纪七八十年代才开始有。

【旧套】ɕiʌu⁵³tʰo⁵³ 被子里的用了好多年的棉絮或已弃之不用的旧棉絮。

【打网套】tɒ²¹vã²⁴tʰo²¹ 制作网套。

（3）生活用品

【镜】ɕiəŋ⁵³

【照脸镜】tʂo⁵³le²¹ɕiəŋ⁵³

【镜屏】ɕiəŋ⁵³pʰiəŋ²⁴ 方形或圆形的大镜子，下有木架，可以摆放在桌子上。

【梳】ʂu²²

【篦梳】pi⁵³ʂu²² 密齿梳，用以除发垢。

【梳妆盒】ʂu²²tʂuã²²xɑʔ⁵³

【梳妆台】ʂu²²tʂuã²²tʰE²⁴

【扇】ʂe⁵³

【纸扇】tʂ\u{0285}²¹ʂe⁵³

【芭蕉扇】pɒ²²tɕio²²ʂe⁵³

【蒲扇】pʰu²⁴ʂe⁵³

【麦秸帽】mɑʔ²²tse²⁴mo⁵³ 麦秸编成的帽子。

【衣架】i²²ciɒ⁵³ 20 世纪七八十年代才开始有。

【包袱】po²²fəʔ²² 包裹衣物用的布面。

【取灯】tɕʰy²¹tɛ²² 火柴。

　　【洋火】iã²⁴xuɤ²¹

【火石】xuɤ²⁴ʂəʔ⁵³

【洋胰】iã²²i²⁴ 香皂，旧时的称谓。

　　【香皂】ɕiã²²tso⁵³

【洋碱】iã²⁴ke²¹ 肥皂。

　　【肥皂】fɛ²⁴tso⁵³

【皂角】tso⁵³ciɑʔ²²

【棒槌】pã⁵³tʂʰɛ²¹ 浆洗衣物的木棒。

【抓挠】tʂɒ²⁴nɒ²¹

　　【痒痒耙】iã²¹iã²¹pʰɒ²⁴

【手巾】ʂʌu²¹ciəŋ²² 毛巾，也叫擦脸手巾。

　　【擦脸手巾】tsʰɒ²²le²¹ʂʌu²¹ciəŋ²²

【羊肚手巾】iã²⁴tu⁵³ʂʌu²¹ciəŋ²²

【小手巾】ɕio²¹ʂʌu²¹ciəŋ²²

【手绢】ʂʌu²⁴kue²¹

【汗巾】xæ⁵³ciəŋ²²

【瓶】pʰiəŋ²⁴

【花瓶】xɒ²²pʰiəŋ²⁴

【插瓶】tʂʰaʔ²²pʰiəŋ²⁴ 当地多用来插鸡毛掸子。

【香炉】ɕiã²²lu²⁴

【鸡毛掸】ci²²mo²⁴tæ²¹

【打灰的】tɒ²¹xuɛ²²təʔ⁰ 布做的打灰掸。

【弓】koŋ²² ①弹棉花的工具。②弓箭。

【蜡】laʔ²²

【蝇拍】iəŋ²⁴pʰaʔ²²

【灯】tɛ²²

【灯罩】tɛ²²tʂo⁵³

【洋油灯】iã²²iʌu²⁴tɛ²² 煤油灯。

　　【煤油灯】me²⁴iʌu²⁴tɛ²²

【马灯】mɒ²¹tɛ²² 可以手提、能防风雨的煤油灯，骑马夜行时能挂在马身
　　　上，因此得名。

【罩灯】tʂo⁵³tɛ²² 有玻璃罩子的煤油灯。

【皮油灯】pʰi²⁴iʌu²⁴tɛ²² 燃油为花籽油、蓖麻油。

【汽灯】cʰi⁵³tɛ²²

【灯捻】tɛ²²ne⁵³

【灯笼】tɛ²²loŋ²⁴

【手电筒】ʂʌu²¹tɛ⁵³tʰoŋ²¹

【灯泡】tɛ²²pʰo²⁴

【节能灯】tɕiaʔ²²nɛ²⁴tɛ²²

【电棒】tɛ⁵³pã⁵³ 管状日光灯或日光灯管。

【收音机】ʂʌu²²iəŋ²²ci²²

【铁砂】tʰiaʔ²²ʂɒ²²

【搓板】tsʰuɤ²⁴pæ²¹ 搓衣板。

【洗衣磬】ɕi²¹i²²pʰæ²⁴ 洗衣石。

【熨铁】yəŋ⁵³tʰiaʔ²² 熨斗。

【鞋刷】ɕiɛ²⁴ʂuaʔ²²

【刷刷】ʂuaʔ²²ʂuaʔ²² 刷子。

【拐棍】kuɛ²⁴kuɛ²¹ 拐杖。

【伞】sæ²¹

【花架】xɒ²²ɕiɒ⁵³

【铲圪渣簸箕】tʂʰæ²¹kəʔ²²tʂɒ²²pɤ⁵³cʰi²¹

　　【小簸箕】ɕio²¹pɤ⁵³cʰi²¹

【圪渣】kəʔ²²tʂɒ²² 垃圾。

【扫帚】so⁵³tʂu²¹ 用扫帚苗做的，扫院子用，比一般笤帚大。

【义毛笤帚】i⁵³mo²⁴tʰio²⁴tʂu²¹ 高粱秆做的，用来扫院。

【笤帚】tʰio²⁴tʂu²¹ 笤帚毛做的，比扫帚小，一般用来扫屋内。

【扫炕笤帚】so²¹kʰã⁵³tʰio²⁴tʂu²¹ 笤帚毛做的，用于清扫床铺。

【尿盆】nio²¹pʰɛ²⁴

【洗脸盆】ɕi²⁴le²¹pʰɛ²⁴

【和面盆】xuɤ²⁴me⁵³pʰɛ²⁴

【舀水盆】iʌu²⁴ʂɛ²¹pʰɛ²⁴

【洗衣盆】ɕi²¹i²²pʰɛ²⁴

【洋瓷盆】iã²²tsʰʅ²⁴pʰɛ²⁴

【铁盆】tʰiaʔ²²pʰɛ²⁴

【铜盆】tʰoŋ²⁴pʰɛ²⁴

【脚盆】ciaʔ²²pʰɛ²⁴ 一种较重的大盆，放在地上使用，可以发面、存放东西。

【舀水盆】io²⁴ʂɛ²¹pʰɛ²⁴

【暖水袋】nuæ²⁴ʂɛ²¹tɛ⁵³

【布袋】pu⁵³tɛ²¹

【麻袋】mɒ²⁴tɛ⁵³

【钱担】tsʰe²⁴tæ²² 褡裢。

【箔儿】pɤɯ⁵³ 高粱秆编制的像席箔那样的东西，用来晾晒东西。

【硬箔儿】ɣe⁵³pɤɯ⁵³ 较硬的箔儿，一般卷不住。

【软箔儿】ʐuæ²¹pɤɯ⁵³ 较软的箔儿，能卷住。

【荻箔儿】tiəʔ⁵³pɤɯ²¹ 荻草编制的箔儿。

（4）女工用具

【针】tʂəŋ²² 缝被子的是大号针，纳鞋底的是二号针，做衣服的三号针，
    扎花针最小。

【扎花针】tʂɑʔ²²xɒ²²tʂəŋ²²

【绣花针】ɕiʌu⁵³xɒ²²tʂəŋ²²

【缝纫针】foŋ²⁴ʐəŋ⁵³tʂəŋ²² 缝纫机专用的针。

【针冠】tʂəŋ²²kuæ²² 针上引线的孔。

　　【针屁股】tʂəŋ²²pʰi⁵³ku²¹

　　【针眼】tʂəŋ²⁴ie²¹

【针尖】tʂəŋ²²tse²²

【针圪芦】tʂəŋ²²kəʔ²²lu²⁴ 放针的小桶，一般是铜制的。

【纫针】ʐəŋ⁵³tʂəŋ²² 以线穿针。

【线】se⁵³

【丝线】sⁿ²⁴se²¹ 当地扎花多用丝线。

【棉线】me²⁴se²¹ 当地缝制衣服一般用棉线。

【的确良线】ti²¹cʰyɑʔ²²liɑ̃²⁴se²¹

【线蛋蛋】se⁵³tæ⁵³tæ²¹ 缠起来的线团。

【线轱辘】se⁵³kuəʔ²²lu²¹

【缠线板】tʂʰe²⁴se⁵³pæ²¹

【绳】ʂəŋ²⁴

【线绳】se⁵³ʂəŋ²⁴

【针锥】tʂəŋ²²tʂɛ²² 带手把儿的粗针，纳鞋底时用。

【夹剪】ciaʔ²²tse²¹ 纳鞋底或绱鞋时帮助拔针的工具。

【顶针】tiəŋ²¹tʂəŋ²²

【手布袋】ʂʌu²⁴pu²¹tɛ²¹ 纳鞋底时为防绳子拉伤手指而套在手上类似手套的东西。

【夹板】ciaʔ²²pæ²¹ 纳鞋底的工具，高二尺左右，两片木板成三角形支架，底端叉开，可以抵住地面或放在炕上，顶端成夹子状，把鞋底夹住，以便用锥子纳鞋底，一般纳较厚的鞋底才用，多为男子纳鞋底的工具。

【剪】tse²¹

【划粉】xɒ⁵³fɛ²¹ 画粉。裁剪衣服时用来画线的粉块。

【针线筐笯儿】tʂəŋ²⁴se²¹pə²²lɤɯ²¹ 一种扁圆形盛器。放做针线活时所需的各种小物件，包括缠线板、顶针、线轱辘、针、碎布块等等。

　【针线不篮】tʂəŋ²⁴se²¹pəʔ²²læ²⁴

【缝纫机】foŋ²⁴zəŋ⁵³ci²²

　【裁缝机】tsʰE²⁴foŋ²²ci²²

【织布机】tʂəʔ²²pu⁵³ci²²

【平机】pʰiəŋ²⁴ci²² 织布机的一种。

【小机】ɕio²¹ci²² 织布机的一种，可以织丝绸。

【纺线车】fã²¹se⁵³tʂʰɣ²²

【弹棉花】tʰæ²⁴me²⁴xɒ²²

【梭】suɣ²²

【经线】tɕiəŋ²²se⁵³

【纬线】vɛ²¹se⁵³

【打丝】tɒ⁵³sɿ²² 缫丝。

【打丝锅】tɒ⁵³sɿ²²kuɣ²²

【打丝筐】tɒ⁵³sɿ²²kʰuã²²

（5）炊事用具

【火口】xuɣ²⁴kʰᴀu²¹ 铁铸的框状物，放在炉口上，上面可以放锅。如：把
锅蹲在～上。

【气火】cʰi⁵³xuɣ²¹ 天然气烧的火，当地盛产天然气。

【盘炉】pʰæ²⁴lu²⁴ 搭建炉灶。

【炉边】lu²⁴pe²² 盘在炕边的火灶。

　　【炉圪台】lu²⁴kəʔ²²tʰᴇ²⁴

【圪嘴炉】kəʔ²²tsɛ²¹lu²⁴ 盘在炕头的火灶。

　　【圪嘴火】kəʔ²²tsɛ²⁴xuɣ²¹

【堵火石】tu²⁴xuɣ²¹ʂəʔ⁵³ 火口周围的环形石板，上窄下宽，防止睡觉滚到
火上。

【踢火圪窿】tʰiəʔ⁵³xuɣ²¹kəʔ²²loŋ²¹ 炉灶下面通火的地方。

【火柱】xuɣ²⁴tʂʰu²¹ 通火的铁棍。

【炉坑】lu²⁴kʰe²² 炉子下面落炉灰的地方。

【炉肚石】lu²⁴tu²¹ʂəʔ⁵³ 炉下方的一块石头，上面钻有踢火圪窿。

【炉齿】lu²⁴tʂʰʅ²¹

【灰渣】xuɛ²²tʂɒ²²

　　【炉渣】lu²⁴tʂɒ²²

【火筷】xuɣ²⁴kʰuᴇ²¹ 火钳子，用来夹木炭。

【木炭】məʔ²²tʰæ²¹

【粗碗】tsʰu²⁴væ²¹

【细碗】ci⁵³væ²¹

【汤碗】tʰã²⁴væ²¹ 喝茶的小碗。

【扣碗】kʰᴀu⁵³væ²¹ 蒸东西的一种不上釉的碗。

【老碗】lo²⁴væ²¹ 家用的大号碗。

【海碗】xᴇ²⁴væ²¹ 吃宴席用的大碗。这种碗一般看起来大，但实际的容量
没有那么大。

【洋瓷碗】iɑ̃²²tsʰʅ²⁴væ²¹

【不锈钢碗】pəʔ²²ɕiʌu⁵³kɑ̃²⁴væ²¹

【塑料碗】su⁵³lio⁵³væ²¹

【木碗】məʔ²²væ²¹

【草碗】tsʰo²⁴væ²¹ 过去用麦秸编制的碗，不怕打，给小孩用。

【圪劳碗】kəʔ²²lo²⁴væ²¹ 较深的碗。圪劳：深。

【碗不产】væ²¹pəʔ²²tʂʰæ²¹ 碎碗渣。

【盘】pʰæ²⁴

【瓷盘】tsʰʅ²⁴pʰæ²⁴

【木盘】məʔ²²pʰæ²⁴

【圆盘】ve²⁴pʰæ²⁴ 瓷制的，过去没有。

【小盘】ɕio²¹pʰæ²⁴ 瓷制的圆盘。

【鱼盘】y²⁴pʰæ²⁴ 摆鱼用的长形盘。

【方盘】fɑ̃²²pʰæ²⁴ 木制的方形盘，用来端饭。过去常用的一种器具。

【长盘】tʂʰɑ̃²⁴pʰæ²⁴ 木制的长方形盘，用来端饭。过去常用的一种器具。

【碟】tiəʔ⁵³

【铁匙】tʰiaʔ²²ʂʅ²⁴ 刮锅的铲，较平。

【勺】ʂəʔ⁵³

【铜勺】tʰoŋ²⁴ʂəʔ⁵³

【铁勺】tʰiaʔ²²ʂəʔ⁵³

【木（头）勺】məʔ²²（tʰʌu²⁴）ʂəʔ⁵³

【炒勺】tʂʰo²¹ʂəʔ⁵³

【铝勺】ly²¹ʂəʔ⁵³

【漏勺】lʌu⁵³ʂəʔ⁵³ 笊篱。

【小勺勺】ɕio²¹ʂəʔ⁵³ʂəʔ⁵³ 吃饭用的小勺儿。

【水勺】ʂɛ²⁴ʂəʔ⁵³ 旧时的水勺多是铁制的，现多是铝制的。

　　【水瓢】ʂɛ²¹pʰio²⁴

【掀面瓢】vɒ²²me⁵³pʰio²⁴ 舀面瓢。

【圪芦瓢】kəʔ²²lu²⁴pʰio²⁴ 葫芦做的瓢，用来掀面。舀水的一般是塑料瓢、铝瓢。

【铜瓢】tʰoŋ²⁴pʰio²⁴

【油瓢儿】iʌu²⁴pʰiɯ²² 专门舀油的瓢，铁制。

【筷】kʰuɛ⁵³

【竹筷】tʂuəʔ²²kʰuɛ⁵³

【漆筷】tɕʰiəʔ²²kʰuɛ⁵³ 上过漆的筷子。

【木筷】məʔ²²kʰuɛ⁵³

【象牙筷】ɕiã⁵³iɒ²⁴kʰuɛ⁵³

【匙勺笼】ʂʅ²⁴ʂəʔ⁵³loŋ²⁴ 筷桶。

【勺笼】ʂəʔ⁵³loŋ²⁴

【十不闲】ʂəʔ⁵³pəʔ²²se²⁴ 挂各种炊具的器具，如勺、匙、刷骨朵刷子等。

【煎饼刀】tse²⁴piəŋ²¹to²² 形似剑，一尺多长，一寸多宽，翻煎饼用。

【刀】to²²

【剁肉刀】tuɣ⁵³ʐʌu²¹to²² 比普通的菜刀重。

【萝卜床】luɣ²⁴pu²¹tʂʰuã²² 把萝卜削成长扁条的工具。

【嗖刀】sʌu²²to²² 将萝卜等擦成条状的工具。

【油聚】iʌu²⁴tɕy⁵³ 漏斗。

【制】tʂʅ⁵³ 打油时的度量器具。分半斤制、一斤制和二斤制。

【半斤制】pæ⁵³ɕiəŋ²²tʂʅ⁵³

【一斤制】iəʔ²²ɕiəŋ²²tʂʅ⁵³

【二斤制】əʅ⁵³ɕiəŋ²²tʂʅ⁵³

【斗】tʌu²¹ ①量器。②容量单位，十合为一升，十升为一斗。

【官斗】kuæ²⁴tʌu²¹

【木方斗】məʔ²²fã²⁴tʌu²¹

【升】ʂəŋ²² ①量器。②容量单位。

【官升】kuæ²²ʂəŋ²²

【刷骨朵】ʂuɑʔ²² ku⁵³tuɤ²¹ 刷锅的刷子。

【抹布】mɒ²⁴pu²¹

【蒸锅抹布】tʂəŋ²²kuɤ²²mɒ²⁴pu²¹ 蒸馒头用的粗棉布。

【抹灰布】mɒ²²xuɛ²²pu⁵³ 擦灰用的抹布。

【抹炉边布】mɒ²²lu²⁴pe²²pu⁵³ 专抹炉边的抹布。

【案】ɣæ⁵³ 案板。

【大案】ta⁵³ɣæ⁵³ 用来擀面。

　　【面案】me⁵³ɣæ⁵³

【小案】ɕio²¹ɣæ⁵³ 用来切菜。

　　【菜案】tsʰE⁵³ɣæ⁵³

【擀杖】kæ²⁴tʂʰɑ̃²¹

【大擀杖】ta⁵³kæ²⁴tʂʰɑ̃²¹ 用来擀面。

【小擀杖】ɕio²¹kæ²⁴tʂʰɑ̃²¹ 用来擀饺子皮。

【桶】tʰoŋ²¹

【水桶】ʂɛ²⁴tʰoŋ²¹

【木头桶】məʔ²²tʰʌu²⁴tʰoŋ²¹

【恶水桶】ɣɑʔ²²ʂɛ²⁴tʰoŋ²¹ 泔水桶。

【水锈】ʂɛ²¹ɕiʌu⁵³ 水垢。

【锅】kuɤ²²

【锅拍】kuɤ²⁴pʰa²² 锅盖。

【锅环】kuɤ²²xuæ²⁴ 锅两侧的环形提手。

【锅耳】kuɤ²²əʅ²¹ 锅两侧的形似耳朵的提手。

【锅脚儿】kuɤ²²ɕiɯ²² 锅底部的三个支脚。

【铛锅】tʂʰɛ²²kuɤ²²

【圪把铛】kəʔ²²pɒ⁵³tʂʰɛ²² 有把儿的锅，两侧没耳。

【两耳铛】liɑ̃²⁴əʅ²¹tʂʰɛ²² 两侧有耳。

【边沿铛】pe²²ie⁵³tʂʰɛ²² 周围有沿，无耳。

　　【边铛】pe²²tʂʰɛ²²

【炒瓢】tʂʰo²¹pʰio²⁴

【砂锅】ʂɒ²⁴kuɤ²²

【药锅】iəʔ²²kuɤ²² 煎药用的砂锅。

【铁锅】tʰiɑʔ²²kuɤ²²

【铜锅】tʰoŋ²⁴kuɤ²²

【铝锅】ly²¹kuɤ²²

【有圪把锅】iʌu²¹kə²²pɒ⁵³kuɤ²² 有把的锅。

【环锅】xuæ²⁴kuɤ²² 一种铁锅，两头小，中间大，两侧有环。

　　【罗锅】luɤ²⁴kuɤ²²

【桶锅】tʰoŋ²¹kuɤ²² 送饭用的小锅。

【馏锅】liʌu⁵³kuɤ²² 将凉的熟食馏热的锅。

【烧馍鏊】ʂo²²mɤ²⁴ɣo⁵³ 烙饼的炊具。

【煎饼叶】tse²⁴piəŋ²¹ie⁵³ 摊煎饼的炊具。

【饸饹床】xɤ²⁴luɑʔ²²tʂʰuã²² 用来压饸饹的工具。

【饸饹架】xɤ²⁴luɑʔ²²ciɒ⁵³ 饸饹床的一部分，压饸饹的架子。

【饭馍盒儿】fæ⁵³mɤ²⁴xɤɯ⁵³ 木头做的，用来发酵馒头的盛器。

【蒸锅】tʂəŋ²²kuɤ²²

【蒸锅盖】tʂəŋ²²kuɤ²²kᴇ⁵³

【蒸锅底】tʂəŋ²²kuɤ²²ti²¹

【蒸锅圈】tʂəŋ²²kuɤ²²kʰue²²

【箅】pi⁵³

【蒸锅箅】tʂəŋ²²kuɤ²²pi⁵³ 蒸馒头用的箅子。

【蒸笼】tʂəŋ²²loŋ²⁴

【风匣】foŋ²⁴ciɑʔ²² 风箱。

【盖】kᴇ⁵³

【茶缸】tʂʰɒ²⁴kɑ̃²² 洋瓷水杯，有把儿，有盖。

【大茶缸】ta⁵³tʂʰɒ²⁴kɑ̃²²

【小茶缸】ɕio²¹tʂʰɒ²⁴kɑ̃²²

【暖壶】nuæ²¹xu²⁴

【茶壶】tʂʰɒ²⁴xu²¹ 烧水壶。

【茶盂】tʂʰɒ²⁴y²⁴ 泡茶用的小茶壶。

【茶杯】tʂʰɒ²⁴pɛ²²

【圪芦】kəʔ²²lu²⁴ ①葫芦。②指称瓶子。

【酒圪芦】tɕiʌu²¹kəʔ²²lu²⁴ 酒瓶。

【酒壶】tɕiʌu²¹xu²⁴

【酒盂】tɕiʌu²¹y²⁴

【酒盅】tɕiʌu²¹tʂoŋ²²

【醋坛】tsʰu⁵³tʰæ²⁴

【酒坛】tɕiʌu²¹tʰæ²⁴

【盔】kʰuɛ²² 一种盛器，有盖，过去用来存放米面。

【瓦盔】vɒ²¹kʰuɛ²² 不上釉的盔。

【明卤盔】miəŋ²⁴lu²¹kʰuɛ²² 上釉的盔。

【盐盆】ie²⁴pʰɛ²⁴ 捣蒜、捣盐用的器具。

【罐】kuæ⁵³

【大罐】ta⁵³kuæ⁵³

【小罐】ɕio²¹kuæ⁵³

【烟罐】ie²²kuæ⁵³ 专放烟叶的罐子。

【盐罐】ie²⁴kuæ⁵³

【咸菜罐】se²⁴tsʰɛ²¹kuæ⁵³

【酒罐】tɕiʌu²¹kuæ⁵³

【油罐】iʌu²⁴kuæ⁵³ 专门放油的罐子。过去多为柳条编制，肚大口小，有
　　　木塞。现在多是瓷或玻璃制的。

【捣药罐】to²¹iə?²²kuæ⁵³ 铁制的捣药器具。

【卫】ve⁵³ 柳条编制盛物器具。

【大卫】ta⁵³ve⁵³

【小卫】ɕio²¹ve⁵³

【缸】kã²²

【小缸】ɕio²¹kã²²

【大缸】ta⁵³kã²²

【水缸】ʂɛ²¹kã²²

【粮食缸】liã²⁴ʂə?²²kã²²

【篅口（缸）】tʂʰuæ²⁴kʰʌu²¹（kã²²）陶制的大缸。肚大口小，用来存放粮
　　　　　　食。

【囤】tuɛ⁵³ 用席子围成的存放粮食等农产品的器物。现在有塑料制成的。

【瓮】oŋ⁵³ 陶制盛器，肚大口小。

（6）工匠用具

【家伙】ɕiɒ²²xuɤ²⁴ 工具。

【手钳】ʂʌu²¹kʰe²⁴

　　【老虎钳】lo²⁴xu²¹kʰe²⁴

【尖嘴钳】tse²⁴tsɛ²¹kʰe²⁴ 钳子的一种，头尖。

【改锥】kɛ²⁴tʂɛ²² 螺丝刀。

【扳手】pæ²⁴ʂʌu²¹

【胡墼骨朵】xu²⁴tɕiə?²²ku²²tuɤ²¹ 胡墼锤，打制土坯的石锤。

【手锤】ʂʌu²¹tʂʰɛ²⁴

【炭锤】tʰæ⁵³tʂʰɛ²⁴ 砸炭用的锤子。

【老斧】lo²⁴fu²¹ 劈柴用的斧子。

　　【砍山斧】kʰæ²¹ʂæ²⁴fu²¹

【手斧】ʂʌu²⁴fu²¹

【小斧】ɕio²⁴fu²¹

【柴皮皮】tʂʰɛ²⁴pʰi²⁴pʰi²¹ 砍下来的柴片，用来烧火。

　　【柴不遮儿】tʂʰɛ²⁴pəʔ²²tʂɤɯ²²

【圪镊镊】kəʔ²²niɑʔ²²niɑʔ²² 镊子。

【圪夹夹】kəʔ²²ciɑʔ²²ciɑʔ²² 夹子。

【钉】tiəŋ²²

【洋钉】iɑ̃²²tiəŋ²²

【铁钉】tʰiaʔ²²tiəŋ²²

【铆钉】mo²¹tiəŋ²²

【钢钉】kɑ̃²²tiəŋ²²

【水泥钉】ʂɛ²¹ni²⁴tiəŋ²²

【圪蒲钉】kəʔ²²pʰu²⁴tiəŋ²² 蘑菇钉。

【螺丝】luɤ²⁴sɿ²²

【螺丝杆】luɤ²⁴sɿ²²kæ²²

【螺丝帽】luɤ²⁴sɿ²²mo⁵³

【扎扇】tʂɑʔ²²ʂe²² 合页。

【刨】po⁵³ 刨子。刨平木料的工具。

【刨圐圙】po⁵³ku²²lue²¹ 刨花。

【锯】cy⁵³

【大锯】ta⁵³cy⁵³

【小锯】cio²¹cy⁵³

【手锯】ʂʌu²¹cy⁵³

【锯木圪渣】cy⁵³məʔ²²kəʔ²²tʂɒ²² 木屑。

【锉】tsʰuɑʔ²² ①名词，锉子，一种磨具。②动词，磨。

【钻】tʂuæ⁵³ ①名词，穿孔洞的工具。②动词，钻孔。

【凿】tsuɑʔ⁵³ ①名词，凿子。②动词，挖掘、开凿。

【锛】pɛ²² 锛子。

【麻绳】mɒ²⁴ʂəŋ²⁴ 用麻搓成的绳子，较细。

【炮绳】pʰo⁵³ʂəŋ²² 比麻绳粗壮，盖房上梁或犁地时用。

【铁绳】tʰiaʔ²²ʂəŋ²⁴ 铁链，犁地的时候用。

【井绳】tɕiəŋ²¹ʂəŋ²⁴

【拨转】paʔ²²tʂuæ²¹ 搓麻绳的工具。

【墨斗】mɛ⁵³tʌu²¹

【绷线】pəŋ²¹se⁵³ 装在墨斗中，用来取直线。

【砖卡】tʂuæ²⁴cʰiɒ²¹ 提砖的工具，每次可以提四块。

【瓦桶】vɒ²⁴tʰoŋ²¹ 一种制瓦的工具。

【瓦刀】vɒ⁵³to²² 瓦工用以砍削砖瓦、抄泥垒墙、涂抹泥灰的一种工具。

【泥抹】ni⁵³mɒ²¹ 抹泥刀。

【灰斗】xuɛ²⁴tʌu²¹ 盛放灰浆的器具。盖房子时，用灰包把灰倒入灰斗中，放在匠人手边便于使用。

【泥斗】ni²⁴tʌu²¹ 与灰斗类似，用来盛泥。

【灰包】xuɛ²²po²² 可以吊起，给匠人运送灰浆。

【泥包】ni²⁴po²² 与灰包类似，用来提泥。

【洋灰】iã²²xuɛ²² 水泥。

　　【石灰】ʂəʔ⁵³xuɛ²²

【磨石】mɤ²⁴ʂəʔ²² 磨刀的石头。

【尺】tʂʰəʔ²²

【木经尺】məʔ²²ciəŋ²²tʂʰəʔ²² 一种旧尺。

【折尺】tʂaʔ²²tʂʰəʔ²² 四折对开的一种木尺。

【皮尺】pʰi²⁴tʂʰəʔ²² 用漆布做的一种尺子。

【卷尺】kue²¹tʂʰəʔ²²

【角尺】ciaʔ²²tʂʰəʔ²²

【市尺】ʂʅ⁵³tʂʰəʔ²²

【丈竿】tʂã⁵³kæ²² 丈量土地的工具。

【皮胶】pʰi²⁴tɕiʌu²²

【橡胶】$\varphi i\tilde{a}^{53}t\varphi io^{22}$

草笆

扶手椅

圪墩

锅

锅脚儿

环锅

马扎

水缸

桶

烧馍鏊

蒸锅圈

卫

油罐

椅

坐机

蒸锅篦

竹帘

4.植物民俗语汇

（1）树木

【楝树】le⁵³ʂu²¹ 楝树籽儿可以榨油，现在比较少见。

【香椿树】ɕiɑ̃²²tʂʰuɛ²²ʂu²¹

【臭椿】tʂʰʌu⁵³tʂʰuɛ²² 当地人认为椿木是"木中之王"，有公母两类，母椿树可以开花，公椿树不开花，是房梁的首选木头，不可以用母椿木做房梁。

【桐树】tʰoŋ²⁴ʂu²¹ 泡桐，树皮为褐色，木质虚。

【梧桐树】u²⁴tʰoŋ²⁴ʂu²¹ 树皮为绿白相间，木质细。

【杜梨树】tu⁵³li²⁴ʂu²¹ 野生的，结酸涩的小果子，可以嫁接梨树。

【苹果树】pʰiəŋ²⁴kuɤ²¹ʂu²¹

【软枣树】ʐuæ²¹tso²¹ʂu²¹ 可以嫁接柿树。

【柿树】ʂʅ⁵³ʂu²¹

【桑树】sɑ̃²²ʂu²¹ 当地有"开花的桑树不结果，结果的桑树不开花"的说法。

【葡萄树】pʰu²⁴tʰo²¹ʂu²¹ 指多年长成的粗大的葡萄苗。

【槐树】xuɛ²⁴ʂu²¹

【银杏树】iəŋ²⁴ɕiəŋ⁵³ʂu²¹

【杉树】ʂæ²²ʂu²¹

【构树】kʌu⁵³ʂu²¹ 灌木，结红色果子。

【李树】li²¹ʂu²¹ 李子树。

【柏树】pɑʔ²²ʂu²¹

【桃树】tʰo²⁴ʂu²¹

【梨树】li²⁴ʂu²¹

【花椒树】xɒ²²tɕio²²ʂu²¹

【杏树】xɛ⁵³ʂu²¹

【山楂树】ṣæ²²tʂɒ²²ṣu²¹ 指结山楂或红果的树。

【圪桃树】kəʔ²²tʰo²⁴ṣu²¹ 核桃树。

【楸树】tɕʰiʌu²²ṣu²¹

【凉树】liɑ̃²⁴ṣu²¹ 木质细，是刻章的好材料。

【酸枣树】suæ²²tso²¹ṣu²¹

【倒栽柳】to⁵³tsɛ²²liʌu²¹ 普通的柳树。

【山垂柳】ṣæ²²tʂʰuɛ²⁴liʌu²¹ 柳条可以入药，有发散、退烧的功效。

【皂角树】tso⁵³ciɑʔ²²ṣu²¹ 皂角果实可以洗头。

【榕树】zoŋ²⁴ṣu²¹

【柳叶桃】liʌu²¹iɑʔ²²to²⁴ 这种树不开花只结果，普通话叫无花果。

【柳圪毛】liʌu²¹kəʔ²²mo²⁴ 柳絮。

【杨树不穗】iɑ̃²⁴ṣu⁵³pəʔ²²sɛ²¹ 杨花穗。

【松树】soŋ²²ṣu²¹

【杨树】iɑ̃²⁴ṣu²¹

【柳树】liʌu²¹ṣu²¹

【树圪枝】ṣu⁵³kəʔ²²tʂʅ²² 树枝。

【树干】ṣu⁵³kæ⁵³

【树梢】ṣu⁵³ṣo²²

【树根】ṣu⁵³kɛ²²

【树身】ṣu⁵³ṣəŋ²² 树干

【树叶】ṣu⁵³iɑʔ²²

【圪丁】kəʔ²²tiəŋ²² 树干上突出的节。

【圪针】kəʔ²²tʂəŋ²² ①端氏话指酸枣树。②阳城话还指带刺的植物。

【种树】tʂoŋ⁵³ṣu²¹

【栽树】tsɛ²²ṣu²¹

【砍树】kʰæ²¹ṣu²¹

（2）花

【花心】xɒ²²ɕiəŋ²² 花蕊。

【花瓣】xɒ²²pæ⁵³

【花圪朵】xɒ²²kəʔ²²tuɣ²¹ 花蕾。

【花败啦】xɒ²²pE⁵³la⁰ 花谢了。

【圪蔫啦】kəʔ²²zɛ²⁴la⁰ 花蔫了。

【牡丹花】mo²¹tæ²²xɒ²²

【石榴花】ʂəʔ⁵³liʌu²²xɒ²² 当地有"牡丹花开像绣球，石榴花开结籽稠"的说
法。

【打碗花】tɒ²¹væ²¹xɒ²² 喇叭花。

【甲指炒】ɕiɑʔ²²tʂ̩²¹tʂʰo²¹ 结指甲花的植物。

【金银花】ɕiəŋ²²iəŋ²⁴xɒ²²

【害眼花】xE⁵³ie²¹xɒ²² 一种黄色的野花，有毒。

【迎春花】iəŋ²⁴tʂʰuɛ²²xɒ²²

【桃花】tʰo²⁴xɒ²²

【杏花】xɛ⁵³xɒ²²

【梨花】li²⁴xɒ²²

【马梨花】mɒ²¹li²⁴xɒ²² 山上生长的黄色花，花谢后结红色果实。

【洋槐花】iɑ̃²⁴xuE²⁴xɒ²² 清明前后开。

【鸡冠花】ɕi²²kuæ²²xɒ²²

【豆面花】tʌu⁵³me⁵³xɒ²² 开淡粉色花，和马梨花一样可以做油圪茶。

【苜蓿花】məʔ⁵³ɕyəʔ⁵³xɒ²²

【牵牛花】kʰe²²iʌu²⁴xɒ²²

【黑白二丑】xɑʔ²²pɑʔ⁵³əʅ⁵³tʂʰʌu²¹ 一种药材。

【二丑花】əʅ⁵³tʂʰʌu²¹xɒ²² 多是红色或紫色的花，黑白二丑开的花。

【地骨皮】ti⁵³kuəʔ²²pi²⁴ 一种植物，结的果实是枸杞。

【兔毛花】tʰu⁵³mo²⁴xɒ²² 二月开的一种紫色的野花，像兔毛。

【金刚苗】ciəŋ²²kã²²mio²⁴ 蒲公英。

　　【根根花】kɛ²²kɛ²²xɒ²²

【秃霜花】tʰuəʔ²²ʂuã²²xɒ²² 清明前后开的一种野花。

【苹果花】pʰiəŋ²⁴kuɤ²¹xɒ²²

【圪针花】kəʔ²²tʂəŋ²²xɒ²² 野生的酸枣花。

【枣花】tso²¹xɒ²²

【李花】li²¹xɒ²² 李子树开的花。

【槐花】xuɛ²⁴xɒ²² 槐花可以入药，是一种中药材。

【荆洋花】ciəŋ²²iã²⁴xɒ²² 一种小紫花。

【油菜花】iʌu²⁴tsʰɛ⁵³xɒ²²

【黑紫花】xɑʔ²²tsɿ²¹xɒ²² 一种灌木上开的白色花。

【小菊花】cio²¹cyəʔ²²xɒ²² 野生的菊花，是一种药材。

【九月菊】ciʌu²²yaʔ²²cyəʔ²² 多在家中栽种，可以入药，是一种中药材。

【龙佩芽】lyəŋ²⁴pʰɛ⁵³iɒ²⁴ 一种野菜，开白色花，叶可食用。

【莲花】le²⁴xɒ²²

【韭菜花】ciʌu²²tsʰɛ⁵³xɒ²²

【葵花】kʰuɛ²⁴xɒ²² 向日葵。

　　【西盘莲】ci²²pʰæ²²le²⁴ 过去的叫法。

【棉花花】me²⁴xɒ²²xɒ²¹ 棉花在结棉桃前开的花。

【石榴花】ʂəʔ⁵³liʌu²¹xɒ²²

【柿花】ʂɿ⁵³xɒ²²

【君子兰】cyəŋ²²tsɿ²¹læ²⁴

【龙骨】lyəŋ²⁴kuəʔ²² 一种观赏性植物。

【雪莲】cyəʔ²²le²⁴ 开粉色花。

【仙人球】se²²zəŋ²⁴cʰiʌu²⁴

【仙人掌】se²²zəŋ²⁴tʂã²¹

【玻璃翠】pɤ²²li²⁴tsʰɛ⁵³

【马蹄莲】mɒ²¹tʰi²⁴le²⁴

【太阳花】tʰɛ⁵³iɑ̃²⁴xɒ²² 一般为家养，太阳升起花开，太阳落下花谢。

【杜鹃花】tu⁵³cyɛ²²xɒ²²

【美人蕉】mɛ²¹zən²⁴tɕio²²

【月季花】yɑʔ²²ci⁵³xɒ²²

【狗旺旺】kʌu²¹vã⁵³vã⁵³ 狗尾巴草。

【饼饼花】piən²¹piən²¹xɒ²² 在农村家院或院周围种的一种花，花瓣有单层
的，也有多层的。

【桐树花】tʰoŋ²⁴ʂu²¹xɒ²²

【椿树花】tʂʰuɛ²²ʂu²¹xɒ²²

【红耳坠】xoŋ²⁴ɚɭ²¹tʂuɛ⁵³ 枸杞。

【枸杞】kʌu²¹cʰi²¹

【狗圪铃蛋】kʌu²¹kəʔ²²liən²⁴tæ⁵³ 味酸甜，是一种可治喉咙痛的红色圆形野
果。

【野鸡冠花】iɛ²¹ci²²kuæ²²xɒ²²

【旋复花】sue²⁴fəʔ²²xɒ²² 一种野花。

【榆圪钱】y²⁴kəʔ²²tsʰe²⁴ 榆树钱。

（3）农作物

【粮食】liɑ̃²⁴ʂəʔ²²

【庄稼】tʂuɑ̃²²ciɒ²²

【稙庄稼】tʂəʔ²²tʂuɑ̃²⁴ciɒ²² 春天播种的第一茬庄稼。一般过了谷雨后种植。

【晚庄稼】væ²¹tʂuɑ̃²²ciɒ²² 麦熟收割后种的庄稼。

【粗粮】tʂʰu²²liɑ̃²⁴

【五谷】u²¹kʰuəʔ²² 五谷指玉米、小麦、谷、高粱、黍。

【五谷杂粮】u²¹kʰuəʔ²²tsɑʔ⁵³liɑ̃²⁴ 五谷和各种豆类。

【杂粮】tsɑʔ⁵³liɑ̃²⁴ 指各种豆类。

【麦】mɑʔ²² 一般指小麦。

【小麦】ɕio²⁴maʔ²²

【麦芒】maʔ²²vã²⁴

【麦穗】maʔ²²sɛ⁵³

【麦秆】maʔ²²kæ²² 切了麦穗后的秆秆，当地用来养蚕、喂牲口。

【麦秸】maʔ²²tse²¹ 小麦脱粒后的秸秆。

【麦秸积】maʔ²²tse²¹tɕi⁵³ 麦秸堆起的大垛。

【麦糠】maʔ²²kʰã²²

【麦茬】maʔ²²tʂʰɒ²⁴

【春麦】tʂʰuɛ²⁴maʔ²² 误了农时后在春天种的麦子，产量低，种的比较少。

【布蛋麦】pu⁵³tæ²¹maʔ²² 冬天播种，春天出来的麦子。

【秋麦】tɕʰiʌu²²maʔ²² 秋天播种的麦子。

【大麦】ta⁵³maʔ²²

【荞麦】cʰio²⁴maʔ²²

【稻】to⁵³

【茭子】tɕio²⁴tʂʅ²¹ 高粱。

【茭子穗】tɕio²⁴tʂʅ²¹sɛ⁵³ 高粱穗。

【圪当】kəʔ²²tã²² 高粱秆，可以用来做乂毛笤帚。

【圪当尖】kəʔ²²tã²²tse²² 高粱秆顶部的一截，可以用来做算子。

【圪当算】kəʔ²²tã²²pi⁵³ 圪当尖做的算子。

【玉茭】yəʔ²²tɕio²² 玉米。

【玉茭圪棒】yəʔ²²tɕio²²kəʔ²²pã⁵³ 玉米棒。

【玉茭籽】yəʔ²²tɕio²²tʂʅ²¹ 玉米粒。

【玉茭胡】yəʔ²²tɕio²²xu²⁴ 玉米须。

【玉茭穗】yəʔ²²tɕio²²sɛ⁵³ 玉米秆顶部开花的部分。

【玉茭秆】yəʔ²²tɕio²²kæ²¹ 玉米秆。

【玉茭茬】yəʔ²²tɕio²²tʂʰɒ²⁴ 砍了玉米秆之后留下的茬。

【玉茭叶】yəʔ²²tɕio²²iaʔ²² ①玉米棒上的皮。②玉米秆上的叶子。

【玉茭面】yəʔ²²tɕio²²me⁵³ 玉米面。

【圪糁】kəʔ²²ʂɛ²² 玉米糁。

【黄玉茭】xuã²⁴yəʔ²²tɕio²² 玉米品种。

【甜玉茭】tʰe²⁴yəʔ²²tɕio²²

【黑玉茭】xɑʔ²²yəʔ²²tɕio²²

【白玉茭】pɑʔ⁵³yəʔ²²tɕio²²

【红玉茭】xoŋ²⁴yəʔ²²tɕio²² 当地种的较少。

【花花玉茭】xɒ²²xɒ²²yəʔ²²tɕio²² 当地种的较少。

【软玉茭】ʐuæ²¹yəʔ²²tɕio²²

【谷】kuəʔ²²

【干草】kæ²⁴tsʰo²¹ 去除谷穗后留下的杆。

【秕谷】pi²¹kuəʔ²² 不饱满的谷子，可以装枕头。

【植谷】tʂəʔ²²kuəʔ²² 春季种的谷子。

【二耧谷】əɭ⁵³lʌu²⁴kuəʔ²² 割麦以前种植，即植谷间苗后再种的一批谷子，收完麦后，再对二耧谷间苗。

　　【二茬谷】əɭ⁵³tʂʰɒ²⁴kuəʔ²²

【晚谷】væ²¹kuəʔ²² 割了麦后种植的谷子，回茬，生长期短。

　　【茬谷】tʂʰɒ²⁴kuəʔ²²

【软谷】ʐuæ²¹kuəʔ²² 谷的一种，舂出来后是软米。可以做软米饭、缚粽包粽子、炸油糕。

【软米】ʐuæ²⁴mi²¹

【黍】ʂu²¹ 有软、硬两种，把黍子捋下来后黍子穗及其连接的部分可以做笤帚。

【软黍】ʐuæ²⁴ʂu²¹ 黏性大，可以缚粽包粽子、做软米饭等。

【硬黍】ɣɛ⁵³ʂu²¹ 黏性小，磨成面后可以蒸馍馍。

【笤帚毛】tʰio²⁴tʂu²¹mo²⁴ 去掉黍子颗粒后的黍子头，可以用来缚笤帚。

【黍米】ʂu²⁴mi²¹

【黍面】ʂu²⁴me²¹

【春米】ʂoŋ²⁴mi²¹ 把打下的谷、黍子去壳。

【粗糠】tsʰu²²kʰã²² 黍、谷春头一遍所得，比较粗。

【细糠】ɕi⁵³kʰã²² 黍、谷春第二遍所得。

【米】mi²¹ 专指小米。

【黄米】xuã²⁴mi²¹ 小米。

　　【小米】ɕio²⁴mi²¹

【青米】tɕʰiəŋ²⁴mi²¹ 小米的一种，青色。

【大米】ta⁵³mi²¹

【江米】ciã²⁴mi²¹

【糯米】nuɤ⁵³mi²¹

【蓖麻】pɛ²²mɒ²⁴

【苘麻】cʰiəŋ²⁴mɒ²⁴

【芝麻】tʂʅ²²mɒ²⁴

【芝麻秆】tʂʅ²²mɒ²⁴kæ²²

【芦苇】lu²⁴vɛ²¹

【山药】ʂæ²²iəʔ²² ①土豆。②长山药，当地不产。

【山药蛋】ʂæ²²iəʔ²²tæ⁵³ 土豆。

【山药秧】ʂæ²²iəʔ²²iã²²

【红薯】xoŋ²⁴ʂu²¹

【紫薯】tsʅ²⁴ʂu²¹

【六十天豆】liʌu⁵³ʂəʔ⁵³tʰe²²tʌu⁵³ 一种豆类植物，名字来源于根据种植的时
　　　　　间长短。

【九十天豆】ciʌu²¹ʂəʔ⁵³tʰe²²tʌu⁵³

【一百二十天豆】iəʔ²²pɒʔ²²əʅ⁵³ʂəʔ⁵³tʰe²²tʌu⁵³

【白豆】pᴇ²⁴tʌu⁵³ 黄豆。也称大豆，可做豆腐、豆芽、豆面等。

【绿豆】lyəʔ²²tʌu⁵³

【老豆】lo²⁴tʌu²¹ 颗粒比较大的豆子。

【绿老豆】lyəʔ²²lo²⁴tʌu⁵³

【黑老豆】xɑʔ²²lo²⁴tʌu²¹

【红老豆】xoŋ²⁴lo²⁴tʌu²¹

【花花老豆】xɒ²²xɒ²²lo²⁴tʌu²¹

　　【篱老豆】li²⁴lo²⁴tʌu²¹

【豇豆】tɕiã²⁴tʌu²¹

【红小豆】xoŋ²⁴ɕio²⁴tʌu²¹ 一种红色的软豆，可以蒸豆馅。

　　【小豆】ɕio²⁴tʌu²¹

【红豆】xoŋ²⁴tʌu⁵³ 一种红色的硬豆。

【黑豆】xɑʔ²²tʌu⁵³

【蔓豆】mæ²⁴tʌu⁵³

【豌豆】væ²²tʌu⁵³

【蚕豆】tsʰæ²⁴tʌu⁵³

【芸豆】yəŋ²⁴tʌu⁵³

【毛豆】mo²⁴tʌu⁵³

【刀豆】to²⁴tʌu²¹ 扁豆，即刀豆角。

【软豆】ʐuæ²¹tʌu⁵³ 包括小豆、蔓豆、豇豆、绿豆等豆类。

【硬豆】ɤɛ⁵³tʌu⁵³ 包括老豆、白豆、黑豆、红豆等豆类。

【豆秆】tʌu⁵³kæ²² 豆秸，可以喂牲口。

【花】xɒ²² 花卉统称。

【棉花】me²⁴xɒ²²

【棉桃】me²⁴tʰo²⁴

【花籽】xɒ²⁴tsʅ²¹ 棉籽。

　　【棉籽】me²⁴tsʅ²¹

【籽棉】tsʅ²¹me²⁴ 未去籽的棉花。

【皮棉】pʰi²⁴me²⁴ 去掉籽的棉花。

【油菜花】iʌu²⁴tsʰɛ⁵³xɒ²²

【花椒】xɒ²²tɕio²²

【花椒树】xɒ²²tɕio²²ʂu⁵³

【花椒叶】xɒ²²tɕio²²iɑʔ²²

【花椒籽】xɒ²²tɕio²²tsʅ²¹

【稆生】ly²¹ʂɛ²² 野生。

（4）水果、干果

【果木】kuɤ²¹məʔ²² 水果。

【梨】li²⁴ 当地习俗：梨谐音"离"，因此父母和子女不分梨；看病人时不送梨；敬献神灵祖先时不用梨。

【棠梨】tʰɑ̃²⁴li²⁴

【大黄梨】ta⁵³xuɑ̃²⁴li²⁴

【酥梨】su²²li²⁴

【油梨】iʌu²⁴li²⁴

【鸭梨】iɒ²²li²⁴

【杜梨】tu⁵³li²⁴ 一种野生的果子，个小。叫"杜梨"但不是梨。

【杏】xɛ⁵³

【山杏】ʂæ²²xɛ⁵³ 野生的杏。

【苹果】pʰiəŋ²⁴kuɤ²¹ 献神灵时用苹果，乞求平安之意。

【富士】fu⁵³ʂʅ⁵³ 苹果的品种。

【元帅】ve²⁴ʂuɛ⁵³ 苹果的品种。

【黄香蕉】xuɑ̃²⁴ɕiɑ̃²²tɕio²² 苹果的品种。

【青香蕉】tɕʰiəŋ²²ɕiɑ̃²²tɕio²² 苹果的品种。

【伏果】fəʔ²²kuɤ²¹ 夏天成熟的苹果。

【秋果】tɕʰiʌu²⁴kuɤ²¹ 秋天成熟的苹果。

【橘子】cy⁵³tsʅ²¹

【樱桃】iəŋ²²tʰo²⁴

【李】li²¹ 李子。李子不能多吃，当地俗语："桃饱杏伤李死人。"

【石榴】ʂəʔ⁵³liʌu²¹

【草莓】tsʰo²¹mɛ²⁴

【葡萄】pʰu²⁴tʰo²¹

【山葡萄】ʂæ²²pʰu²⁴tʰo²¹ 野生的葡萄。

【提】tʰi²⁴ 红提。

【西瓜】ɕi²²kɒ²²

【甜瓜】tʰe²⁴kɒ²²

【花花甜瓜】xɒ²²xɒ²²tʰe²⁴kɒ²²

【白甜瓜】paʔ⁵³tʰe²⁴kɒ²²

【猕猴桃】mi²⁴xʌu²⁴tʰo²⁴

【桃】tʰo²⁴ 根据成熟的月份可分为五月桃、六月桃、七月桃、八月桃、九月桃。

【五月桃】u²¹yaʔ²²tʰo²⁴

【六月桃】liʌu⁵³yaʔ²²tʰo²⁴

【七月桃】tɕʰiəʔ²²yaʔ²²tʰo²⁴

【八月桃】paʔ²²yaʔ²²tʰo²⁴

【九月桃】ciʌu²¹yaʔ²²tʰo²⁴

【雪桃】ɕyaʔ²²tʰo²⁴ 阴历十月成熟的桃。

【油桃】iʌu²⁴tʰo²⁴

【毛桃】mo²⁴tʰo²⁴

【蟠桃】pʰæ²²tʰo²⁴

【山桃】ʂæ²²tʰo²⁴ 也叫野山桃。野生的桃子。

　　【山毛桃】ʂæ²²mo²⁴tʰo²⁴

【离胡桃】li⁵³xɯ⁵³tʰo²⁴

【甘蔗】kæ²²tʂɣ²¹

【桑葚】sã²⁴ɕiəŋ²¹

【红果】xoŋ²⁴kuɤ²¹ 山楂果。

【山楂】ʂæ²²tʂɒ²² 当地指一种黄色、口感较绵的野生果子。

【花红】xɒ²²xoŋ²⁴ 海棠果。

【海棠】xɛ²¹tʰɑ̃²⁴ 海棠花。

【耐蛋】nɛ⁵³tæ²¹ 红色的水果，比花红小。

【柿】ʂʅ⁵³ 柿子。

【莽莽柿】mɑ̃²²mɑ̃²²ʂʅ⁵³ 形状畸形的柿子。

【红柿】xoŋ²⁴ʂʅ⁵³ 柿子的一种。

【舒黄柿】ʂu²²xuɑ̃²⁴ʂʅ⁵³ 柿子的一种。

【黄柿】xuɑ̃²⁴ʂʅ⁵³ 柿子的一种。

【秋晴柿】tɕʰiʌu²²tɕʰiən²⁴ʂʅ⁵³ 柿子的一种。

【磨柿】mɤ⁵³ʂʅ⁵³ 形状像石磨的一种柿子。

【水柿】ʂɛ²¹ʂʅ⁵³ 柿子的一种。

【油青柿】iʌu²⁴tɕʰiən²²ʂʅ⁵³ 柿子的一种。

【空空柿】kʰoŋ²²kʰoŋ²⁴ʂʅ⁵³ 熟透变软的柿子。

【溇柿】læ²¹ʂʅ⁵³ 用温水去掉柿子的涩味。

【糖心柿】tʰɑ̃²⁴ɕiəŋ²²ʂʅ⁵³ 快要成熟变软的柿子：皮是涩的，但里面已经能吃。

【干柿】kæ²⁴ʂʅ²¹ 柿饼。秋天把柿子去皮、晒干水分后，晚上捂在罐罐里，白天再晒。利用温差逼出柿子里的糖分，糖分在柿饼表面凝结成白霜，称为干柿霜。

【柿皮】ʂʅ⁵³pʰi²⁴ 做柿饼时旋下来的皮（一般为长条状）。晒干后，上面结有较弱的白霜，可以食用。

【枣】tso²¹ 当地习俗：结婚时撒瓜子、花生、枣、核桃和五谷。

【酸枣】suæ²⁴tso²¹

【软枣】zuæ²⁴tso²¹ 黑色的小软枣，树形像柿树。小孩胃口不好或积食时用香油炸焦后吃，可以开胃。

【葵花籽】kʰuɛ²⁴xɒ²²tsʅ²¹

【瓜子】kɒ²⁴tsʅ²¹

【花生】xɒ²²ʂɛ²²

【花生秧】xɒ²²ʂɛ²²iɑ̃²²

【花生仁】xɒ²²ʂɛ²²zəŋ²⁴

　　【花生籽】xɒ²²ʂɛ²²tsʅ²²

【花生皮】xɒ²²ʂɛ²²pʰi²⁴ 花生的外壳。

【花生皮皮】xɒ²²ʂɛ²²pʰi²⁴pʰi²¹ 花生仁外面的红皮。

【圪桃】kəʔ²²tʰo²⁴ 核桃。

5.婚丧民俗语汇

（1）嫁娶

【谈恋爱】tʰæ²⁴luæ²⁴ɣɛ⁵³

【结婚】ciɑʔ²²xuɛ²²

【娶媳妇】tɕʰy²¹ɕiəʔ⁵³fu²¹

【打发闺女】tɒ²¹fɑʔ²²kuɛ²⁴ny²¹ 嫁女儿。

　　【嫁闺女】ciɒ⁵³kuɛ²⁴ny²¹

【办事】pæ⁵³ʂʅ⁵³ 办喜事。

【上头】ʂɑ̃⁵³tʰʌu²⁴ 童养媳到一定年龄完婚。

【女补后】ny²⁴pu²¹xʌu⁵³ 男子前妻去世后继娶的妻子。

【他俩走开啦】tʰa²²lio²¹tsʌu²¹kʰɛ²⁴la⁰ 离婚。

【复婚】fəʔ²²xuɛ²⁴

【失家】ʂəʔ²²ciɒ²² 夫妻双方有一方离世。

【退婚】tʰɛ⁵³xuɛ²²

【二婚】əʅ⁵³xuɛ²²

【续亲闺女】ɕy⁵³tɕʰiəŋ²²kuɛ²⁴ny²¹ 后娶的妻子认过世的前妻的母亲为娘。

【招女婿】tʂo²²ny²⁴ɕy²¹ 男子入赘。

【过继字】kuɣ⁵³ci⁵³tsʅ⁵³ 过去招赘女婿或过继孩子时立的字据。

【亲上加亲】tɕʰiəŋ²²ʂɑ̃⁵³ciɒ²²tɕʰiəŋ²²

【娃娃亲】vɒ²⁴vɒ²¹tɕʰiəŋ²² 指腹婚。

【爹公娘婆】tiɛ²¹koŋ²²niɑ̃²⁴pʰɣ²⁴ 嫁给继父的儿子或者嫁给继母的儿子。

【两姨结亲】liɑ̃²¹i²⁴ciɑʔ²²tɕʰiəŋ²² 姨表亲。

【侄女服侍姑姑】tʂəʔ⁵³ny²¹fəʔ²²ʂʅ⁵³ku²⁴ku²⁴ 侄女嫁给姑姑的儿子。

【还堂】xuæ²⁴tʰɑ̃²⁴ 外甥女嫁给舅舅的儿子。

【换亲】xuæ⁵³tɕʰiəŋ²² 两家互娶对方的女儿做媳妇，婚礼从简。

【男家】næ²⁴ciɒ²²

　　【男方】næ²⁴fã²²

【女家】ny²¹ciɒ²²

　　【女方】ny²¹fã²²

【新女婿】ɕiəŋ²²ny²⁴ɕy²¹

【新媳妇】ɕiəŋ²²ɕiəʔ⁵³fu²¹

【家人】ciɒ²²zəŋ²⁴ 自家人，指本家叔伯。

【新亲戚】ɕiəŋ²²tɕʰiəŋ²²tɕʰiəʔ²² 姻亲。结婚时男女方指称另一方的亲属。

【新客】ɕiəŋ²²kʰɑʔ²² 结婚时女方送亲的人。

【陪新客】pʰɛ²⁴ɕiəŋ²²kʰɑʔ²² 招待女方送亲的人。

【陪客】pʰɛ²⁴kʰɑʔ²² 结婚时专门招待新亲戚的人。

【媒婆】mɛ²⁴pʰɣ²⁴

【媒人】mɛ²⁴zəŋ²⁴

【说媳妇】ʂuɑʔ²²ɕiəʔ⁵³fu²¹

【说媒】ʂuɑʔ²²mɛ²⁴

【央媒人】iã²²mɛ²⁴zəŋ²⁴ 请求媒人给自家儿女说亲。

【谢媒人】ɕiɛ⁵³mɛ²⁴zəŋ²⁴ 完婚后，新人带上谢礼去答谢媒人。过去的谢礼
　　　　是 20 个大馍馍，后来除了馍馍外，还会送布料、烟酒或钱等。

【提亲】tʰi²⁴tɕʰiəŋ²² 男方家长托媒人向女方家长提议结亲。

【见面】ke⁵³me⁵³ 相亲。旧时男女双方婚前不见面，结婚时才能见上。

【相家】ɕiã²²ciɒ²² 即考察男方的家庭情况。旧时不相家，20 世纪 50 年代
　　　　才有。男女双方见面成功后，媒人领女方（一般有姐姐或嫂子陪
　　　　同）到男方家相看，考察家庭情况和父母人品。另外，相家也可
　　　　以就是相亲，女方到男方家见面，男方同意的话给女方吃饺子或
　　　　扯面，不同意就吃㧟片；女方不同意的话就不接受男方赠予的礼
　　　　物。

【吃扯面】tʂʰəʔ²²tʂʰɣ²⁴me²¹ 当地婚俗中，人们给"吃扯面"一种全新的寓意：

将男女双方及其家庭永远拉扯在一起。从媒人提亲、相亲、行礼
到订婚、回面回门，招待媒人或男女方时都要吃扯面。

【吃撅片】tʂʰəʔ²²tɕɣɑʔ²²pʰe⁵³ 如果在提亲、相亲过程中一方相不中另一方，
就让对方吃"撅片撅面片"，意思是从此断绝，不再联系。

【说成啦】ʂuɑʔ²²tʂʰəŋ²⁴la⁰ 婚事说合成功。

【事不成】ʂʅ⁵³pəʔ²²tʂʰəŋ²⁴ 婚事没有说成。

【有主啦】iʌu²⁴tʂu²⁴la⁰ 女方已订婚或有婚约。

【说上媳妇啦】ʂuɑʔ²²ʂã⁵³ɕiəʔ⁵³fu²¹la⁰ 男方说亲成功。

【订婚】tiəŋ⁵³xuɛ²² 相亲、相家都成功后，就择吉日订婚。男方给女方送
四色礼、两身衣服；女方招待男方吃扯面、烧馍，回四色礼给男
方。

【四色礼】ʂʅ⁵³ʂɑʔ²²li²¹ 四样不同的礼物。过去是一些比较简单的生活用品，
如毛巾、镜子、肥皂、枕巾、脸盆、围脖、茶缸、土布、钢笔等。
现在的四色礼比较大，如电脑、床单、被套、毛毯等。

【双四色】ʂuã²²ʂʅ⁵³ʂɑʔ²² 双四色礼，即八样不同的礼物。

【合婚】xɑʔ⁵³xuɛ²² 结婚前请阴阳先生卜算二人八字是否相合。

【择日】tʂɑʔ⁵³zɑʔ²² 请阴阳先生卜算吉日。

【好日】xo²²zɑʔ²² 吉日。

【行礼】ɕiəŋ²⁴li²¹ 男方给女方送聘礼。结婚前男方给女方送两次彩礼，一
次是行小礼（也叫穿梭），一次是过大礼。行礼一般指过大礼。

　【过礼】kuɣ⁵³li²¹

【回礼】xuɛ²⁴li²¹

【小饭】ɕio²⁴fæ²¹ 行礼时女方回礼用的花馍。花馍捏成双头鱼、莲花、牡
丹、石榴、叶子、桃、苹果等样子，每样都要两个，寓意成双成
对。女方一般蒸八道（即八对）小饭，给男方回六道，自己留两
道。

【礼钱】li²¹tsʰe²⁴ 男方给女方的彩礼钱。

【一道礼】iə²²to⁵³li²¹ 彩礼钱。20 世纪 60 年代一道礼是 12 元；二道礼是
　　　　一道礼的两倍，24 元；四道礼是一道礼的四倍，48 元。一般普
　　　　通人家送一道礼或两道礼，有钱人家送四道礼。

【两道礼】liã²⁴to⁵³li²¹

【四道礼】ʂʅ⁵³to⁵³li²¹

【穿梭】tʂʰuæ²²suɤ²² 给女方送彩礼，也说行小礼。旧时规矩，现在已不讲
　　　　究了。男方给女方送衣裳、礼钱；女方回小饭、四色礼或者衣服。

　　【行小礼】ɕiəŋ²⁴ɕio²⁴li²¹

【过大礼】kuɤ⁵³ta⁵³li²¹ 男方给女方送彩礼，并告以迎娶的吉日。一般送两
　　　　道礼、四色礼、衣裳、鞋子等，20 世纪 70 年代还送手表、自行
　　　　车、缝纫机等。女方回小饭、四色礼、鞋、衣裳。另外让男方带
　　　　走两个遗饭碗（一碗米、一碗油，用红纸糊住）、两双筷子（红
　　　　线绑住）、红纸包的盐（表示缘分）、酵、麯、麸等（酵、麯等都
　　　　是发物，寓意发财）。行礼时，女方的姑姑舅舅等都会参加，招
　　　　待男方吃扯面、宴席。行完礼后，邻里会来参观送的彩礼并表示
　　　　祝贺。

　　【行大礼】ɕiəŋ²⁴ta⁵³li²¹

【邀饭】io²²fæ⁵³ 出嫁前，本家叔伯和邻居邀请闺女去家里吃饭。

【开脸】kʰE²⁴le²¹ 出嫁时，用红线绞去新娘面部汗毛的仪式。结婚当天，
　　　　由全换人父母、配偶和子女俱全的人为新娘开脸，讲究前三下后四下。
　　　　新娘手里端有方盘，上面放有开脸馍（两个）、开脸钱，这是给
　　　　开脸人的酬谢。现在这个过程已经是个形式。

【开脸面】kʰE²⁴le²¹me⁵³ 结婚当天男方送来的面粉。女方家用开脸面做成
　　　　烧馍，出嫁前和接九时给新娘吃。

【离娘肉】li²⁴niã²⁴ʐʌu⁵³ 结婚当天男方送来离娘肉，做成菜给新娘和新娘
　　　　母亲吃，表示女儿要离开娘了。

【开脸线】kʰE²⁴le²¹se⁵³ 结婚当天男方送来开脸的红线。

【开脸钱】kʰE²⁴le²¹tsʰe²⁴ 结婚当天男方送来酬谢开脸人的礼钱。过去为十
　　　块、二十块，现在为五十块或一百块。

【扎脸】tʂɑʔ²²le²¹ 结婚第二天，婆婆找人给新娘扎脸，绞去脸上的绒毛。
　　　也有人认为扎脸就是开脸，只在结婚当天开一次脸。

【添箱】tʰe²²ɕiɑ̃²² 女方亲戚给闺女准备的嫁妆。过去一般送布、被子或毛
　　　毯，现在多送礼钱。姑姑舅舅姨姨等近亲送的礼比较大，一般亲
　　　戚送的礼小点。

【礼】li²¹ 结婚时亲戚送的礼，一般是 20 个馍馍。

【行装】ɕiəŋ²⁴tʂuɑ̃²² 陪送的家具，包括箱、柜、被褥、枕头等。

【陪送箱】pʰɛ²⁴soŋ⁵³ɕiɑ̃²² 新娘陪嫁的箱子，里面放有衣裳、鞋、洗脸盆、
　　　镜子、梳子、毛巾、香皂等日用品以及压箱钱、压箱馍、花生、
　　　圪桃核桃、枣、瓜子等。褥子、被子、枕头（两个）都摆在箱伏箱
　　　盖上，箱上贴有喜字。

【遗饭碗】i²⁴fæ⁵³væ²¹ 盛装遗饭的碗。当地人认为每个人都有上天赐给的
　　　遗饭。新娘出嫁前要将遗饭碗放在嫁妆里带走，也有行礼时男方
　　　就将遗饭碗带走的。老人离世时要将遗饭碗打碎。

【压箱钱】iɑʔ²²ɕiɑ̃²²tsʰe²⁴ 压在陪送箱底部的钱，多少视家庭情况而定，旧
　　　时为铜钱、银圆。

【压箱鞋】iɑʔ²²ɕiɑ̃²²ɕiE²⁴ 摆在陪送箱里的鞋，由女方准备，男女各两双。

【压箱馍】iɑʔ²²ɕiɑ̃²²mɤ²⁴ 做成苹果、石榴、牡丹、莲花等样子的小花馍，
　　　散放在陪送箱里。

【装枕头】tʂuɑ̃⁵³tʂən²¹tʰʌu²⁴ 结婚时女方要装两个枕头，一个装小麦，一个
　　　装谷，封口处留一个小口用籽棉堵住，接九回来后再缝起来。

【抬陪送的】tʰE²⁴pʰɛ²⁴soŋ21tə?⁰ 送亲队伍中帮助抬嫁妆的人。

【迎亲的】iəŋ²⁴tɕʰiəŋ²²tə?⁰ 陪新郎迎亲的两个女性同辈或长辈。

【送女的】soŋ⁵³ny²¹tə?⁰ 送新娘出嫁的两个女性同辈或长辈。

【迎亲】iəŋ²⁴tɕʰiəŋ²² 旧时迎娶新娘时抬轿，20 世纪 50 到 60 年代时骑马，

"文化大革命"时步行，70年代骑自行车，80年代以后是小轿车。新郎出发迎亲时要放铳，出门先迈左脚。迎亲时要带上离娘肉、开脸面、红线、红布、开脸钱、蒸饼。新娘出嫁时父亲只送到车上，母亲不出门。当地有"大父亲不接（接九），娘不送（出嫁）"的说法。过去讲究新娘脚不能着白地，要由新郎抱着上下轿，进了屋才能着地。

【小扁食】$\varepsilon io^{21}pe^{24}s\vartheta \mathbf{?}^{53}$ 小饺子，结婚时女方用来耍逗女婿，图喜庆热闹。结婚当天，女方家准备100个小扁食，有的里面包有姜、辣椒、胡椒、花椒面等，端给新郎吃，要逗新郎。

【扣盘钱】$k^h\Lambda u^{53}p^h\text{æ}^{24}ts^he^{24}$ 结婚时女方耍逗女婿要的红包，图喜庆热闹。男方接亲时，在新娘家的宴席上，上过几道菜后，端盘上菜的人把盘子扣下，拒绝上菜以索要红包，新郎给了红包后再继续上菜。

【装钥匙】$ts\text{ua}^{22}\text{ya}\mathbf{?}^{22}s\text{\textsubscript{l}}^{24}$ 新媳妇的弟弟或妹妹拿上陪嫁箱的钥匙，到婆家后交给新娘的婆婆，婆婆会给装钥匙钱。

【堵龙口】$tu^{21}ly\vartheta \text{n}^{24}k^h\Lambda u^{21}$ 当地人认为磨是白虎，碾是青龙，结婚当天看见不吉利，要用被子盖住；家周围的水道也要用红纸糊住。迎亲队伍从娘家返回婆家时，新娘手上要拿一个馒头，上了轿子或车后先扔半个，手上留半个，每过沟、过河都扔一点儿，到婆家时要扔完。当地人认为沟、河这些地方不吉利，可能有不干净的东西（妖魔鬼怪），给它们吃点儿东西就不会再伤害自己了。

【蒸饼】$ts\vartheta \text{n}^{24}pi\vartheta \text{n}^{21}$ 一种蒸制的面食。结婚时，新人双方各做一个，摆在正屋的方桌上。迎亲时男方带上自己的蒸饼，和女方的凑成一对后，用红纸或红布盖住，由新郎的姐夫用包有红布的扁担担回。蒸饼须由全换人制作。
蒸饼分为三层，第一层叫"大圪堆"，面里边包有核桃、枣、花生、瓜子、制钱（过去为铜钱、银圆，现在为硬币）各五个。第二层叫"二圪堆"，先在二圪堆一周插五个石榴，石榴上再插面塑的五个莲花和五条鱼，表示"鱼捧莲""金鸡串石榴"，再在"二圪堆"上面插面塑的牡丹、凤、叶子各五个，叫做"凤戏牡丹"。第三层叫"总石榴"，石榴周围插有一对柿子、一个如意、一个双喜字、一只蝴蝶，叫做"事事如意喜相逢"。石榴正上方插有松枝，松枝上有一对松圪堆_{松塔儿}。

【典礼】te²⁴li²¹

【改口钱】kɛ²⁴kʰʌu²¹tsʰe²⁴ 结婚时新人改口叫爸妈时给的红包。

【左手不烂羹】tsuɣ²⁴ʂʌu²¹pəʔ²²læ⁵³kɛ²² 用左手搅拌制作的一种汤。具体做法是：把遗饭碗中的蜜和油倒入小锅中，再和入面，左手拿筷搅拌，和成不烂羹，再倒入遗饭碗里。新人进新房门时，一起把左手不烂羹喝完。也有说法是新人坐在门槛上喝左手不烂羹。

【开箱钱】kʰɛ²²ɕiã²⁴tsʰe²⁴ 结婚第二天，婆婆开了陪嫁箱后，在箱里放的礼钱。

【扫地钱】so²¹ti⁵³tsʰe²² 结婚第二天，新郎的弟弟妹妹给新人扫地，新媳妇要给弟弟妹妹钱，过去给的是衣服。因为当地讲究新媳妇接九之前不干活，从娘家回来后才干活。

【新房】ɕiəŋ²²fã²⁴ 新人完婚的新房。窗户上贴窗花，有鸳鸯、双喜字、龙凤图、鱼等。炕上一般摆放三套被褥。13岁以下的毛头囝女和命相不合的人不能进新房。新房内还准备有新尿盆，尿盆下面扣两个馍馍，当地讲究新房里不能有空的东西。新娘入洞房时小孩子们抢着吃馍馍，还有一种说法是晚上新人谁先用尿盆谁吃馍馍。吃尿盆下的馍馍有吉祥如意的意思。

【闹洞房】no⁵³toŋ⁵³fã²¹

【压床馍】iɑʔ²²tʂʰuã²⁴mɣ²⁴ 在新床的四角各放一个碗口大的馍馍，每个馍馍上插一面彩旗，彩旗的颜色分别为红、绿、粉、黄。

【圆房】ve²⁴fã²⁴ 入洞房后朋友逗要新人的一些活动。

【吹床】tʂʰɛ²²tʂʰuã²⁴ "吹床"原是铺床的意思，这里指在床上撒五谷、圪略瓜等活动。

【撒五谷】sɑʔ²²u²¹kʰuəʔ²² 在新人身上或新床上抛撒五谷，有吉祥的意思。五谷一般为麦、谷、玉米、黍、高粱，黍子可用芝麻代替，凑够五样即可。撒五谷时口里要念着："吹床、吹床一对鸳鸯，先生公子后生姑娘，生下公子送到书房，生下姑娘送到绣楼。"

【圪略瓜】kəʔ²²lyɑʔ²²kɒ²² 新婚夜里新婚夫妇之间一种滚南瓜的游戏。因旧时新娘和新郎不曾见过面，两人在床上很尴尬，这个游戏可以让双方增进感情，具体做法是：新郎和新娘各坐在炕的东头和西头，新郎拿一个南瓜滚向新娘，新娘再把南瓜滚回去。当地俗语："东头圪略瓜，西头抱娃娃，一年一一个孩子，二年两两个孩子，三年过来一大家。"

这个习俗的另一说法是：准备一长一圆两个南瓜。洞房夜里，男方抱长瓜，女方抱圆瓜，坐在炕的两头，各自将南瓜滚向对方，寓意早生贵子。当地俗语："长瓜转圆瓜，一年过来抱娃娃。"

【听窗】tʰiəŋ²²ʂuã²² 新婚夜暗中偷听新婚夫妇的谈话和动静。

【回面】xuɛ²⁴me⁵³ 回门，结婚第二天或第三天回门。回门时在娘家第一顿吃扯面，第二顿吃宴席。

【偷富贵】tʰʌu²²fu⁵³kuɛ⁵³ 回门时，新郎随便"偷"走岳父家一件东西，叫做"偷富贵"。现在多提前准备好东西，由新郎带走。

【猪羊钱】tʂu²²iɑ̃²⁴tsʰe²⁴ 女婿回门时小辈向新郎索要的红包。一般在宴席上菜时扣盘（表示拒绝上菜）索要猪羊钱，还可以把新女婿的鞋或衣服藏起来，女婿要用红包把自己的东西"赎"回来，这种游戏的目的除了图喜庆热闹外还能拉近新郎与新娘一家人的距离，让大家很快熟悉起来，减少拘束感。

【照半九】tʂo⁵³pæ⁵³ciʌu²¹ 结婚的第四或第五天，女方的父辈带上礼物如衣服、床单、毛毯等去看望新娘。过去是叔叔、伯伯或者舅舅去照半九，现在多是父亲去。

【头九】tʰʌu²⁴ciʌu²¹ 结婚的前九天。新婚以"九"为单位计算时间，寓意长长久久。

【接九】tɕiɑʔ²²ciʌu²¹ 结婚第七或第八天将新娘接回家，住九天后新郎再接回去。虽名为"接九"，但当地人讲究逢"九"的日子不能接新娘。当地俗语："逢九不接，九不接九"。

【认亲】zəŋ⁵³tɕʰiəŋ²² 结婚第一年过年时，新郎新娘去拜年认亲戚。初一认本家，初二认舅舅，初三认老丈人，初四认姑姑姨姨。

【送十五】soŋ⁵³ʂəʔ⁵³u²¹ 正月十五，娘家的姑姑姨姨给新娘送馍馍。现在这个习俗有点儿变化，如果是二、三、四月结婚的，姑姑姨姨们在送端午的时候就把馍馍送了。

【吃十五】tʂʰəʔ²²ʂəʔ⁵³u²¹ 正月十五前夕，新人去娘家吃饭。

【送端午】soŋ⁵³tuæ²⁴u²¹ 端午前几天，娘家人给新娘送粽子、馍馍。结婚第一年姑姑姨姨都去送端午，后来只是母亲去。

【添种】tʰe²²tʂoŋ²¹ 一般在清明节前后（清明当天不添种）或谷雨前后，娘家把绿豆、馍馍放在小篮子里送到女婿家。清明和谷雨正是播种时节，添种习俗一方面是希望女儿婆家春天播下良种，秋天喜获丰收，另一方面也寓意企望女儿能早生贵子。

【送八月十五】soŋ⁵³pɑʔ²²yɑʔ²²ʂəʔ⁵³u²¹ 母亲给出嫁的闺女送馍馍和月饼。

【望夏】vã⁵³ɕiɒ⁵³ 割完麦后，闺女和女婿给娘家送馍馍。

【望秋】vã⁵³tɕʰiʌu²² 过完八月十五，收秋时节，闺女和女婿给娘家送馍馍。

【上桌】ʂã⁵³tʂuɤɯ²² 当地人把吃宴席叫上桌。

【十大碗】ʂəʔ⁵³tɑ⁵³væ²¹ 宴席的一种，十个热菜、四个凉菜（当地叫"桌头"）。

【十二起】ʂəʔ⁵³əɭ⁵³cʰi²¹ 宴席的一种，十二个热菜、六个凉菜。

【八八席】pɑʔ²²pɑʔ²²ɕiəʔ⁵³ 宴席的一种。过去是六十四个菜，现在是十六碗热菜、八个凉菜。

【全换人】tsʰue²⁴xuæ²¹zəŋ²⁴ 父母、配偶和子女俱全的人，一般指妇女。做蒸饼、左手不烂羹、装被子的人须为"全换人"。现在配偶健全的人也可称为"全换人"。

【全人】tsʰue²⁴zəŋ²⁴

【半半人】pæ⁵³pæ²¹zəŋ²⁴ 丧偶的人。

【巧人】cʰio²¹zəŋ²⁴ 心灵手巧的人，男女均可。

（2）生育

【怀（上）孩啦】xuE²⁴（ʂã⁵³）xE²⁴la⁰ 怀孕。

　　【有孩啦】 iʌu²¹xE²⁴la⁰

【有喜啦】iʌu²⁴çi²²la⁰ 一般是新媳妇怀头胎时的说法。

【得喜啦】təʔ²²çi²⁴la⁰ 生第一个孩子时的说法。

【大喜】ta⁵³çi²¹ 生男孩。

【小喜】çio²⁴çi²¹ 生女孩。

【害孩】xE⁵³xE²⁴ 害喜。

【捂不住】u²¹pəʔ²²tʂu⁵³ 怀孕五个月就肚子凸起，显怀了。"捂"音同"五"。

【临月啦】liəŋ²⁴yɑʔ²²la⁰ 快生了。

【生啦】ʂɛ²²la⁰

【坐月啦】tsuɤ⁵³yɑʔ²²la⁰ 坐月子。

【空月】kʰoŋ²²yɑʔ²² 流产后坐的月子。

【不够月】pəʔ²²kʌu⁵³yɑʔ²² 早产。当地俗语："七成八不成，八成是贵人。"

【小月啦】çio²¹yɑʔ²²la⁰ 流产。

【拾孩】ʂəʔ⁵³xE²⁴ 接生。

　　【收生】ʂʌu²²ʂɛ²²

【拾孩的】ʂəʔ⁵³xE²⁴təʔ⁰ 接生的人。

　　【收生婆】ʂʌu²²ʂɛ²²pʰɤ²⁴

【顺产】ʂue⁵³tʂʰæ²¹

【难产】næ²⁴tʂʰæ²¹

【背生】pɛ⁵³ʂɛ²² 出生时婴儿脸朝下（背朝上）。

【扭脐生】niʌu²¹tɕʰi²⁴ʂɛ²² 出生时婴儿脐带缠脖。

【立生】liəʔ²²ʂɛ²² 出生时婴儿腿先出来。

【横生】xɛ²⁴ʂɛ²² 出生时婴儿胳膊先出来。

【坐生】tsuɤ⁵³ʂɛ²² 出生时婴儿屁股先出来。

【衣胞】i²²po²² 分娩后排出的胎盘和胎膜。

【绞脐带】tɕio²¹tɕʰi²⁴tE⁵³

【吃奶】tʂʰəʔ²²nE²¹

【断奶】tuæ⁵³nE²¹

【新生孩】ɕiəŋ²²ʂɛ²²xE²⁴ 新生儿。

【头首孩】tʰAu²⁴ʂAu²¹xE²⁴ 头胎。

【晚子】væ²⁴tsʅ²¹ 最后一个出生的孩子。

【老生子】lo²¹ʂɛ²⁴tsʅ²¹ 年龄大时生的孩子。

【双生】ʂuã⁵³ʂɛ²² 双胞胎。

【双头凤】ʂuã²²tʰAu²⁴foŋ⁵³ 双胞胎女儿。

【双条龙】ʂuã²²tʰio²⁴loŋ²⁴ 双胞胎儿子。

【龙凤胎】lyəŋ²⁴foŋ⁵³tʰE²²

【墓生子】moŋ⁵³ʂɛ²⁴tsʅ²¹ 遗腹子。出生时父亲已去世。

【带肚走】tE⁵³tu⁵³tsAu²¹ 怀孕后嫁到别家。也有人叫"带肚的"。

【催生馍】tsʰɛ²²ʂɛ²²mɤ²⁴ 快生的时候，娘家给孕妇做的烧馍，祝愿生产顺利。

【熬米汤】vo²⁴mi²¹tʰã²² 生产后，产妇的母亲用蓝卧单床单包上两碗小米，住到女婿家里给女儿熬米汤、伺候女儿坐月子。蓝卧单用来包孩子。现在用"熬米汤"指代"伺候月子"。

【小卷】ɕio²⁴kue²¹ 一种花馍。生产后，婆家做小卷通知亲友，给娘家送四个，其他亲戚两个。

【送汤】soŋ⁵³tʰã²² 孩子出生 12 天，即小满月时，娘家人给婆家送米和面，意为给产妇熬汤的粮食。

【回汤馍】xuɛ²⁴tʰã²²mɤ²⁴ 娘家"送汤"时婆家回给娘家的馍馍，一般送多少斤面还多少个馍，送的米不用回礼。

【送邀饭】soŋ⁵³io²²fæ⁵³ 婆家人和邻里给伺候月子的姥姥送两碗饭，如两碗
米、两碗饸饹等。做满月时给送邀饭的人回一个大馍馍。

【小满月】ɕio²⁴mæ²⁴yɑʔ²² 小孩出生后第 12 天。

【做满月】tsuəʔ⁵³mæ²⁴yɑʔ²² 小孩出生 40 天后过满月。娘家要给产妇和婴
儿送大被子、小被子；产妇一身衣服、婴儿两身衣服（包括帽
子鞋袜）、连心锁；还有豆馅馍馍、锁钱。亲戚给婴儿送身衣服、
20 个馍（小馍馍），上锁钱。婆家招待客人吃饭，第一顿吃饸饹，
第二顿吃宴席（一般是十二起，也有十大碗）。

【锁孩】suɤ²¹xE²⁴ 做满月时给小孩戴连心锁。用红绳把锁儿挂在婴儿脖子
上，以后每过一次生日在红绳上加一层红布，直到 13 岁开锁。
一般是干娘干爹给小孩戴锁，没有的话由姥姥或奶奶戴锁。

【连心锁】le²⁴ɕiəŋ²⁴suɤ²¹

【接奶】tɕʰiɑʔ²²nE²¹ 满月后，将产妇和小孩接到姥姥家，一般住到百天。
回奶奶家时姥姥要给孩子买遗饭碗、勺子和一身记路衣裳。

　【挪窝】nuɤ²⁴vɤ²²

【记路衣裳】ci⁵³lu⁵³i²²ʂɑ̃²⁴ 回奶奶家时，姥姥给小孩买的衣服。

【姑姑黑，姨姨白】ku²²ku²²xɑʔ²²i²⁴i²⁴pɑʔ⁵³ 接奶去姥姥家前，用小被子把
小孩包好，捆上一枝桃树枝，家人抱上小孩，手上拿一炷香，到
厕所转一圈；姑姑在小孩眉间涂锅底黑。临回奶奶家时，姨姨在
小孩眉间抹上白面，表示小孩在姥姥家吃得白白胖胖，即当地人
说的"走动走的时候是个黑狗狗，回来变个白狗狗"。捆桃枝和转厕
所应当是用来辟邪的，保护小孩一路平安。

【姑姑鞋姨姨袜，妗妗縺缝制一裤圪杈裤子】ku²²ku²²ɕiE²⁴i²⁴i²⁴vɒ²¹ɕiəŋ⁵³ɕiəŋ⁵³
lue²⁴ie²²kʰu⁵³kəʔ²²tʂʰɒ²² 当地俗语。孩子快会走路时，姑姑给孩子
送鞋子，姨姨给孩子送袜子，妗子给孩子做裤子。姑姑要做三双
鞋，每双鞋头点缀的花不同，男孩讲究"头戴猫，二戴兔，三戴

蝴蝶来引路"；女孩讲究"头戴石榴，二戴干干枝梅，三戴穿一个喜
凤山。"

【做载】tsuəʔ⁵³tsɛ⁵³ 过生日。

【做一载】tsuəʔ⁵³iəʔ²²tsɛ⁵³ 给小孩过周岁生日。亲友除了上礼钱外，还要
送一个一层的圞圙—种圈状的花馍，主家招待亲友吃两顿饭。

【做三载】tsuəʔ⁵³sæ²²tsɛ⁵³ 给小孩过三岁生日。亲友上礼钱和一个三层的
圞圙，主家招待亲友吃两顿饭。

【脱毛不新】tʰuɑʔ²²mo²⁴pəʔ²²ɕiəŋ²² 婴儿穿的第一身衣服。过去是别家小孩
穿过的旧衣服，或者用自己家的旧布缝制。

【不新】pəʔ²²ɕiəŋ²² 过去满月时亲友送的三尺新布，当地叫"不新"。

【老虎皮】lo²⁴xu²¹pʰi²⁴ 夭折的小孩穿过的旧衣服。

【开锁】kʰɛ²⁴suɤ²¹ 小孩 13 岁（虚岁）生日时一种开锁的仪式。由满月时
"锁孩"的人开锁，一般是干爹干娘。亲友上锁钱和三个圞圙圈状的
花馍。开锁的过程：将桌子摆在院子中间，上面摆有圞圙、黄纸
裱的牌位，上写着"供奉天地三甲王母娘娘之灵位"。小孩跪在桌
子旁边，用铁链锁在桌腿上，爷爷、奶奶、姥爷、姥姥、父母、
亲戚依次上香、磕头，给小孩开锁。前面的亲戚都假装打不开，
最后由孩子的干大爸或干娘把锁打开。打开锁后，孩子头上顶一
个自家做的圞圙在前面跑，干大干爸或干娘拿着扫帚在后面撵，
绕着桌子正转三圈、反转三圈，妈在屋里喊叫孩子的名字："xx，
快回来！"小孩就扑到妈妈的怀里。开锁仪式结束后，家人将锁
缠在两个小卷花馍上，用红布包住，扔到外面。有人会把开过的
锁捡走，给自己孩子带，希望自己的孩子也可以平安长大。当地
人认为孩子 13 岁就魂全了，如果 13 岁没有开锁的话，就在 15
岁或者结婚当天早上开，开锁后才能结婚。

【锁钱】suɤ²¹tsʰe²⁴ 做满月、开锁时亲戚上的礼钱。

　【看孩钱】kʰæ⁵³xɛ²⁴tsʰe²⁴ 同"锁钱"，也有人认为是亲友第一次看望

孩子时给的钱。

【圐圙】ku²²lue²¹ 一种圈状的花馍。一般是三层的，即三个摞在一起的面圈。过去每一层插的花面塑的装饰都有讲究，现在一般在底层插面塑的锁疙瘩、圪灵貗松鼠、鱼、蟾各一个，上面随便插两三圈花，如鱼捧莲、凤戏牡丹、二龙戏珠珠、猫探菊、圪灵貗松鼠偷吃葡萄等。中空处放三个小卷花馍。

【改口】kɛ²⁴kʰʌu²¹ 不好养的小孩改称父亲为"大大叔叔"或者"伯伯"，母亲的称呼不变。

【祭拜干娘】tɕi⁵³pɛ⁵³kæ²²niã²⁴ 不好养的孩子，认属相相合并且孩子多的人做干大爸干娘。一般过年、过端午、八月十五都要拜访干大干娘。也有人认石磨、石碾、碌碡滚当干爸的，称作"石干大"，还有人认大树作干爸。

【记反】ci⁵³fæ²⁴ 小孩昼夜颠倒，白天睡觉晚上哭闹。

【颠倒驴】te²²to²¹ly²⁴ 小孩夜哭时，在黄纸上画驴，倒贴在小孩的床头；另外在黄纸上写"天惶惶、地惶惶，我家有个夜哭郎，走路大哥念三遍，一觉睡到大天亮"，贴在树上或墙上。

【过继】kuɣ⁵³ci⁵³ 把子女送给无子女的宗族或亲戚做子女。

【退奶牙】tʰɛ⁵³nɛ²¹iŋ²⁴ 换牙。

【退饭牙】tʰɛ⁵³fæ⁵³iŋ²⁴ 换槽牙。

（3）丧葬

【老兰人啦】lo²¹læ⁰zəŋ²⁴la⁰ 老人去世了。

【不在啦】pəʔ²²tsɛ⁵³la⁰ 30 岁以下的人离世。

【没啦】məʔ²²la⁰ 小孩儿夭折。

　【丢啦】tiʌu²²la⁰

　【跑啦】pʰo²¹la⁰

【喜丧】ɕi²¹sã²² 过了 60 岁去世。

　【老啦】lo²¹la⁰

【老丧啦】lo²¹sã²²la⁰ 80 岁以上的人离世。

　　【恭喜啦】koŋ²²ɕi²¹la⁰

【咽气啦】ie⁵³cʰi⁵³la⁰

【新房】ɕiəŋ²²fã²⁴ 老年人的棺材。

【门板】me²⁴pæ²¹ 年轻人去世的时候放的木板。不放在屋子的正中间。

【长明灯】tʂʰã²⁴miəŋ²⁴tɛ²² 供桌上放的灯，白天晚上都要亮着。

【对】tuɛ⁵³ 对联。逢年过节和办喜事贴红对联，办丧事贴白对联。

【起灵】cʰi²¹liəŋ²⁴ 棺材抬到门外的棍子上，用绳子绑住。

　　【起丧】cʰi²¹sã²²

【打坟】tɒ²¹fe²⁴

　　【扩坟】kʰue⁵³fe²⁴

【土料板】tʰu²¹lio⁵³pæ²¹ 做棺材的板。

【鬼洋】kuɛ²¹iã²⁴ 冥币。过去叫"鬼洋"，现在多叫"钱"。

【棺材】kuæ²²tsʰE²⁴ 未油漆的棺材，一般由儿子为老人做或买。

【漆材】tɕiəʔ²²tsʰE²⁴ 上了油漆的棺材。一般由女儿出钱将白棺材上油漆并绘图案，当地人叫"漆色"。女性的棺材漆成黑色，男性的棺材漆成红色。

【葬娃娃】tsã⁵³vɒ²⁴vɒ⁰ 布做的人形状。第一个老人去世做 12 个，第二个人老人去世做 24 个。用布或带子包住，不能见天，出殡时由长子揣怀里，下葬时才掀开，挂在棺材前面。

【童男女】tʰoŋ²⁴næ²⁴ny²¹ 纸扎的或石膏做的男孩和女孩。纸扎的下葬时烧掉，石膏的放在坟墓里面。

【七星板】tɕʰiəʔ²²ɕiəŋ²²pæ²¹ 棺材盖子上用油漆绘制的图案或字。男的是"福如东海、寿比南山"，女的画的是花卉。

【净身】tɕiəŋ⁵³ʂəŋ²² 给逝者擦洗身体。

【送老衣裳】soŋ⁵³lo²¹i²⁴sã²² 即寿衣，一般上身穿五件，下身穿三件。有钱人家各多两件。男穿对襟衣，女穿腰襟衣。上身贴身穿丝绸

衣服，外穿两层夹袄、棉衣、外罩、大衣，有钱人上身加单
衣和黑马褂。下身贴身穿丝制单裤，外套棉裤、单裤，女的
可以穿裙。裤口扎打腿带（年轻人不打）。脚穿白布袜，单布
鞋，头戴送老帽。衣服裤子由儿子准备，头上戴的和脚上穿
的由女儿准备。

即将离世的人，由自己的孩子将寿衣穿上，70 至 80 多岁的人
可以提前穿上。突然离世的人，将死者放在炕上，家人把寿
衣全部套好后再给死去的亲人穿上。提前把棺材做好的，去
世后尸体可放入棺内，没有棺材的先把死者放在耙上，棺材
做好后再入棺。将死者移入棺内时，如果要过房梁须打伞，
是希望死者的心理不要有压力，安心上路的意思。

【送老鞋】soŋ⁵³lo²¹ɕiɛ²⁴ 给死者穿的鞋。

【送老袜子】soŋ⁵³lo²¹vɒ⁵³tsŋ²¹ 给死者穿的袜子。

【送老帽】soŋ⁵³lo²¹mo⁵³ 给死者戴的帽子。女戴凤帽，男戴西瓜帽。

【打腿带】tɒ²¹tʰɛ²¹tɛ⁵³ 特制的尺把长寸把宽的黑布条，用以扎死者裤子的
　　　　　裤口。

【绊脚绳】pʰæ⁵³ciɑʔ²²ʂəŋ²⁴ 将白纸（现多用白布）搓成绳绑住死者的两脚，
　　　　　据说是为了防止诈尸或死者走动，入殓时候由女儿拿掉。

【打狗圪垛】tɒ²¹kʌu²¹kəʔ²²tuɣ⁵³ 给死者手里拿的棍子，一般为高粱秆。棍
　　　　　子上面有用面做的一个面疙瘩，据说是让逝者过恶狗山时用。
　　　　　男性死者左手拿，女性死者右手拿。

　【打狗棍】tɒ²¹kʌu²¹kuɛ⁵³

【打狗干粮】tɒ²¹kʌu²¹kæ²²liã²⁴ 面做的小圆饼，一岁一个，串成一串挂在
　　　　　死者手上，男左女右。据说也是过恶狗山时用。

　【鬼饼】kuɛ²¹piəŋ²¹

【蒙脸布】məŋ²⁴le²¹pu⁵³ 蓝色的棉布，盖在死者脸上。入殓时候由儿子拿
　　　　　掉。

【悍口钱】xæ⁵³kʰɅu²¹tsʰe²⁴ 制钱（茶叶、小米），上有一根红线，放在死者
　　　　嘴里。入殓时候由儿子拿掉。

【犁铧】li²⁴xɒ²⁴ 也叫"朝天镜"，放在死者胸口。据说是怕响雷时诈尸。一
　　　　般年轻死者放在门板上时胸口也放。

【喜板】ɕi²⁴pæ²¹ 当地风俗讲究，过了 60 岁的老人，即使身体仍然健康，
　　　　也可以开始准备棺材，这种棺材叫"喜板"。现在是 80 岁以上在
　　　　世的老人才做"喜板"。

【喜坟】ɕi²¹fɛ²⁴ 给还在世的人提前打好的坟。

【垫背钱】te⁵³pɛ⁵³tsʰe²⁴ 棺材最下层铺炉灰，炉灰上面铺褥子，褥子上摆七
　　　　枚制钱，表示北斗七星，也可以理解为日、月、金、木、水、
　　　　火、土。

【九场土】cʰiɅu²⁴tsʰã²⁴tʰu²¹ 家里老人去世后，女儿要到麦场上，以锨的一
　　　　头为圆心，另一头为半径画圆圈，共画九个。用铲所画圈内的
　　　　土为死者装枕头，称为九场土。

【枕头】tʂən⁵³tʰɅu²⁴ 先用泥做的方砖当地方言叫"胡墼"摆在棺材的两头，死者
　　　　蹬一个，枕一个。然后在胡墼上放枕头，枕头内装的是"九场土"，
　　　　还有带籽的棉花即籽棉。是女儿为逝去的父母准备的。

【吊门裁】tio⁵³mɛ²⁴tsʰE²⁴ 老人去世当天，要用棉纸剪成纸钱，按死者年龄，
　　　　一岁一张摞起，裁好后挂在门口的墙上，男左女右，告知邻里家
　　　　中有人离世。年轻逝者不能挂；不论年龄大小，逝者仍有父母健
　　　　在的也不能挂。

　　【门前纸】mɛ²⁴tsʰe²⁴tʂʅ²¹

【告土】ko⁵³tʰu²¹ 逝者去世当天晚上入棺后，孝子穿白孝，挂哭拐，去土
　　　　地庙告土朝着土地庙的方向走一里地左右。去时一人提灯笼，一人祭路，
　　　　一人端盘，盘内压纸、香、黄裱、酒、香米炒饭、灯火。去时哭，
　　　　回时不哭。

　　【送灯】soŋ⁵³tɛ²²

【祭路】tɕi⁵³lu⁵³ 告土时，遇树、磨、河、桥时将压纸（两个白纸条摆成十字形）放在路边，上压煤块，目的是为逝者指路。

【岁草】sɛ⁵³tsʰo²¹ 带根的干草，按照去世者的年龄，一岁一根，用一尺白布包住根，一尺红布包中间，把棺材埋入地下，坟堆起来时把岁草插在上面，出殡时女儿抱岁草，女婿担纸灰锅。

【请阴阳】tɕʰiəŋ²¹iəŋ²²iɑ̃²⁴ 阴阳先生算定的入殓、出殡时间。

【画幡】xɒ⁵³fæ²² 阴阳先生在引魂幡上画符。

【入殓】zuəʔ²²le²¹ 死者去世后第三天，取下蒙脸布、悍口钱和绊脚绳，给死者盖上被子，被子上面撒五谷和元宝，在棺材的小头（逝者脚头）压上乱麻，将半盖的棺材盖好。

【铺儿盖女】pʰu²²əʅ²⁴kE⁵³ny²¹ 死者身下垫的褥子_{黄色}，有几个儿子垫几个，儿子少的将死者用过的干净被子垫在下面。死者入殓时身上盖的被子_{一般为蓝色，50 岁以上为红色，被子上不能锈有嘴的动物}，由本家的已婚的晚辈准备，每人一条，按大女儿、二女儿、侄子、侄女、外甥、外甥女的顺序盖在身上，一般有 26 条，多者可达 48 条。放不下的可以烧掉或者盖在棺材上。

【子孙钉】tsʅ²¹suɛ²²tiəŋ²² 钉棺时准备一个挽着五色线的钉子，由孝子钉在棺盖大头一边的正中间，每个孝子钉三下，钉完放下锤子再由下一个孝子拿起锤子钉，锤子不能由孝子相互传递。孝子们钉钉子时口中要喊着让逝者躲避钉子，如："大爸，躲钉的啊。"

【钉棺】tiəŋ⁵³kuæ²² 由专门钉棺材的人_{一般是木匠}先在棺材两边各钉三个钉子，再由孝子在棺材大头的正中间钉"子孙钉"。

【棺敛】kuæ²²le⁵³

【报丧】po⁵³sɑ̃²² 由孝子或本家、邻居报丧。儿女报丧逢人必跪，邻居、本家人报丧时不跪。报丧时要告知出殡的时间。

【送纸】soŋ⁵³tsʅ²¹ 得知邻居或亲朋去世，拿上土纸钱去祭奠。

【守灵】ʂʌu²¹liəŋ²⁴ 出殡前一般由儿女在棺材前守灵。

【守丧】ʂʌu²¹sã²²

【跑堂】pʰo²¹tʰã²⁴ 丧葬期间，儿媳妇在家里张罗各项事宜。

【移材】i²⁴tsʰɛ²⁴ 逝者去世第三天，将放在屋里的棺材或寄放在外面的棺材移入丧棚内。

【丧棚】sã²²pʰoŋ²⁴ 放棺材的棚子。老夫妇俩第一个去世时不搭丧棚，棺材一般放在家里，第二个去世时才搭丧棚，即在去世第三天移棺材到丧棚内。

【堵头】tu²¹tʰʌu²⁴ 棺材两头的板。

【棺罩】kuæ²²tʂo⁵³ 套在棺材外面的套子，用红色平绒布做成。

【纸扎】tʂʅ²¹tʂɑʔ²² 竹篾做架纸糊成的各种送葬品。

【米面罐】mi²¹me⁵³kuæ⁵³ 摆在棺材前面的四个罐子，有米罐、面罐、酵罐、酒罐。酵母里有麸。下葬时候放在坟墓墙上打的洞里。

【纸灰锅】tʂʅ²¹xuɛ²²kuɣ²² 发丧前放在棺材前面以供烧纸的砂锅。发丧完毕后放到坟外的供桌旁边供烧纸用。

【献供】se⁵³koŋ⁵³ 第三天入殓时，拿面做的卷（双数个），放在供桌上。

【哭棍】kʰuəʔ²²kuɛ⁵³ 告土和出殡时孝子拿的木棍，上面缠有白色纸条。

【毛裆裤】mo²⁴tã²²kʰu⁵³ 孝子穿的没有抿边的白裤。

【孝衫】ɕio⁵³ʂæ²² 孝子穿的孝服。

【孝帽】ɕio⁵³mo⁵³ 孝子戴的白色帽子。

【鞔鞋】mæ²⁴ɕiɛ²⁴ 孝子穿的蒙白布的鞋。

【头脚孝】tʰʌu²⁴ciɑʔ²²ɕio⁵³ 孝子头上和脚上白色的布。

【麻】mɒ²⁴ 孝子腰上系的麻编的绳子。

【烧纸】ʂo²²tʂʅ²¹ 停尸期间，吊唁者在灵前烧纸，孝子要放炮，孝女要哭丧。

【破孝】pʰɣ⁵³ɕio⁵³ 扯一尺白布、一点红布给前来吊唁的邻居和亲戚，让其放在腰带上。

【暖坟】nuæ²¹fɛ²⁴ 出殡前一天现多是当天由孝子们带上馍馍和菜下到墓里去

吃。

【念经】ne⁵³tɕiən²² 念九遍经，烧九遍纸。

【九遍纸】ciʌu²¹pe⁵³tʂʅ²¹ 出殡前一天要烧九遍纸，到第二天天亮前烧完。

【出殡】tʂʰuə²²ʔpiən²¹ 指把棺材抬去坟地。

【上祭】ʂã⁵³ci⁵³ 出殡的当天早上，将所有亲朋所上的贡品都摆放在桌子上
供人参观，并由主持丧事者念出何人献了何物。

【拉灵】lɒ²²liəŋ²⁴ 用白布条或麻绳拴在缚棺材大头的铁绳上，由手拿纸幡
的长孙在前拉着，后面依次是儿子、儿媳、女儿、女婿、侄儿、
侄女、外甥、外甥女等孝子。出村后就不再拉灵了。

【引魂幡】iəŋ²¹xuɛ²⁴fæ²² 拉灵时，站在最前面的长孙手中拿着的白纸幡。

【下葬】ɕiɒ⁵³tsã⁵³ 将棺材先放在阳坑里，再从阳坑抬下去，平放到墓坑里，
然后在棺材东面放面罐，西面放米罐，后面放醋罐，长明灯和墓
砖放在棺材前面。

【阳坑】iã²⁴kʰɛ²² 墓道。又称"墓道、步道"，指从阴门至坟地口之间的道。
关上阴门后，把阳坑填起。

【买路钱】mɛ²¹lu⁵³tsʰe²⁴ 出殡路上撒的纸钱。

【墓砖】moŋ⁵³tʂuæ²² 砌坟墓用的砖，一般是蓝砖。

【墓瓦】moŋ⁵³vɒ²¹ 砌坟墓用的瓦，一般是蓝瓦。

【新坟】ɕiən²²fɛ²⁴ 没埋过人的坟地。妇女，包括未出嫁的闺女，死后不能
进新坟。

【老坟】lo²¹fɛ²⁴ 埋过人的坟地，一般以家族为一个坟墓聚集点。

【安魂柏】ɣæ²²xuɛ²⁴pɒʔ²² 长方形状，用柏木做成，上面画符，用以安魂和
镇邪。女婿往坟地里担的东西，有纸灰锅、米面罐、醋罐里放麦
麸,寓意:儿孙后辈发家、墓砖、墓瓦、契砖、界砖，也包括安魂柏。

【抹材】mɒʔ²²tsʰɛ²⁴ 棺材下到墓里，填土前长子要用孝帽把棺材盖擦干净。

【阴门】iəŋ²²mɛ²⁴ 石头做的阴门。棺材放进坟墓后关上阴门。

【覆阳坑】fəʔ²²iã²⁴kʰɛ²² 孝子先填三铁锹土，放下铁锹后给抬棺材的人磕

头，抬棺材的人将墓_{阳坑}填起，再由孝子们烧纸、放鞭炮、磕头，返回。

【覆坟】fəʔ²²fɛ²⁴ 堆墓堆，即把坟填平后继续往上垒土直到形成一个锥形的墓堆。

【界砖】ɕiɛ⁵³tʂuæ²² 一般在新坟里放一块砖，砖上写有东西南北四个方向。

【软抬】zuæ²¹tʰE²⁴ 抬棺材的一种方法，即用铁绳或丝绳系住棺材由 8 个人抬。

【硬抬】ɣɛ⁵³tʰE²⁴ 抬棺材的一种方法，即 8 个人用穿心杆抬棺材。

【穿心杆】tʂʰuæ²²ɕiəŋ²²kæ²¹ 抬棺材用的棍子，又叫"老杆"。

【行孝】ɕiəŋ²⁴ɕio⁵³ 如果逝者去世当天晚上孝子们没有去土地庙告土，也可以给村人磕头，告知家中有人去世。

【谢孝】ɕiE⁵³ɕio⁵³ 出殡回来后，孝子们在院子里统一答谢帮忙的人。具体做法是：由主持丧事的人喊一声："孝子们谢孝啦！"孝子们单膝跪地以示谢意。

【跨火堆】kʰɒ⁵³xuɣ²¹tuɛ²² 专门派一个半半人_{丧偶的人}或花钱雇人在进村的第一个岔路口焚烧死者生前的枕头等物，孝子从坟地回来后要从此火堆上面跨过。寓意生者和逝者阴阳相隔，永世断绝，鬼魂不能再回家。也有辟邪的作用。

【脱孝服】tʰuɑʔ²²ɕio⁵³fəʔ²² 出殡完后孝子们将孝服脱掉。

【惊魂】ɕiəŋ²²xuɛ²⁴ 出殡回来后，阴阳先生手抓红公鸡并使公鸡大叫一声，然后把秤锤烧红放在捞勺上用醋浇一下，放一个炮。目的是把鬼魂赶走不能再进家门。

【画符】xɒ⁵³fu²⁴ 惊魂完后，阴阳先生在黄纸上画上"符"，贴在家中门后面。

【捞勺】lo²²ʂəʔ⁵³ 惊魂时用的勺子_{家中平时用的勺子}。

【赶阳】kæ²¹iɑ̃²⁴ 一般由 5 到 7 个人组成，一个阴阳先生念经，孝子们一个拖铁绳，一个捉公鸡，一个撒五谷，一个拿烧红的秤砣和醋，

一个放炮，一个点干草火。具体做法是：朝坟地所在方向打一下
鸡使之叫，打一下锣，放一个炮，用醋浇在烧红的秤砣上，家门
上贴一个符，事毕后公鸡送给阴阳先生。

【赶魂】kæ²¹xuɛ²⁴

【干骨】kæ²²kuəʔ²² 去世很长时间人的骨头。

【拾干骨】şəʔ⁵³kæ²²kuəʔ²² 坟地因年久失修被灌水，露出了逝者的干骨后，
家人找专门的人将骨头重新摆放在新的棺材里，重新埋起来。
如果骨头找不全了，就用柳枝配起来。

【翻葬】fæ²²tsɑ̃²⁴ 挪坟地。

【穿堂】tşʰuæ²²tʰɑ̃²⁴ 寄放女人或晚辈的棺材的地方。

【寄放】ci⁵³fɑ̃⁵³ 寄放女人或晚辈的棺材。

【冥婚】miəŋ²⁴xuɛ²² 生前未婚的逝者由父母或亲人另找适合的逝者合葬在
一起。

【招婚砖】tşo²²xuɛ²²tşuæ²² 未婚成年男子去世，由阴阳先生在蓝砖上写"招
婚砖"等字，希望逝者自己在阴间能找个配偶。

【合丧】xɑʔ²²sɑ̃⁵³ 第一个老人去世下葬后，等第二个老人去世时，在第一
个去世的人的棺材处搭丧棚，将两个棺材放在一起。

【并丧】piəŋ⁵³sɑ̃²² 合葬。

【服孝】fəʔ²²ɕio⁵³ 老人去世一百天以内儿女一般待在家里，不能干较大的
事情，不能剃头。

　【顶孝】tiəŋ²¹ɕio⁵³

【伏三纸】fəʔ⁵³sæ²²tʂʅ²¹ 下葬后的第三天，子女们再到坟上烧纸，早晚各
烧一次。烧纸后要磕头、放鞭。

【一七纸】iəʔ²²tɕʰiəʔ²²tʂʅ²¹ 人死后有七七，一般三七和五七是重要的上坟
日子。一七时一般还未下葬。有"长隔七，短百日"的说法。

【五七纸】u²¹tɕʰiəʔ²²tʂʅ²¹ 去世后第 35 天给逝者烧纸。

【长七短八】tʂʰɑ̃²⁴tɕʰiəʔ²²tuæ²¹pɑʔ²² "长七"是指从去世的第 35 天五七开始

后延几天再去烧纸具体是哪天烧纸的计算方法：天一天、地一天、自己一天、几个儿子几天，如有三个儿子，则从第 35 天开始往后数 6 天后去烧纸；"短八"是指在逝者百天烧纸的前几天也要去烧纸具体提前几天的计算方法同上。

【烧百日纸】ʂo²²pɑʔ²²zɑʔ²²tʂʅ²¹ 人死后 100 天，子女们给烧"百日纸"，表示丧礼告一段落，以后每周年再祭奠。

【爷泊】iE²⁴pɣ²⁴ 牌位。放在条几的西边。

【魂不全】xuɛ²⁴pə²²tsʰue²⁴ 7 岁之前死去的小孩，当地人认为魂不全，要扔到野外比较隐蔽的地方。

【鼓手】ku²¹ʂʌu²¹ 吹打乐队的人，红白喜事都有。

【湿丧】ʂəʔ²²sã²² 刚去世的人。

【干丧】kæ²²sã²² 早已去世的人。

【半堂】pæ⁵³tã²⁴ 只有一个老人去世。

【一堂】iəʔ²²tã²⁴ 两个老人都去世。

【碑】pɛ²² 有石头碑、青石碑、水泥碑。

【石头碑】ʂəʔ⁵³tʰʌu²⁴pɛ²²

【青石碑】tɕʰiəŋ²²ʂəʔ⁵³pɛ²²

【水泥碑】ʂɛ²¹ni²⁴pɛ²² 石头碑，石头由水泥磨成。

（4）民间信仰

【白龙庙】pɑʔ⁵³lyəŋ²⁴mio⁵³

【高门爷】ko²²mɛ²⁴iE²⁴ 求子的神。

【老灶爷】lo²¹tso⁵³iE²⁴ 灶王天神之神位，腊月二十三祭灶。

【家堂爷】ciɒ²²tʰã²⁴iE²⁴ 家中祖先的牌位。

【财神爷】tsʰE²⁴ʂəŋ²⁴iE²⁴ 指掌管钱财的神。

【门神爷】mɛ²⁴ʂəŋ²⁴iE²⁴ 民间贴在门上的神像。

【天地爷】tʰe²²ti⁵³iE²⁴

【仓关爷】tsʰã²²kuæ²²iE²⁴

【月明爷】yɑʔ²²miəŋ²⁴iɛ²⁴

【老佛爷】lo²¹fɤ²⁴iɛ²⁴

【鲁班爷】lu²¹pæ²²iɛ²⁴ 一般为木匠家中供奉的神。

【蚕姑姑】tsʰæ²⁴ku²²ku⁰ 养蚕的人家中供奉的神。

【马王爷】mɒ²¹vã²⁴iɛ²⁴ 养马的人家中供奉的神。

【牛王爷】iʌu²⁴vã²⁴iɛ²⁴ 养牛的人家中供奉的神。

【山神爷】ʂæ²²ʂəŋ²⁴iɛ²⁴ 靠山吃饭的人祭拜的神。

【河神爷】xɤ²⁴ʂəŋ²⁴iɛ²⁴

【汤王庙】tʰã²²vã²⁴mio⁵³ 俗称大庙，在山西沁水县城东 23 公里端氏村东。

地形高凸，环周壁垒，居高临下，气势雄伟。创建年代不详，宋
代已有。沁河以西多为汤王庙，以东多为舜帝庙。

【文庙】vɛ²⁴mio⁵³

【铁佛寺】tʰiɑʔ²²fɤ²⁴sʅ⁵³

【山神庙】ʂæ²²ʂəŋ²⁴mio⁵³

【黑虎庙】xɑʔ²²xu²¹mio⁵³ 多建在山上或村边。

【威山寺】vɛ²²ʂæ²²sʅ⁵³ 以前叫"和尚庙"。

【榤山寺】kʰɑʔ²²ʂæ²²sʅ⁵³

【南寺】næ²⁴sʅ⁵³

【上寺】ʂã⁵³sʅ⁵³

【贡品】koŋ⁵³pʰiəŋ²¹

【香炉】ɕiã²²lu²⁴

【香筒】ɕiã²²tʰoŋ²¹ 放香的容器。

【烧香】ʂo²²ᵈᵃɕiã²²

【上香】ʂã²²ɕiã²²

【黄裱】xuã²⁴pio²¹

【元宝】vɛ²⁴po²¹ 纸叠的供奉祭祀的元宝。

【圪流鬼】kəʔ²²liʌu²⁴kuɛ²¹ 吊死鬼。

【判官】pʰæ⁵³kuæ²²

【生死簿】ʂɛ²²sʅ²¹pu⁵³

【算卦先生】suæ⁵³kɒ⁵³se²²ʂɛ²² 算命的、测字的和相面的统称。

【神婆】ʂəŋ²⁴pʰɤ²⁴

　　【顶神的】tiəŋ²¹ʂəŋ²⁴təʔ⁰

【法师】fa²¹ʂʅ²² 驱鬼的道士。

【中兰邪啦】tʂoŋ⁵³læ⁰ɕiɛ²⁴la⁰ 鬼神附身。

【许神】ɕy²¹ʂəŋ²⁴ 向神许愿。

【还神】xuæ²⁴ʂəŋ²⁴ 许神后愿望达成要再去感谢。

【许愿】ɕy²¹ve⁵³

【还愿】xuæ²⁴ve⁵³

【抽签】tʂʰʌu²²tsʰe²²

【求签】cʰiʌu²⁴tsʰe²²

【唤魂】xuæ⁵³xuɛ²⁴ 叫魂。

（5）禁忌

【重字】tʂʰoŋ²⁴tsʅ⁵³ 长辈三代以内不能重字。

【挂锣】kɒ⁵³luɤ²⁴ 若生男孩，在生孩子的房间门上挂锣，若生女孩，则挂
　　　　红布，在孩子满月之前，外人不能进去。

【挂红布】kɒ⁵³xoŋ²⁴pu⁵³ 蚕室忌生人，门上挂红布。小孩子出天花或麻疹，
　　　　也要在门上挂红布。

【送双不送单】soŋ⁵³ʂuã²²pəʔ²²soŋ⁵³tæ²² 给邻居送东西，送双数不送单数。

【隔门（窗）递饭】kɑʔ²²mɛ²⁴（ʂuã²²）ti⁵³fæ⁵³ 不能隔着门和窗给人递饭，
　　　　因为讨饭的才会这样。

【对脊背吃饭】tuɛ⁵³tɕi²¹pɛ⁵³tʂʰəʔ²²fæ⁵³ 不能对着别人的脊背吃饭，寓意：
　　　　吃了人家的遗饭。

【漫头】mæ⁵³tʰʌu²⁴ 即腿从别人头上迈过去。当地忌讳对人漫头，认为是
　　　　侮辱人，如果对小孩漫头，小孩就长不高。

【娘家过年】niã²⁴ciɒ²²kuɤ⁵³ne²⁴ 出嫁了的女子不能在娘家过年，也不能在娘家生孩子。

【坐石碌】tsuɤ⁵³ʂəʔ⁵³lu²¹ 当地习俗认为磨是白虎，石碌是青龙，不能在石碌上坐，打麦时也不能从粮食堆之间过，如果这样，来年就打不出粮食来了。

【冒顶】mo⁵³tiəŋ²¹ 煤矿和石灰窑塌了不能说"塌"，要用"冒顶"。

【伏天不剃头】fəʔ⁵³tʰe²²pəʔ²²tʰi⁵³tʰʌu²⁴ 小孩子伏天不能剃头，俗话说：头伏爸，二伏娘，三伏自己。即头伏剃头克父亲，二伏克母亲，三伏克自己。若父亲去世，头伏可以剃头。

【上梁大吉】ʂã⁵³liã²⁴ta⁵³ciəʔ²² 房屋上梁时，在梁上贴红纸，纸上写：上梁大吉，姜太公在此，诸神退位。

【初一、十五不看病人】tʂʰu²²iə²²ʂəʔ⁵³u²¹pəʔ²²kʰæ⁵³piəŋ⁵³zəŋ²⁴ 初一、十五是给神灵和佛上香的日子，看病人不吉利。药锅借来不能还，锅主用时自己来取。寓意：不能送药。

【七不出门，八不回家】tɕʰiəʔ²²pəʔ²²tʂʰu²²mɛ²⁴paʔ²²pəʔ²²xuɛ²⁴ciɒ²² 每月逢初七、十七、二十七的日子不出门，逢初八、十八、二十八的日子不回家。因为"七"谐音"气"，"八"谐音"不"：逢七出门必受气，逢八出门必受阻。

【七十三，八十四，阎王不请自己去】tɕʰiəʔ²²ʂəʔ⁵³sæ²²paʔ²²ʂəʔ⁵³sʅ⁵³ie²⁴vã²⁴pəʔ²²tɕʰiəŋ²¹tsʅ⁵³ci²¹cʰy⁵³ 孔子活了 73 岁，孟子活了 84 岁，年纪大的人认为这两个年龄是人生最大的坎儿，到了这个年纪会忌讳说出这两个数，例如一个老人 73 岁了，别人问他时他会说自己 74 岁了。

【整数做寿】tʂəŋ²¹ʂu⁵³tsuəʔ⁵³ʂʌu⁵³ 当地人在家中老人逢六十、七十、八十要做寿，讲究逢整数做寿。

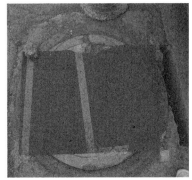

堵龙口

姐夫担蒸饼

旧式婚礼1

旧式婚礼4

旧式婚礼2

旧式婚礼3

旧式婚礼5

送亲

新式婚礼1

新式婚礼2

蒸饼1

蒸饼2

蒸饼3

抬轿

准备酒席

6.农业民俗语汇

（1）农事

【农忙】noŋ²⁴mã²⁴

【农闲】noŋ²⁴se²⁴

【收秋】ʂʌu²²tɕʰiʌu²²

【春耕】tʂʰuɛ²²kɛ²²

【夏收】ɕiɒ⁵³ʂʌu²² 一般指收麦。

【秋收】tɕʰiʌu²²ʂʌu²² 一般指收玉米、谷、棉花、红薯、花生、豆等作物。

【植秋】tʂəʔ²²tɕʰiʌu²²

【晚秋】væ²¹tɕʰiʌu²²

【收成】ʂʌu²²tʂʰəŋ²⁴

【年成】ne²⁴tʂʰəŋ²¹

【荒年】xuã²²ne²⁴

【灾荒年】tsɛ²²xuã²²ne²⁴

【套种】tʰo⁵³tʂoŋ²¹ 作物栽培方式，在前季作物生长后期，将后季作物播
　　　　种在前季作物的株、行或畦间。

【倒茬】to⁵³tʂʰɒ²⁴ 轮作。如今年种麦子，明年种谷子、玉米等。

【回茬】xuɛ²⁴tʂʰɒ²⁴ 庄稼收获后种植第二轮作物。如收完麦子再种玉米。

【苹果园】pʰiəŋ²⁴kuɤ²¹ve²⁴

【桃园】tʰo²¹ve²⁴

【开荒地】kʰɛ²²xuã²²ti⁵³

【种地】tʂoŋ⁵³ti⁵³

【犁地】li²⁴ti⁵³

　　【耕地】kɛ²¹ti⁵³

【纱地】ʂaʔ²²ti⁵³ 犁地。犁的比较粗，一般秋天纱地，准备种老麦冬麦。

【锄地】tʂʰu²⁴ti⁵³

【刨地】pʌu²²ti⁵³　如：～开荒。

【翻地】fæ²²ti⁵³　用铁锨翻地。

【耙地】pɒ⁵³ti⁵³　用耙碎土、平整土地。

【剜菜】væ²²tsʰE⁵³

【拔草】paʔ⁵³tsʰo²¹　拔除杂草。

【点籽】te²⁴tsɿ²¹　把种子种到土里。

【拔苗】paʔ⁵³mio²⁴

　　【疏苗】ʂu²²mio²⁴

　　【间苗】tse⁵³mio²⁴

【深锄定苗】ʂəŋ²²tʂʰu²⁴tiəŋ⁵³mio²⁴

【镢圪垯】pʰæ²²kəʔ²²tʰuɣ²⁴　挖坑。镢：用镢头挖；圪垯：坑。

【镢茬】pʰæ²²tʂʰɒ²⁴　把茬挖掉。

【镢麦茬】pʰæ²²mɑʔ²²tʂʰɒ²⁴

【镢玉茭茬】pʰæ²²yəʔ²²tɕio²²tʂʰɒ²⁴

【镢谷茬】pʰæ²²kuəʔ²²tʂʰɒ²⁴

【趁墒】tʂʰəŋ⁵³ʂã²²　赶墒。

【保墒】po²¹ʂã²²

【上粪】ʂã⁵³fɛ⁵³　上肥。

【撒粪】saʔ²²fɛ⁵³　把农家肥撒到地里。

【追肥】tʂuɛ²²fɛ²⁴　在农作物生长期间施的肥。

【底肥】ti²¹fɛ²⁴　种植作物之前施的肥。

【积肥】tɕiəʔ²²fɛ²⁴

【熏窖】ɕyəŋ⁵³tɕio⁵³　用火熏制肥料。

【窖粪】tɕio⁵³fɛ⁵³　熏窖熏制的肥料。

【不梢】pəʔ²²ʂo²²　专指熏肥用的柴火。

【沤粪】ɣʌu⁵³fɛ⁵³　沤制肥料。

【沤青粪】ɣʌu⁵³tɕʰiəŋ²²fɛ⁵³ 用玉茭杆、青蒿、植物茎叶等沤制农家肥。

　　【压青】iɑʔ²²tɕʰiəŋ²²

【羊卧地】iɑ̃²⁴vɣ⁵³ti⁵³ 把羊圈在田地里趴卧，累积粪尿，提高土壤肥力。

【粪】fɛ⁵³

【茅粪】mo²⁴fɛ²¹

　　【大粪】ta⁵³fɛ⁵³

【圈粪】kue⁵³fɛ⁵³ 牛圈、羊圈的粪，可以直接上地。

【上圈】ʂɑ̃⁵³kue⁵³ 给家畜圈里面垫一层土。

　　【垫圈】te⁵³kue⁵³

【出圈】tʂʰuəʔ²²kue⁵³ 把粪从猪羊等圈里担出来。

【粪桶】fɛ⁵³tʰoŋ²¹

【不咚】pəʔ²²toŋ²² 较大的桶，多用来拉粪，也可以拉水，下面有口，可以
　　　放水。

【马勺】mɒ²⁴ʂəʔ⁵³ 当地指一种直把的勺，用来舀粪。

【灰渣粪】xuɛ²²tʂɒ²²fɛ⁵³ 炉等积的肥。

【豆黄】tʌu⁵³xuɑ̃²⁴ 黄豆制的肥。

【化肥】xɒ⁵³fɛ²⁴

【麻饼】mɒ²⁴piəŋ²¹ 榨油后的饼状物，过去榨油时用麻包裹油料。根据油
　　　料的不同分为菜籽饼、花籽饼、豆饼，可以做肥料、喂牲口。

【豆饼】tʌu⁵³piəŋ²¹ 黄豆榨油剩的饼。

【菜籽饼】tsʰE⁵³tsʅ²¹piəŋ²¹ 菜籽榨油剩的饼。

【花籽饼】xɒ²⁴tsʅ²¹piəŋ²¹ 花籽榨油剩的饼。

【农药】noŋ²⁴iəʔ²²

【浇地】cio²²ti⁵³

【冬浇】toŋ²²cio²² 一般指冬天浇小麦。

【春浇】tʂʰuɛ²²cio²²

【灌浇】kuæ⁵³cio²² 用泵从河里抽水浇地。

【浇一水】cio²²iə?²²ʂɛ²¹ 浇一次叫"浇一水"。

【麦地】mɑ?²²ti²¹

【锄苗】tʂʰu²⁴mio²⁴ 给禾苗除草松土。

【锄麦】tʂʰu²⁴mɑ?²²

【割麦】kɑ?²²mɑ?²²

【收麦】ʂʌu²²mɑ?²²

【打场】tɒ²¹tʂʰɑ̃²⁴ 在平坦的场院上给麦子脱粒的一系列活动。

【场】tʂʰɑ̃²⁴ 打晒粮食的平坦场地。

【割场】kɑ?²²tʂʰɑ̃²⁴ 打场前清理平整场地。

【晒场】ʂE⁵³tʂʰɑ̃²⁴ 将清理平整后的场地晒干。

【摊场】tʰæ²² tʂʰɑ̃²⁴

【碾场】zɛ²¹tʂʰɑ̃²⁴ 碾压粮食作物使其脱粒。

【翻场】fæ²²tʂʰɑ̃²⁴ 将作物翻过来碾压另一面。

【搂场】ʂʌu²¹tʂʰɑ̃²⁴ 抖动作物使谷粒脱落。

【起场】cʰi²¹tʂʰɑ̃²⁴

【拢场】loŋ²¹tʂʰɑ̃²⁴

【扬场】iɑ̃²⁴tʂʰɑ̃²⁴ 扬起作物借风力清除壳和尘土等杂物。

【晒麦】ʂE⁵³mɑ?²²

【筛麦】ʂE²²mɑ?²²

【点玉茭】te²¹yə?²²tɕio²² 种玉米。

【间玉茭苗】tse⁵³yə?²²tɕio²²mio²⁴ 为使玉米苗间隔合理，把多余的玉米苗拔
掉。

【喂玉茭】vɛ⁵³yə?²²tɕio²² 给玉米上肥。

【签茭子】tsʰe²²tɕio²⁴tsʅ²¹ 把玉米穗削下来。

【撇玉茭】pʰiE²¹yə?²²tɕio²² 掰玉米。

【杀玉茭秆】ʂɑ?²²yə?²²tɕio²²kæ²² 砍玉米秆。

【种棉花】tʂoŋ⁵³me²⁴xɒ²²

【定苗】tiəŋ⁵³mio²⁴

【脱裤】tʰuɑʔ²²kʰu⁵³ 去掉棉花主干下面多余的叶子，一般在棉花长到一乍多高时进行。

【打顶】tɒ²¹tiəŋ²¹ 入伏时打顶，掐除主枝的顶芽，使其增产。

　　【入伏掐顶】zuəʔ²²fəʔ⁵³tɕʰiɑʔ²²tiəŋ²¹

【打儿】tɒ²¹əɭ²⁴ 拨芽。

【平担】pʰiəŋ²⁴tæ⁵³ 棉花主干上出的与地面基本平行的枝条，这种枝条上会结出棉桃。

【油条】iʌu²⁴tʰio²⁴ 棉花主干上垂直长的枝条，一般不会长棉桃，要掐掉。

【打油条】tɒ²¹iʌu²⁴tʰio²⁴ 把棉花的油条剥除。

【打旁顶】tɒ²¹pʰã²⁴tiəŋ²¹ 立秋之后打旁顶。

【打强芽】tɒ²¹cʰiã²⁴iɒ²⁴

【下卡叶】ɕiɒ⁵³cʰiɒ²¹iɑʔ²² 剪掉棉花上的老叶，改善通风条件，利于棉花生长，也方便摘棉花。

　　【下老叶】ɕiɒ⁵³lo²¹iɑʔ²²

【整枝】tʂəŋ²¹tʂʅ²² 把不好的棉桃掐掉。

【五打整枝】u²⁴tɒ²¹tʂəŋ²¹tʂʅ²²

【拾花】ʂəʔ⁵³xɒ²² 摘棉花。

　　【拾棉花】ʂəʔ⁵³me²⁴xɒ²²

【秀穗】ɕiʌu⁵³sɛ⁵³ 出穗。小麦、谷子、高粱等作物从叶鞘中长出穗。

【灌浆】kuæ⁵³ciã²²

【扬花】iã²⁴xɒ²²

【拔谷】pɑʔ⁵³kuəʔ²² 间谷苗。谷子出苗后拔除多余的小苗。

　　【间谷】tse⁵³kuəʔ²²

【割谷】kɑʔ²²kuəʔ²²

【整谷】tʂəŋ²⁴kuəʔ²² 把割下的谷子整成一把一把的。

【刮谷】kuɑʔ²²kuəʔ²² 把谷穗削下来。

【入库】ʐuəʔ²²kʰu⁵³ 农业社时期的用语，把作物存放在仓库。

【砍柴】kʰæ²¹tʂʰE²⁴

【拾柴】ʂəʔ⁵³tʂʰE²⁴

【拔猪草】pɑʔ⁵³tʂu²²tsʰo²¹

（2）农具

【牛车】iʌu²⁴tʂʰɣ²²

【平车】pʰiəŋ²⁴tʂʰɣ²² 人力拉的一种车。

【架子车】ciɒ⁵³tsʅ²¹tʂʰɣ²² 驾牲口的两轮车。

【独轮车】tuəʔ⁵³luɛ²⁴tʂʰɣ²²

【大道车】tɒ⁵³to⁵³tʂʰɣ²² 马拉的车，主要用来拉运物品。

【锄】tʂʰu²⁴

【耪锄】pʰæ²²tʂʰu²⁴ 一种比较窄的锄头，用来挖掉作物的根茬。

【钩锄】kʌu²²tʂʰu²⁴ 专门锄菜的锄头。

　　【手锄】ʂʌu²¹tʂʰu²⁴

【漏锄】lʌu⁵³tʂʰu²⁴

【镢】cyɑʔ²²

【镰】le²⁴

【疙瘩镰】kəʔ²²tɑʔ²²le²⁴ 可以割玉米杆、谷、草等。

【扇镰】ʂæ⁵³le²⁴ 可以用来割麦。

【杈】tʂʰɒ²² 木制农具，分为三股杈、五股杈和小杈。

【三股杈】sæ²²ku²¹tʂʰɒ²²

【五股杈】u²⁴ku²¹tʂʰɒ²²

【小杈】cio²¹tʂʰɒ²²

【木耙】məʔ²²pʰɒ²⁴ 晒粮食用的木头耙子。

【铁耙】tʰiaʔ²²pʰɒ²⁴

【铡刀】tʂaʔ⁵³to²²

【小铡刀】cio²¹tʂaʔ⁵³to²² 用来铡桑叶。

【地辊】ti⁵³kuɛ²¹ 入冬前压麦保墒的一种农具。

【洋镐】iɑ̃²²ko²¹

【锹】kʰe²²

【小锹】ɕio²¹kʰe²²

【大锹】ta⁵³kʰe²²

【木锹】məʔ²²kʰe²²

【洋锹】iɑ̃²²kʰe²² 机器压制的锹，分为方头锹和圆头锹。

【圆头锹】ve²⁴tʰʌu²⁴kʰe²²

【方头锹】fɑ̃²²tʰʌu²⁴kʰe²²

　　【齐头锹】tɕʰi²⁴tʰʌu²⁴kʰe²²

【笨锹】pɛ⁵³kʰe²² 过去的一种钢锹。铁匠做的，比较重，多用来翻地。

【小铲铲】ɕio²¹tʂʰæ²⁴tʂʰæ²¹

【移苗铲】i²⁴mio²⁴tʂʰæ²¹ 专门给棉花移苗的工具。

【耧】lʌu²⁴ 用来播种的农具。

【三条腿】sæ²²tʰio²⁴tʰɛ²¹ 耧的一种。

【两条腿】liɑ̃²¹tʰio²⁴tʰɛ²¹ 耧的一种。

【耧圪斗】lʌu²⁴kəʔ²²tʌu²¹ 耧斗。

【耧腿】lʌu²⁴tʰɛ²¹

【耧杆】lʌu²⁴kæ²² 与耧相连的连接在牛背上的木杆。

【架绳】ɕiɒ⁵³ʂəŋ²⁴ 固定牛和耧的绳子。

【犁】li²⁴

【小犁】ɕio²¹li²⁴

【山犁】ʂæ²²li²⁴

【犁拐】li²⁴kuɛ²¹

【犁把】li²⁴pɒ⁵³

【犁铧】li²⁴xɒ²⁴ 耕地时安装在犁上，用来破土的铁片。

【犁抵】li²⁴ti²¹

【刮板】kuɑʔ²²pæ²¹ ①打场（刮场）时用的木制工具，也叫"推板"。②用
　　　斗或升称量粮食时将表面刮平的一种工具。

【碌碡】lu²¹tʂu²²

【碾】zɿ²¹

【穿心碾】tʂʰuæ²²ɕiəŋ²²zɿ²¹

【箩筐碾】luɤ²⁴kʰuɑ̃²²zɿ²¹

【碾不脐】zɿ²¹pəʔ²²tɕʰi²⁴ 碾脐。箩筐碾碾磙的中心。

【碾杆】zɿ²¹kæ²² 穿心碾上穿过碾磙的木棍，一端与碾管芯固定，一端用
　　　来推碾。

【碾磙】zɿ²⁴kuɛ²¹

【碾盘】zɿ²¹pʰæ²⁴

【碾心】zɿ²¹ɕiəŋ²² 碾盘正中间，插碾管芯的地方。

【磨】mɤ⁵³

【上扇】ʂɑ̃⁵³ʂe²¹ 磨扇上面的一扇。

【下扇】ɕiɒ⁵³ʂe²¹ 磨扇下面的一扇。

【磨槽】mɤ⁵³tʂʰo²⁴

【磨眼】mɤ⁵³ie²¹ 上扇上面放粮食的口。

【石磨】ʂəʔ⁵³mɤ²¹

【小磨】ɕio²¹mɤ²¹ 主要用来磨豆腐。

【水磨】ʂɛ²⁴mɤ²¹

【磨盘】mɤ⁵³pʰæ²⁴

【磨扇】mɤ⁵³ʂe²¹

【拐磨】kuɛ²⁴mɤ²¹ 传统手工小石磨。

【箩】luɤ²⁴

【箩面】luɤ²⁴me⁵³

【箩床】luɤ²⁴tʂʰuɑ̃²⁴ 箩面时放置箩的木架。

【筶箩儿】pəʔ²²lɤɯ²¹ 竹条编制的盛器。大号筶箩箩面时用来盛面，小号筶

笤用来放针线，叫针线笸箩。

【虎头笸箩儿】xu²¹tʰᴀu²⁴pəʔ²²lɤɯ²¹ 笸箩的一种，一侧有遮挡的东西，箩面
时可以避风。

【小笸箩儿】ɕio²¹pəʔ²²lɤɯ²¹ 柳条编制的盛器，洗菜后用来空水。因为形似
鳖盖，当地人形象地称其为"鳖盖"。

【磨先】mɤ⁵³se²² 木制的盛器。箩面时用来盛面。

【小箩】ɕio²¹luɤ²⁴ 马尾制成，用来箩玉米面。

　　【粗箩】tʂʰu²²luɤ²⁴

【大箩】ta⁵³luɤ²⁴ 铜丝制成，用来箩白面、杂面豆面、玉米面等。

　　【细箩】ɕi⁵³luɤ²⁴

【头遍面】tʰᴀu²⁴pe⁵³me⁵³ 磨面时要反复磨两三遍，头一遍磨出的面粉叫头
遍面。

【二遍面】əʴ⁵³pe⁵³me⁵³ 成麸后再次磨的面粉。

【簸箕】pɤ⁵³cʰi²¹ 簸谷去糠的工具。

【笸篱】pəʔ²²li²⁴ 竹子编制的长形盛器，用来养蚕、晾晒东西。

【笸篮】pəʔ²²læ²⁴ 圆形扁状的盛器，没有系手提的把。

【荆条笸篮】ciəŋ²²tʰio²⁴pəʔ²²læ²⁴ 荆条编制的盛器，用来晾晒、存放东西。

【篓】lᴀu²¹ 荆条编制，比篮大。

【篓系】lᴀu²¹ɕi⁵³ 篓上供手提的拱形把儿。

【畔篓】pʰæ⁵³lᴀu²¹ 上地里拾棉花、摘桑叶时用的篓。去的时候挎上，回
来时比较重，可以扛起来。

【背篓】pɛ²⁴lᴀu²¹

【粪篓】fɛ⁵³lᴀu²¹ 荆条编制的双肩背篓，专门用来拾粪。

【粪叉】fɛ⁵³tʂʰɒ²² 拾粪的叉子。

【篮】læ²⁴

【篮系】læ²⁴ɕi⁵³ 篮子上供手提的拱形把儿。

【竹篮】tʂuəʔ²²læ²⁴

【箩头】luɣ²⁴tʰʌu²¹ 竹篾或柳条编制的筐式盛器，较浅，一般系在扁担两
　　　　头，用来担东西。

【箩头圪把】luɣ²⁴tʰʌu²⁴kəʔ²²pɒ²² 萝头四面的四根细木棍，一端固定在箩头
　　　　上，一段用绳子扎起来，便于担提。

【箩头绳】luɣ²⁴tʰʌu²⁴ʂəŋ²⁴ 固定萝头圪把的绳子。

　　【小锁绳】ɕio²¹suɣ²¹ʂəŋ²⁴

【箩头环】luɣ²⁴tʰʌu²⁴xuæ²⁴

【担】tæ⁵³

【担杖】tæ⁵³tʂɑ̃²¹

【担杖钩】tæ⁵³tʂɑ̃²¹kʌu²²

【挑担】tʰio²¹tæ⁵³

【尖担】tse²⁴tæ²¹

【平担】pʰiəŋ²⁴tæ⁵³

【担橛】tæ⁵³ɕyɑʔ⁵³ 固定在平担两头的小木块，担东西时防止滑落。

【碓级】tɛ⁵³ɕiəʔ²² 石臼，用来捣粮食。

【碓级锤】tɛ⁵³ɕiəʔ²²tʂʰɛ²⁴ 杵。

【打水】tɒ²⁴ʂɛ²¹ 汲水或取水。

【水桶】ʂɛ²⁴tʰoŋ²¹

【水车】ʂɛ²¹tʂʰɣ²² 浇地用的一种工具，现已基本消失。

【井】tɕiəŋ²¹

【井棚】tɕiəŋ²¹pʰoŋ²⁴ 搭在井上的棚，有利于保持井水的洁净。

【辘轳井】lu⁵³luəʔ²²tɕiəŋ²¹ 用轳辘摇水的井，多是深井。

【挑杆井】tʰio²¹kæ²⁴tɕiəŋ²¹ 用挑杆打水的井，多是浅井。

【辘轳】lu⁵³luəʔ²² 井上汲水的工具。

【辘轳把】lu²²luəʔ²²pɒ⁵³ 轳辘的手把。

【牛鼻圈】iʌu²⁴pi⁵³kʰue²² 穿在牛鼻子里的木棍或铁环。

【笼嘴】loŋ²⁴tsɛ²¹ 竹篾或者铁丝编制的半球形器物，戴在嘴上，以防牲畜

在田地里吃粮食。

【笼头】loŋ²⁴tʰʌu²¹ 套在牛马等头上用来系缰绳、挂嚼子的用具。

【马鞍】mɒ²¹ɣæ²²

【镫】tɛ⁵³ 上马时踩的脚踏。

【纣棍】tʂʌu⁵³kuɛ²¹ 运输时系在驴马等尾巴下的横木，两端用绳子和鞍子
　　　相连，防止鞍子往前滑。

【笼多】loŋ²⁴tuɣ²¹ 荆条编制的盛器，套在驴两侧，用来驮东西。

【驴嚼棍】ly²⁴tɕiʌu⁵³kuɛ²¹ 驴嚼子。

簸箕

辘轳

篮、篮系

担杖

拐磨

铁耙

磨

箩筐碾

辘轳井

笸箩儿

小笸箩儿

7.动物民俗语汇

（1）牲畜

【牛】iʌu²⁴ 牛。

【圪牻】kəʔ²²mã²⁴ 未阉割的公牛。

【小圪牻】çio²¹kəʔ²²mã²⁴ 未阉割的小公牛。

【老犍】lo²¹ke⁵³ 阉割了的公牛。

【种牛】tʂoŋ²¹iʌu²⁴ 专门做配种的公牛。

【騬牛】ʂɑʔ⁵³iʌu²⁴ 母牛。

【公猪】koŋ²²tʂu²²

【母猪】m̩²¹tʂu²²

【肥猪】fɛ²⁴tʂu²² 阉割了的公猪和结扎了的母猪。

【猪娃】tʂu²²vɒ²⁴ 猪崽。

【家猪】ciɑʔ²²tʂu²² 专门用来配种的不阉割的公猪。

【圪羺】kəʔ²²lo⁵³ 半大的猪，不是成猪，一般不到120斤。

【叫驴】cio⁵³ly²⁴ 公驴。

【草驴】tsʰo²¹ly²⁴ 母驴。

【驴驹】ly²⁴cy²² 刚生的小驴。

【马】mɒ²⁴ 马。

【騬马】sᴇ⁵³mɒ²⁴ 母马。

【儿马】ɚl²⁴mɒ²⁴ 又叫"鬃马"，指未阉割的马。

【马驹】mɒ²⁴cy²² 刚生的小马。

【骡】luɤ²⁴

【驴骡】ly²⁴luɤ²⁴ 鬃马配草驴的后代。

【羊】iã²⁴

【割羊】kɑʔ²²iã²⁴ 阉割了的公羊

【割得】kɑʔ²²təʔ²²

【圪羝】kəʔ²²ti²¹ 未阉割的公山羊，种羊。

【羊羔】iɑ̃²⁴ko²²

【梢胡】ʂo²¹xu²⁴ 山羊，既包括公山羊，也包括母山羊。

【圪□】kəʔ²²lue²²

【绵羊】me²⁴iɑ̃²⁴

【母羊】m̩²¹iɑ̃²⁴

【咪咕】mi²²ku²² 猫。

【咪咕儿】mi²²ku²²ɚ̩²⁴ 小猫。

【狼猫】lɑ̃²⁴mo²² 公猫。

【女猫】ny²¹mo²² 母猫。

【狗】kʌu²¹

【牙狗】ia²⁴kʌu²¹ 公狗。

【草狗】tsʰo²¹kʌu²¹ 母狗。

【狗娃】kʌu²¹vɒ²⁴ 小狗。

【鹌鹑】ɣæ²²tʂʰuɛ²²

【公鸡】koŋ²²ci²²

【草鸡】tsʰo²¹ci²² 母鸡。

【帽帽鸡】mo⁵³mo⁰ci²² 头顶上长有一撮毛、形似帽子的鸡。

【胡胡鸡】xu²⁴xu⁰ci²² 长有胡须的鸡。

【豹花鸡】po⁵³xɒ²²ci²² 身上有像豹子一样的花纹。

【土鸡】tʰu²¹ci²² 乡下养的鸡。

【洋鸡】iɑ̃²⁴ci²² 养鸡场养的鸡。

【乌鸡】u²²ci²²

【野鸡】iɛ²¹ci²² 公野鸡。

【圪落鸡】kəʔ²²luɑʔ²²ci²² 母野鸡。

【鸡娃】ci²²vɒ²⁴ 小鸡。

【媲蛋】fæ^{53}tæ^{53} 下蛋。

【菢鸡娃】pu^{53}ci^{22}vɒ^{24} 孵小鸡。

【鸡冠】ci^{22}kuæ^{53} 鸡冠。

【鸡嘴】ci^{22}tsɛ^{21} 鸡嘴。

【鸡圪脑】ci^{22}kəʔ^{22}no^{21} 鸡头。

【鸡项颈】ci^{22}ɕiã^{53}ciəŋ^{21} 鸡脖子。

【鸡不嗉】ci^{22}pəʔ^{22}su^{53} 鸡胃。

【鸡翅膀】ci^{22}tʂʰʅ^{53}pã^{21}

【鸡尾巴】ci^{22}i^{21}pɒ^{22}

【鸡屁股】ci^{22}pʰi^{53}ku^{21}

【鸡腿】ci^{22}tʰɛ^{21}

【鸡爪】ci^{22}tʂɒ^{21}

（2）鸟兽

【老哇】lo^{21}vɒ^{22} 乌鸦。

　　【黑老哇】xɑʔ^{22}lo^{24}vɒ^{21}

【雀】tɕʰio^{22} 麻雀。

【野鹊】iE^{24}tɕʰio^{21} 黑翅膀上有白毛的喜鹊。

【炸蚂野鹊】tʂɒ^{53}mɒ^{21}iE^{21}tɕʰio^{21} 灰色红嘴长尾巴的鹊。

【小燕】ɕio^{21}ie^{53} 小燕子。

【信虎】ɕiəŋ^{53}xu^{21} 猫头鹰。当地俗语："宁叫信虎叫，不让秃鸠笑。"

【秃鹊】tʰuəʔ^{22}tɕʰio^{22} 鹰科，食肉，吃家里的小鸡。

【夜蝙蝠】iE^{53}pe^{22}foŋ^{22}

【猴】xʌu^{24}

【狼】lã^{24}

【鹿】lu^{53}

【山猪】ʂæ^{22}tʂu^{22} 野猪。

【狮子】ʂʅ^{22}tsʅ^{21}

【老豹】lo²¹po⁵³ 豹子。

【狐】xu²⁴ 狐狸。

【野兔】iɛ²¹tʰu⁵³

【灰兔兔】xuɛ²²tʰu⁵³tʰu⁰ 一种野生动物，和松鼠形似，和黄鼠狼大小相当。

【鼠狼】ʂu²¹lã²⁴ 黄鼠狼。

【田鼠】tʰe²⁴ʂu²¹ 地里打洞，祸害庄稼的动物。

【青釉】tɕʰiəŋ²²iʌu⁵³ 野生的动物，多为灰色，个头比田鼠大。

【老鼠】lo²⁴ʂu²¹

【獾】xuæ⁵³ 哺乳动物，体型较大，在一定时节会出来祸害百姓的庄稼。

【木獾】məʔ²²xuæ²²

【圪灵貗】kəʔ²²liəŋ²⁴lʌu²⁴ 松鼠。

【鳖】piɑʔ²²

【王八】vã²⁴pɑʔ²²

【红嘴鸭】xoŋ²⁴tsɛ²¹iɒ²² 一种鸟，嘴呈红色。

【水咕咕】ʂɛ²¹ku²²ku⁰ 一种鸟，形似鸽子。当地人认为水咕咕可以预报天
　　　气情况：如果叫声为"咕咕咕"，则将要下雨，如果叫声为"呼呼
　　　呼"，天将要旱。

【鸽】kɤ²² 鸽子。

【火眼虫】xuɤ²¹ie²⁴tʂoŋ²⁴ 鸟的一种，与麻雀大小相当，多为黄色。

【布谷鸟】pu⁵³ku²¹nio²¹

【错错鸟】tsʰuɤ⁵³tsʰuɤ⁰nio²¹ 鸟的一种。当地传说：历山有一种"错错鸟"，
　　　发出一种形象的叫声："错错错，错错错，千错万错我的错。"
　　　相传一个妇女有一个亲生的孩子和丈夫前妻留下的孩子，因不
　　　想留丈夫前妻的孩子在家，便想出一个坏主意，让两个孩子去
　　　山上种芝麻，每人选一包芝麻，她准备好的芝麻一包是熟的，
　　　一包是生的，她的如意算盘是让非亲生的孩子选熟芝麻，种不
　　　出来的就不让回家，但阴差阳错，自己的孩子却选了熟芝麻，

因此亲生孩子永远回不了家，她自己也最终懊悔至死。

【鸰树啵啵】tsʰe²⁴ʂu²¹pɤ²²pɤ⁰ 啄木鸟。

【胡燕】xu²⁴ie⁵³ 鸟的一种，个头比小燕大，多呈灰色。

【百灵鸟】pɑʔ²²liəŋ²⁴nio²¹

【黄鹂鸟】xuã²⁴li²⁴nio²¹

【杜鹃鸟】tu⁵³cyæ²²nio²¹

【野鸭】iᴇ²⁴iɑ²²

【鹤】xɤ⁵³

【黄雀】xuã²⁴tɕʰyɑʔ²²

【三道眉】sæ²²to⁵³mi²⁴ 鸟的一种，羽毛主要为灰色，灰色中夹杂白道。

【画眉】xɒ⁵³mi²⁴

【八哥】pɑʔ²²kɤ²²

（3）水生类

【鱼】y²⁴

【鲤鱼】li²¹y²⁴

【草鱼】tsʰo²¹y²⁴

【带鱼】tᴇ⁵³y²⁴

【虾】ɕiɒ²²

【虾米】ɕiɒ²²mi²¹

（4）虫类

【蚕】tsʰæ²⁴

　　【蚕姑姑】tsʰæ²⁴ku²²ku⁰

【蚕帘】tsʰæ²⁴le²⁴ 布满幼蚕的纸或帘子。

【蚕屎】tsʰæ²⁴ʂʅ²¹

【蛛蛛】tʂu²²tʂu⁰ 蜘蛛。

【地狗狗】ti⁵³kʌu²¹kʌu⁰ 蟋蟀。

【蝈蝈虫】kuɤ²²kuɤ⁰tʂʰoŋ²⁴ 蛐蛐。

【叫蚓】cio⁵³iəŋ²¹ 蚂蚱般大小的绿色虫子。

【蚂蚱】mɒ⁵³tʂɒ⁵³ 蝗虫。

【尖蛋】tse²²tæ⁵³ 蚂蚱的一种，绿色。

【斑】pæ²² 吃庄稼叶子的虫子。

【蛐蟮】cʰy²²ʂe⁵³ 蚯蚓。

【蛇鱼】ʂɣ²⁴y²⁴ 泥鳅。

【蛇曲溜】ʂɣ²⁴cʰy²²liʌu²⁴ 野地里常见的一拃长的花色虫子。

【圪毛虫】kəʔ²²mo²⁴tʂʰoŋ²⁴ 毛毛虫。

【米虫】mi⁵³tʂʰoŋ²⁴ 米面里生的虫子。

【泌虫】mi⁵³tʂʰoŋ²⁴ 庄稼里长的白色的虫子。

【瑶】iʌu²⁴ 玉茭、小麦因没晾干潮湿而生出的虫子。

【蹦蹦虫】pəŋ⁵³pəŋ⁰tʂʰoŋ²⁴ 吃菜芽的灰色的虫子。

【不曲虫】pəʔ²²cʰyəʔ²²tʂʰoŋ²⁴ 树上或庄稼上爬的长条的虫子。

【打死虫】tɒ²¹sʅ²¹tʂʰoŋ²⁴ 树上掉下来的虫子，和蝉长相类似，数伏时候叫。

【土蚕】tʰu²¹tsʰæ²⁴ 专吃庄稼根的虫子。

【蚁旱】i²¹xæ⁵³ 天旱时，在庄稼或菜叶子上出现的较细小的黑色的虫子。
　　　　　一般会成片成片地出现。

【屁板虫】pʰi⁵³pæ⁵³tʂʰoŋ²⁴ 臭虫。

【蚜虫】iɒ²⁴tʂʰoŋ²⁴

【棉铃虫】me²⁴liəŋ²⁴tʂʰoŋ²⁴ 专吃棉花叶的虫子。

【潮湿虫】tʂo²⁴ʂəʔ²²tʂʰoŋ²⁴ 家里潮湿生的虫子。

【牛草虱】iʌu²⁴tsʰo²¹sɑʔ²² 牛身上长的蓖麻大小的虫子。

【牛草圪蜱】iʌu²⁴tsʰo²¹kəʔ²²pE²² 牛身上长的虫子，较大。

【鬼尸婆】kue²¹sʅ²²pʰɣ²⁴ 晚上飞进家中的较大的蛾子。

【蝇】iəŋ²⁴ 家里飞的苍蝇。

【苍蝇】tsʰã²²iəŋ²⁴ 厕所里的绿头苍蝇。

【红苍蝇】xoŋ²⁴tsʰã²²iəŋ²⁴

【绿苍蝇】ly⁵³tsʰã²²iəŋ²⁴

【恶蚊】ɣɑʔ²²vɛ²⁴ 蚊子。

【呜嘤哇】vəʔ²²iəŋ²⁴vɒ⁵³ 蝉。一般立秋时叫。俗语："早来三天没人要，迟
来三天连糠枭。"用蝉的叫声预示收成。

【圪蚪】kəʔ²²tʌu²¹ 蝌蚪。

【圪蟆】kəʔ²²mɒ²⁴ 生活在旱地里的蛤蟆。

【青蛙】tɕʰiəŋ²²vɒ²²

【新媳妇】ɕiəŋ²²ɕiə⁵³fu⁵³ 七星瓢虫。

【河棒槌】xɣ²⁴pã⁵³tʂʰɛ²⁴ 蜻蜓。

【蛾】ɣɣ²⁴ 野地里的小飞虫。

【扑灯蛾】pʰəʔ²²tɛ²²ɣɣ²⁴ 专往有亮光的地方扑的蛾。

【蝴蝶】xu²⁴tiɛ²⁴

【蛇】ʂɣ²⁴

【水蛇】ʂɛ²¹sɣ²⁴ 水边的没毒的蛇。

【无毒蛇】u²⁴tuəʔ⁵³sɣ²⁴ 没有毒的蛇。

【毒蛇】tuəʔ⁵³sɣ²⁴

【黑五蛇】xɑʔ²²u²¹sɣ²⁴ 黑灰色的，毒性很大的蛇。

【毛利培】mo²⁴li²¹pʰɛ⁵³ 长有很多腿的虫子，像蜈蚣，身短。

【蚰蜒】iʌu²⁴i²¹ 长有很多腿的虫子，像蜈蚣，身长。

【冥火虫】miəŋ²⁴xuɣ²¹tʂʰoŋ²⁴ 萤火虫。

【马蜂】mɒ²¹foŋ²² 有黄马蜂和黑马蜂两种。

【人头蜂】zəŋ²⁴tʰʌu²⁴foŋ²² 蜂的一种，毒性较大，能蜇死人。

【蜜蜂】miəʔ⁵³foŋ²² 蜜蜂有土蜂和洋蜂两种。

【蝎虎】ɕiɑʔ²²xu²¹ 壁虎。

【粪圪料虫】fɛ⁵³kəʔ²²lio²¹tʂʰoŋ²⁴ 屎壳郎。

【圪蚤】kəʔ²²tso²¹ 跳蚤。

【虱】ʂɑʔ⁵³ 虱子。

【虮】ci²² 虱子的卵。

【牤牛】mã²⁴iʌu²⁴ 蜗牛。

【蝎】ɕiaʔ²² 蝎子。

【蚂蚁】mɒ²¹i²¹ 总称，可分为：红蚂蚁、黑蚂蚁、飞蚂蚁、刺蚂蚁。

【红蚂蚁】xoŋ²⁴mɒ²¹i²¹

【黑蚂蚁】xɑʔ²²mɒ²¹i²¹

【刺蚂蚁】tsʰɿ⁵³mɒ²¹i²¹ 带刺的蚂蚁。

【飞蚂蚁】fɛ²²mɒ²¹i²¹ 会飞的蚂蚁。

【圪头虫】kəʔ²²tʰʌu²⁴tʂʰoŋ²⁴ 磕头虫。

8.日常生活民俗语汇

（1）衣

【扯布】tʂʰɤ²¹pu⁵³

【穿衣裳】tʂʰuæ²²i²²ʂɑ̃²⁴

【穿袄】tʂʰuæ²⁴ɣo²¹

【脱衣裳】tʰuɑʔ²²i²²ʂɑ̃²⁴

【系裤带】tɕi⁵³kʰu⁵³tɛ²¹ 过去的说法。

　　【衿裤带】ciəŋ²²kʰu⁵³tɛ²¹ 现在的说法。

【量身】liɑ̃²⁴ʂəŋ²²

【做衣裳】tsuəʔ⁵³i²²ʂɑ̃²⁴

【扎衣裳】tʂɑʔ²²i²²ʂɑ̃²⁴ 用缝纫机做衣裳。

【缝衣裳】foŋ²⁴i²²ʂɑ̃²¹ 手工缝制衣服。

【里子】li²⁴tsɿ²¹

【贴边】tʰiɑʔ²²pe²² 缝在衣服里子边上的窄布条儿。

【绲边】kuɛ²¹pe²² 将衣边向内包裹缝制。

　　【圈圙边】ku²²lue²¹pe²²

【锁边】suɤ²¹pe²²

【缝边】foŋ²⁴pe²²

【做边】tsuəʔ⁵³pe²² 用缝纫机轧边。

【撩边】lio²⁴pe²² 手工缝边。

【压边】iɑʔ²²pe²²

【缀起】tʂɛ⁵³cʰi²¹

【缀扣】tʂɛ⁵³kʰʌu⁵³ 钉扣子。

【绾扣疙瘩】væ²¹kʰʌu⁵³kəʔ²²tɑʔ²² 把布条绾成扣疙瘩。

【补补】pu²⁴pu²¹ 缝补衣服。

【补丁】pu²²tiəŋ²²

【绱鞋】ʂɑ̃⁵³ɕiɛ²⁴ 分为明绱和暗绱。

【暗绱】ɣæ⁵³ʂɑ̃⁵³

【明绱】miəŋ²⁴ʂɑ̃⁵³

【沿口】ie⁵³kʰʌu²¹

　　【过口】kuɣ⁵³kʰʌu²¹

【纳底】nɑʔ²²ti²¹ 纳鞋底。

【打褙儿】tɒ²¹pɣɯ⁵³ 打鞋褙。

【贴鞋帮】tʰiɑʔ²²ɕiɛ²⁴pɑ̃²²

（2）食

【烘火】xoŋ⁵³xuɣ²¹ 烧火。如：～做饭。

　　【烧火】ʂo²⁴xuɣ²¹

【做饭】tsuəʔ⁵³fæ⁵³

【炒菜】tʂʰo²¹tsʰɛ⁵³

【煮面】tʂu²¹me⁵³

【熬米汤】vo²⁴mi²¹tʰɑ̃²²

【蒸馍馍】tʂəŋ²²ma²⁴ma²¹

【摊煎饼】tʰæ²²tse²⁴piəŋ²¹

【做烧馍】tsuəʔ²²ʂo²²mɣ²⁴ 烙烙饼。

【捏扁食】niɑʔ²²pe²¹ʂəʔ⁵³ 包饺子。

【包包子】po²²po²²tsɿ²¹

【淘米】tʰo²⁴mi²¹

【沙菜】ʂɒ⁵³tsʰɛ⁵³ 择菜，如：～韭菜。

【沙米】ʂɒ⁵³mi²¹ 把米里的脏东西挑出来。

　　【捡米】tɕiɛ²¹mi²¹

【和面】xuɣ²⁴me⁵³

【起面】cʰi²¹me⁵³ 在面团中加入酵母，使其发酵膨胀。

【发面】faʔ²²me⁵³

【饭饭】fæ⁵³fæ²¹ 将面团放置发酵的过程。

【饭成啦】fæ⁵³tʂʰəŋ²⁴la⁰ 饭熟了。

【饭不中】fæ⁵³pəʔ²²tʂoŋ²² 饭没做熟。

【夹生】ciɑʔ²²ʂɛ²² 米饭半生不熟。

【吃饭啦】tʂʰəʔ²²fæ⁵³la⁰

【舀饭】io²¹fæ⁵³ 用于较稠的能当主食的汤，如米其、米汤等。

【舀汤】io²¹tʰã²²

【捞面】lo²⁴me⁵³

【灌菜】kuæ⁵³tsʰɛ⁵³ 给盛好的面条上浇菜。

【炒菜】tʂʰo²¹tsʰɛ⁵³

【抄饭】tʂʰo²²fæ⁵³ 盛焖饭、面、疙瘩等固体食物。

【敆菜】ci²²tsʰɛ⁵³ 用筷子夹菜。

【使筷】ʂʅ²¹kʰuɛ⁵³

【咬不动】io²¹pəʔ²²toŋ⁵³

【吃得嗝嗝的】tʂʰəʔ²²təʔ²²kɤ²⁴kɤ²⁴təʔ²⁰ 吃得打饱嗝，形容吃得非常饱。

【嗝一声】kɤ²⁴iəʔ²²ʂəŋ²² 打饱嗝。

【吃撑啦】tʂʰəʔ²²tʂʰɛ²⁴la⁰

【撑死】tʂʰɛ²⁴sʅ²¹

【噎住啦】ɣɛ²⁴tʂu²¹la⁰

【没吃饱】məʔ²²tʂʰəʔ²²po²¹

【吃伤啦】tʂʰəʔ²²ʂã²⁴la⁰

【肚饥啦】tu⁵³ci²²la⁰

【压压饥】iɑʔ²²iɑʔ²²ci²²

【唦唦嘴】tæ⁵³tæ⁵³tsɛ²¹ 如：没事干，吃个糖～吧。

【解解馋】ciɛ²⁴ciɛ²¹tʂʰæ²⁴

【嘴淡的】tsɛ²¹tæ⁵³təʔ²⁰ 嘴里没味，吃东西不香。

【吸烟】çiəʔ²²ie²²

　　【吃烟】tʂʰəʔ²²ie²²

【喝茶】xɑʔ²²tʂʰɒ²⁴

【喝酒】xɑʔ²²tɕiʌu²¹

（3）住

【上炕】ʂɑ̃⁵³kʰɑ̃⁵³

【上床】ʂɑ̃⁵³tʂʰuɑ̃²⁴

【睡下啦】ʂɛ⁵³çiɒ²¹la⁰ 躺在床上准备睡觉了。

【刷牙】ʂuɑʔ²²iɒ²⁴

【洗脸】çi²⁴le²¹

【洗手】çi²⁴ʂʌu²¹

【洗脚】çi²⁴ciɑʔ²²

【漱漱口】su⁵³su⁵³kʰʌu²¹

【梳头】ʂu²²tʰʌu²⁴

【梳头辫】ʂu²²tʰʌu²⁴pe²¹ 梳辫子。

【扎头】tʂɑʔ²²tʰʌu²⁴

　　【绑头】pɑ̃²¹tʰʌu²⁴

【铰指甲】tɕio²¹tʂʅ⁵³ciɑʔ²²

【抠耳朵】kʰʌu²⁴əʅ²¹tuɣ²¹

【洗澡】çi²⁴tso²¹

【搓澡】tsʰuɣ²⁴tso²¹

【搓搓背】tsʰuɣ²⁴tsʰuɣ²⁴pɛ⁵³

【洗衣裳】çi²¹i²²ʂɑ̃²⁴

【湃衣裳】pE²¹i²²ʂɑ̃²⁴ 涮衣裳。

【搭衣裳】tɑʔ²²i²²ʂɑ̃²⁴

【晒衣裳】ʂE⁵³i²²ʂɑ̃²⁴

【洗兰一水】çi²¹læ⁰iəʔ²²ʂɛ²¹ 洗了一次。

【再洗一水】tsɛ⁵³ɕi²¹iə?²²ʂɛ²¹

【洗上两水】ɕi²¹ʂã⁵³liã²⁴ʂɛ²¹

【推头】tʰɛ²²tʰʌu²⁴

【剃头】tʰi⁵³tʰʌu²⁴

【绞头】tɕio²¹tʰʌu²⁴ 剪头发。

【推刀】tʰɛ²²to²² 推子，理发工具。

【剃头刀】tʰi⁵³tʰʌu²⁴to²² 剃头或者刮胡用的刀。

【刮胡刀】kuɑ?²²xu²⁴to²² 现在才有，以前用剃头刀剃胡子。

【刮胡】kuɑ?²²xu²⁴

【刮脸】kuɑ?²²le²¹ 男子修面。

【剃头挑子】tʰi⁵³tʰʌu²⁴tʰio²²tsʅ²¹

【剪】tse²¹

【去茅】cʰy⁵³mo²⁴ 上厕所。

【尿】nio⁵³

【屙】ɣɒ²² 拉屎。

【晒太阳】ʂɛ⁵³tʰɛ⁵³iã²¹

　　【向向太阳】ɕiã⁵³ɕiã⁵³tʰɛ⁵³iã²¹

　　【向暖暖】ɕiã⁵³nuæ²⁴nuæ²¹ 冬天说的较多。

【歇凉】ɕiɑ?²²liã²⁴ 乘凉。

【烤烤火】kʰo²⁴kʰo²¹xuɣ²¹

【歇歇】ɕiɑ?²²ɕiɑ?²²

【瞌睡】kʰɑ?²²ʂɛ²¹

【打喷嚏】tɒ²¹pɛ⁵³tʰiə?²²

【打哈气】tɒ²¹xɒ²⁴cʰi²¹ 打哈欠。

【打鼾睡】tɒ²¹xæ²⁴ʂɛ²¹ 打鼾。

【迷糊迷糊】mi⁵³xu²¹mi⁵³xu²¹ 小睡一会儿。

【流颔水】liʌu²⁴xæ²⁴ʂɛ²¹ 流口水。

【点灯】te²¹tɛ²²

【吹灯】tʂʰɛ²²tɛ²²

【拉灭】laʔ²²miaʔ²² 如：把灯～。以前电灯都是用灯绳控制开关的。也有
　　　　人说"拉倒"。

【铺床】pʰu²²tʂʰuã²⁴

　　【铺床铺】pʰu²²tʂʰuã²⁴pʰu²¹ 如：上炕上～。

【吹盖的】tʂʰɛ²²kɛ⁵³ti²¹ 铺床时把叠好的被子拆开。

【铺褥（子）】pʰu²²ʐɯ²¹

【叠盖的】tiaʔ⁵³kɛ⁵³ti²¹ 叠被子。

【睡觉】ʂɛ⁵³cio⁵³

【歇晌午】ɕiəʔ²²ʂã²²u²¹

【睡着啦】ʂɛ²¹tʂɤ²⁴la⁰

【睡不着】ʂɛ⁵³pəʔ²²tʂɤ²¹

【圪趴的睡】kəʔ²²pʰɒ²⁴təʔ⁰ʂɛ⁵³ 趴着睡。

【仰面睡】iã²⁴me²¹ʂɛ⁵³

【侧面睡】tʂʰɑʔ²²me⁵³ʂɛ⁵³

　　【仄楞的睡】tʂɤ²²lɛ²⁴təʔ⁰ʂɛ⁵³ 侧着睡。

【扭过睡】niʌu²⁴kuɤ⁵³ʂɛ⁵³

【圪囵睡】kəʔ²²luɛ²⁴ʂɛ⁵³ 囫囵睡，不脱衣裳睡。

【圪圐的睡】kəʔ²²luæ²¹təʔ⁰ʂɛ⁵³ 蜷着身子睡。

【落枕】luaʔ²²tʂəŋ²¹

【做梦】tsuəʔ⁵³moŋ⁵³

【鬼扼住啦】kuɛ²¹ɣɤ²⁴tʂu²¹la⁰ 梦魇。

【发癔症】faʔ²²i⁵³tʂɛ²¹ 说梦话，一般说小孩子。

【梦游】moŋ⁵³iʌu²⁴

【熬眼】vo²⁴ie²¹

　　【熬夜】vo²⁴iɛ⁵³

（4）行

【出啦】tʂʰuɯ⁵³la⁰ 出去了。

【回来啦】xuɛ²⁴lɛ²¹la⁰

【圪逛】kəʔ²²kuɑ̃⁵³

【上街】ʂɑ̃⁵³ciɛ²² 住的比街地势低的人家说。

【下街】ɕiɒ⁵³ciɛ²⁴ 即上街。住的比街地势高的人家说。

【出街】tʂʰuəʔ²²ciɛ²² 离街近的人家说。

【去街】cʰy⁵³ciɛ²² 住的离街较远但平路的人家说。

　　【过街】kuɤ⁵³ciɛ²²

【去地】cʰy⁵³ti⁵³ 下地耕作。

【掫门】tʂʰʌu²²mɛ²⁴ 用力推门。

【圪攘】kəʔ²²zɑ̃²¹ 动，引申为劳动。如：看见他嘴～，就是听不见说啥。

　　好吃懒做怕～。

【动弹】toŋ⁵³tæ²¹ 一般指劳动或劳作。

9.饮食民俗语汇

（1）伙食

【清早饭】tɕʰiəŋ²²tso²¹fæ⁵³ 早饭。

【晌午饭】ʂã²¹u²¹fæ⁵³ 午饭。

【黑里饭】xɑʔ²²li²¹fæ⁵³ 晚饭。

　　【黑来饭】xɑʔ²²lɛ²⁴fæ⁵³

【贴晌】tʰiɑʔ²²ʂã²¹ 三顿饭中间吃的饭，一般是请木匠吃。

【顿头饭】tuɛ⁵³tʰʌu²⁴fæ⁵³ 一天的三餐。

【□忽饭】zɻ̍⁵³xuəʔ²²fæ⁵³ 温温饭。

【馎糊】pɑʔ²²xu²⁴ 饭糊了。

【锅皮】kuɣ²²pʰi²⁴ 糊到锅上的锅巴。

【旧饭】ɕiʌu⁵³fæ⁵³ 剩饭。

【司气啦】sɻ²²cʰi⁵³la⁰ 饭馊了。

【衣蒙】i²²moŋ²⁴ 干的食物长毛。

【炕】kʰã⁵³ 动词，把食物烤干。

【馏】liʌu⁵³

【热】zɑʔ⁵³ 不上蒸锅，直接在火上热剩饭。

【化食蛋】xɒ⁵³ʂəʔ⁵³tæ⁵³ 帮助鸡消化食物。

【香汤不辣水】ɕiã²²tʰã²²pəʔ²²lɑʔ²²ʂɛ²¹ 用来形容饭很香。

【呵溜圪淡水】xɣ²²liʌu²⁴kəʔ²²tæ⁵³ʂɛ²¹ 形容饭不好吃。

【狗汤圪辣水】kʌu²¹tʰã²²kəʔ²²lɑʔ²²ʂɛ²¹ 形容饭不好吃。

【怪滋圪辣味】kuɛ²¹tsɻ²²kəʔ²²lɑʔ²²vɛ⁵³ 形容食物味道不纯正。

【稀汤不悠水】ɕi²²tʰã²²pəʔ²²iʌu²⁴ʂɛ²¹ 形容饭特别稀。

（2）面食类

【炒面】tʂʰo²¹me⁵³

【灌面】kuæ⁵³me⁵³ 浇菜的面。

【空心面】kʰoŋ²²ɕiən²²me⁵³ 面和好后在空心机上压出来的面条，中间是空的，故名"空心面"。

【好面】xo²¹me⁵³ 白面。

【擀面】kæ²¹me⁵³ 手擀面。

【削面】ɕyaʔ²²me⁵³

【凉面】liɑ̃²⁴me⁵³ 面条煮熟后在冷水里过一下，拌上盐、蒜等调料。

　　【蒜条面】suæ⁵³tʰio²⁴me⁵³

【汤面】tʰɑ̃²²me⁵³ 带汤的汤汤水水的面。具体做法是：锅中煮上菜，熟了后放入面条，然后在勺子中放入油、葱花在火上烘一下倒入面锅中即可。

【撅片】tɕyaʔ²²pʰe⁵³ 白面用水和成软面团，把擀好的面片切成3厘米左右宽的条子，用手撅成正方形或长方形面片投入沸水锅中，煮熟后烘油放调料即可食。

【卤面】lu²⁴me⁵³ 即焖面。一般先炒豆角，豆角快熟时把切好的短且细的面条放在菜上，等面焖熟时，将面和菜搅拌起来即可。

【扯面】tʂʰɤ²¹me⁵³ 又叫"拉面"，水中加盐和成软面，稍微醒一醒，擀开切成粗条状，两手捏住两头拉拽适度后，下入沸水锅中煮熟，然后捞出加菜吃。

【斜叶面】ɕiɛ²⁴iɑʔ²²me⁵³ 把擀好的面卷到擀面杖上，沿着擀面杖把面划开，然后把划开的面片折叠起来，斜着一刀正着一刀把面切成一头尖一头宽的形状，展开折叠部分就形成菱形状，形似柳叶，晋南也叫"柳叶面"。

【饸饹】xɤ²⁴luɑʔ²² 面食的一种。把面和起来塞入饸饹床臼中，用力压成圆形面条，压成的圆面条直接进入沸水锅中，煮熟后捞出在冷水中泡一次再煮，可吃干面、汤面，也可炒着吃。

【旱饸饹】xæ⁵³xɤ²⁴luɑʔ²² 高粱面做成的面条。

【两和面】liɑ̃²¹xuɤ²¹me⁵³ 杂面面条。由豆面、玉茭面制成。

　【杂面根】tsɑʔ⁵³me⁵³kɛ²²

【大米面】ta⁵³mi²¹me⁵³ 大米磨成的面，可用来煮面条、蒸馍馍等。

【大米汤面】ta⁵³mi²¹tʰɑ̃²²me⁵³ 在用大米熬成的稀饭中煮菜和面条，并放酱
　　　油、醋等佐料。

【碾转】ne²²tʂue²¹ 条状的面食。小麦长到八九成熟时，在小石磨上把麦粒
　　　碾得每一粒都卷起来成扁条状，蒸熟后拌上调料即可食用。当地
　　　俗语："马榴结不蛋，割麦吃碾转。"

【蒸疙瘩】tʂəŋ²²kəʔ²²tɑʔ²² 也叫发疙瘩、蒸窝窝头。把面用开水冲泡搅拌
　　　成团状，再捏成饼状，蒸熟即可。

【煮疙瘩】tʂu²¹kəʔ²²tɑʔ²² 煮窝窝头。把面用开水冲泡后，捏成饼状，煮熟
　　　即可。

【溜疙瘩】liʌu²⁴kəʔ²²tɑʔ²² 粉面或白面做成。把白面加水和成糊糊，使糊
　　　糊慢慢地流入锅中成疙瘩状。白面做的一般是给小孩或病人吃，
　　　因其好消化。

【疙瘩】kəʔ²²tɑʔ²² 玉米面、白面两种混在一起搅拌，醒好后在案板上用手
　　　拍成片状，煮入锅中即可。

【柿疙瘩】ʂʅ⁵³kəʔ²²tɑʔ²² 把软柿子空柿和入白面或玉米面中蒸制而成。

【馍馍】ma²⁴ma⁰

【人口馍】zəŋ²⁴kʰʌu²¹ma²⁴ 家中腊月按人数蒸的馍馍，馍中放有一制钱，
　　　一般腊月蒸下，大年初一吃。

【枣花】tso²¹xɒ²² 包有枣的馍馍。

【包】po²² 包子。

【豆包】tʌu⁵³po²² 豇豆、红小豆、蔓豆煮熟后捣成泥状，作包子馅。

【菜包】tsʰɛ⁵³po²²

【花卷】xɒ²²kue²² 把发酵好的面擀成面片，上面抹上油，撒上盐、葱花，
　　　将面饼卷起，切成小块，对折一扭，放入锅中蒸熟即可。

【蒸馍】tʂəŋ²²ma²⁴ 民间常见的逢年过节时蒸的馍馍。这种馍馍有不同的样式，一般做成各种动物状，摆在不同的位置：狗放门上，寓意看门狗；兔，寓意明火兔子；蛤蟆驮兔，寓意越过越富。猪和羊用来供献神灵，摆放时一般东猪西羊；面蛤蟆一般放在米缸上，面鳖一般放在面缸上。

【圪垒】kəʔ²²lɛ²¹ 菜、白面和玉茭面混在一起拌上各种野菜蒸制而成的吃食。有杨槐花圪垒、灰蒿圪垒、榆圪钱榆钱圪垒。

【圪圞】kəʔ²²luæ²⁴ 玉米面和白面混在一起作皮，豆泥或菜做馅，在蒸锅上蒸熟即可。

【扁食】pe²¹ʂəʔ⁵³ 即饺子。馅可以是猪肉、羊肉，分别叫"猪肉扁食、羊肉扁食"，素菜做馅的叫"素扁食"。用杂面或高粱面作皮儿的叫"杂面扁食"。

【烫面饺】tʰã⁵³me⁵³cio²¹ 用开水和的面做饺子皮，包好蒸熟即可，又叫"蒸饺"，有两三个普通饺子大。

【胡卤汤】xu²⁴lu²¹tʰã²² 菜汤中拌粉面做成。

（3）米食类

【焖饭】me⁵³fæ⁵³ 小米焖熟的饭，现在也有大米焖熟的饭。

【捞饭】lo²⁴fæ⁵³ 即小米捞饭。放羊人常吃的饭。把小米在锅中煮到半熟后捞出，放在算子上慢火焖熟，配菜吃。捞出米后的水在鼻子下面同时熬成米汤，在米汤内加菜和豆子煮面条叫做"捞饭汤"。

【卤米焖饭】lu²⁴mi²¹me⁵³fæ⁵³ 和卤面做法一样，只是将面条换成了小米。

【紫衣饭】tsɿ²¹i²¹fæ⁵³ 白菜、萝卜炒后加水，放入小米（现也可同时加入大米）熬制而成。

【炒小米焖饭】tʂʰo²¹cio²¹mi²¹me⁵³fæ⁵³ 将小米焖饭用鸡蛋、油炒熟。

【炒大米焖饭】tʂʰo²¹tɒ⁵³mi²¹me⁵³fæ⁵³ 将大米焖饭用鸡蛋、油炒熟。

【稀粥】ci²⁴tʂu²¹ 即小米粥，开水下米煮成，比米汤稠。

【米汤】mi²¹tʰã²² 即较稀的小米粥。开水后下小米，可以再配大豆、花生、绿豆、玉米粒等熬成。还有枣米汤、红薯米汤、柿圪垒米汤等。

【大小米米汤】tɒ⁵³ɕio²¹mi²¹mi²¹tʰã²² 大米和小米一同熬制而成。

【米其】mi²¹cʰi²⁴ 开水下小米，切入萝卜、白菜、豆角等，等小米稀粥熬
　　　　好后煮入面条。

【米羹】mi²¹kɛ²² 做捞饭时将米捞出后，在汤内加入白菜、萝卜、酸菜等，
　　　　再加入盐等佐料，这种汤饭当地叫做米羹。

【煎饼】tse²²piəŋ²¹ 用小米（现在也用大米）磨成面摊成。

【茶】tʂʰɒ²⁴ 即油茶。将炒了的小麦、小米磨成面，和生姜、面一起放入
　　　　水中熬成糊状，熟后将馍掰成小块放入其中即可食用。

【糊饭】xu⁵³fæ⁵³ 开水下小米熬成稠米汤，搅入一些玉米或白面煮熟即可。

【老圪糁饭】lo²¹kəʔ²²ʂɛ²²fæ⁵³ 锅内水开后，放入去皮的大粒玉米糁，可以
　　　　再加入斜叶面。可稠可稀。

【披毛猴】pʰi²²mo²⁴xʌu²⁴ 秋天的嫩玉米碾成碎瓣状，和菜一起在锅中焖熟
　　　　吃。

（4）油煎、烧、烤类

【水煎包】ʂɛ²¹tse²²po²² 和当地烫面饺的做法一样，最后放入油锅中煎一下。

【韭饼】ciʌu²⁴piəŋ²¹ 韭菜、粉条、鸡蛋、葱做馅（也有肉馅儿的）。将面
　　　　擀成碗口大小的圆片，一个圆片上放馅儿，另一个圆片盖住馅儿，
　　　　用碗扣在上面，把两个圆面片周围用碗边用力研实，在火煎盘内
　　　　加油，煎熟即可。也可在一个圆面片上摊半边馅，将另半边覆盖
　　　　在馅儿上面制成。

【烧馍】ʂo²²mɤ²⁴ 白面和软擀成片儿，加油、盐、碎葱后卷住，再擀成圆
　　　　饼状，在烧馍鏊上加油烤成。

【柿烧馍】ʂʅ⁵³ʂo²²mɤ²⁴ 柿子和入白面摊成的烙饼。

【里圪渣】li²¹kəʔ²²tʂɒ²² 面和好后擀成片状，将苘子白、粉条做的馅摊在上
　　　　面，包好后放在烧馍鏊上煎熟。

【油角】iʌu²⁴ciɑʔ²² 用水和面，做法与饺子相同，包馅做成饺子状，在油

锅内炸熟。有素馅角和豆馅角。

【油圪蟆】iʌu²⁴kə?²²mɒ²⁴ 白面加碱、盐拌成糊状，用筷子挑成团状，放入
　　　油锅中，炸成圆球状。

【油圪磋】iʌu²⁴kə?²²tʂʰɒ²² 将白面和成糊状，加入萝卜丝、黄瓜丝、葱丝，
　　　在烧饼鏊上摊成饼，可以用马梨花、豆面花做。

【油圪渣】iʌu²⁴kə?²²tʂɒ²² 炸制食品时产生的渣滓，不能吃。

【油糕】iʌu²⁴ko²² 白面或软米面用开水和好后捏成饼形，内包红糖或白糖，
　　　油炸。也可将红薯煮熟去皮，捏成泥状，加入少许白面，叫"红
　　　薯油糕"。

【锅盔】kuɣ²²kʰuɛ²² 白面加入鸡蛋、糖和好后擀成饼状，放入铁锅中烤，
　　　锅中放三个石头支撑以免被烧焦。

【火烧】xuɣ²¹ʂo²² 饼子的一种。白面加盐、调料（也可加糖）和好后擀成
　　　圆片状，在火炉上先熏烤成黄色，再放入火炉下面围成一圈烤熟。

【麻糖】mɒ²⁴tʰã²⁴ 油条。当地做法是：面中放钒、盐、碱，凉水和好后，
　　　醒半个小时，切成条，将两根面条叠放在一起，再扭一下放入油
　　　锅中炸熟即可。

【馓】sæ²¹ 在白面中放点盐，将其和成软面团，擀开切数十刀，但两头不
　　　能切断，捏住两头拉长放入油锅中炸制。炸的过程中，刀口处缝
　　　隙变大，自成圆形。

【炒炒】tʂʰo²²tʂʰo⁰ 腊月二十三炒的花生、玉茭。

（5）其他类

【不烂羹】pə?²²læ⁵³kɛ²² 拌汤。有小瓜不烂羹、汤面不烂羹、酸菜不烂羹
　　　等。

【糊饨】xu²⁴tuə?⁵³ 即糊糊。先用水将玉米面调成糊状，再用勺边搅边慢慢
　　　倒入开水锅中，锅开后稍许便成。

【圪泅】kə?²²ɕyəŋ²² 软米加柿子、豆子泡透，在锅中蒸熟即可。

【粽】tɕyəŋ⁵³ 有软米粽、黍米粽、江米粽。

【软米饭】zuæ²⁴mi²¹fæ⁵³ 腊八时吃的食物。将软米和软柿子、红薯、软豆、

　　　　　豇豆、小豆等一起熬制而成的粥。

【背背疙瘩】pɛ²²pɛ²²kəʔ²²tɑʔ²² 又叫添仓疙瘩。添仓时的一种食品，形状是

　　　　　一大一小两个柿子摞起来的样子。也有人认为是将空空柿和面

　　　　　和在一起蒸制而成。

（6）肉、蛋

【猪肉】tʂu²²zʯʌu⁵³

【牛肉】iʌu²⁴zʯʌu⁵³

【羊肉】iã²⁴zʯʌu⁵³

【驴肉】ly²⁴zʯʌu⁵³

【狗肉】kʌu²¹zʯʌu⁵³

【鸡肉】ci²²zʯʌu⁵³

【鸭肉】iɒ²²zʯʌu⁵³

【兔肉】tʰu⁵³zʯʌu⁵³

【鸡蛋】ci²²tæ⁵³

【鸭蛋】iɒ²²tæ⁵³

【鹅蛋】ɣɤ²⁴tæ⁵³

【鹌鹑蛋】ɣæ²²tʂʰuɛ²⁴tæ⁵³

【白肉】pE²⁴zʯʌu⁵³ 肥肉。

　　【膘肉】pio²²zʯʌu⁵³

【红肉】xoŋ²⁴zʯʌu⁵³ 瘦肉。

【片肉】pʰe⁵³zʯʌu⁵³

【肘肉】tʂʌu²¹zʯʌu⁵³ 方块状的肉。

【肉丝】zʯʌu⁵³sʮ²²

【肉丸】zʯʌu⁵³væ²⁴

【五花肉】u²¹xɒ²²zʯʌu⁵³

【红烧肉】xoŋ²⁴ʂo²²zʯʌu⁵³

【槽头肉】tsʰo²⁴tʰʌu²⁴zʌu⁵³ 猪颈肉。

【猪腿板】tʂu²²tʰɛ²¹pæ²¹ 猪腿上的肉。

【猪肝】tʂu²²kæ²²

【猪腰】tʂu²²io²²

【猪血】tʂu²²ɕiɑʔ²²

【猪蹄子】tʂu²²tʰi²⁴tsʅ²¹

【猪肘子】tʂu²²tʂʌu²¹tsʅ²¹ 猪的前后腿。

【猪上水】tʂu²²ʂã⁵³sɛ²¹ 猪的心肝肺肚。

【猪下水】tʂu²²ɕiɒ⁵³sɛ²¹ 猪肠。

【猪肚】tʂu²²tu⁵³ 猪胃。

【猪肝】tʂu²²kæ²² 猪肝。

【牛肚】iʌu²⁴tu⁵³

【鸡杂】ci²²tsɑʔ⁵³

【鸡血】ci²²ɕiɑʔ²² ╲

【煮鸡蛋】tʂu²¹ci²²tæ⁵³

【泼鸡蛋】pʰɑʔ²²ci²²tæ⁵³ 用开水冲鸡蛋。

【腌鸡蛋】ie²⁴ci²²tæ⁵³ 腌的鸡蛋。

【腌鸭蛋】ie²⁴iɒ²²tæ⁵³ 腌的鸭蛋。

（7）蔬菜

【土豆】tʰu²¹tʌu⁵³

【藕】ɣʌu²¹

【韭菜】ciʌu²⁴tsʰɛ²¹

【韭花】ciʌu²¹xɒ²² 秋天里韭苔上生出的白色花簇，多在欲开未开时采摘，
　　　　磨碎后腌制成酱食用。

【韭薹】ciʌu²¹tʰɛ²⁴ 韭菜在盛夏时会在中央部分长出细长的茎，顶上开花
　　　　结实，嫩的可以当菜吃。

【蒜苗】suæ⁵³mio²⁴ 大蒜的花苔。

【蒜薹】suæ⁵³tʰE²⁴

【姜】ciã²²

【拍拍菜】pʰɑʔ²²pʰɑʔ²²tsʰE⁵³ 小白菜的一种，无心，菜叶子相对，像拍手一样，故名"拍拍菜"。

【菠菜】pɤ²²tsʰE⁵³

【白菜】pɑʔ⁵³tsʰE⁵³

【白菜帮子】pɑʔ⁵³tsʰE⁵³pã²²tsʅ²¹

　　【老邦】lo²¹pã²²

【大白菜】ta⁵³pɑʔ⁵³tsʰE⁵³

【桶菜】tʰoŋ²¹tsʰE⁵³ 形似桶状的长白菜。

【小白菜】ɕio²¹pɑʔ⁵³tsʰE⁵³

【娃娃菜】vɒ²⁴vɒ⁰tsʰE⁵³

【圆白菜】ve²⁴pɑʔ⁵³tsʰE⁵³

【包心菜】po²²ɕiəŋ²²tʂʰE²¹ 冬天的圆形卷心大白菜。

【苘子白】xuɛ²⁴tsʅ²¹pɑʔ⁵³

【莴笋】uɤ²²ɕyəŋ²¹

【油菜】iʌu²⁴tsʰE⁵³

【油菜籽】iʌu²⁴tsʰE⁵³tsʅ²¹

【油麦菜】iʌu²⁴mɑʔ⁵³tsʰE⁵³

【萝卜】luɤ²⁴pu²¹ 萝卜。

【红萝卜】xoŋ²⁴luɤ²⁴pu²¹

【白萝卜】pɑʔ⁵³luɤ²⁴pu²¹ 有青头萝卜和红头萝卜两种。

【水萝卜】ʂɛ²¹luɤ²⁴pu²¹ 皮青肉粉，凉拌着吃。

【萝卜菜】luɤ²⁴pu²¹tsʰE⁵³ 萝卜腌制的菜。

【干萝卜片】kæ²²luɤ²⁴pu²¹pʰe⁵³ 晒干的萝卜片。

【干萝卜条】kæ²²luɤ²⁴pu²¹tʰio²⁴ 晒干的萝卜条。

【萝卜缨】luɤ²⁴pu²¹iəŋ²² 萝卜叶。

【萝卜圪条】luɤ²⁴pu²¹kəʔ²²tʰio²⁴ 比较细的萝卜条。

【萝卜片】luɤ²⁴pu²¹pʰe²¹

【萝卜板】luɤ²⁴pu²¹pæ⁵³ 切成大片的萝卜。

【萝卜丝】luɤ²⁴pu²¹sʅ²²

【化心萝卜】xɒ⁵³ɕiəŋ²²luɤ²⁴pu²¹ 因脱水而空心的萝卜。

【糖萝卜】tʰã²⁴luɤ²⁴pu²¹ 甜菜的根部。

【空心菜】kʰoŋ²²ɕiəŋ²²tsʰɛ⁵³

【葫】xu²⁴ 长葫芦，也叫"圪芦"。

【耶圪芦】iɛ²²kəʔ²²lu⁵³ 中间细两头圆的葫芦。

【瓢圪芦】pʰio²⁴kəʔ²²lu⁵³ 圆形葫芦。

【菜花】tsʰɛ⁵³xɒ²²

【香椿】ɕiã²²tʂʰuɛ²² 又名香椿芽、香椿头。

【西红柿】ɕi²²xoŋ²⁴ʂʅ⁵³

【茄】cʰiɛ²⁴

【辣椒】laʔ²²ciəʔ²²

　　【辣辣椒】laʔ²²laʔ²²ciəʔ²²

　　【尖辣椒】tse²²laʔ²²ciəʔ²²

【菜辣椒】tsʰɛ⁵³laʔ²²ciəʔ²² 果型较大，形似灯笼。

【朝天椒】tʂo²⁴tʰe²²ciəʔ²² 辣椒的一种，果实较小，圆锥状，成熟后红色
　　　　　或紫色，味极辣。

【胡芹】xu²⁴cʰiəŋ²⁴

【南瓜】næ²⁴kɒ²²

【黄瓜】xuã²⁴kɒ²²

【老瓜】lo²¹kɒ²² 特指老的南瓜。

【丝瓜】sʅ²²kɒ²² 丝瓜。

【菜瓜】tsʰɛ⁵³kɒ²² 秋后长成，和西瓜类似，切成片炒菜。

【蔬瓜】ʂu²²kɒ²² 青皮的瓜，做菜用，切片凉拌着吃。

【棉瓜】me²⁴kɒ²² 与甜瓜类似的瓜。

【冬瓜】toŋ²²kɒ²²

【苦瓜】kʰu²¹kɒ²²

【夏瓜】ɕiɒ⁵³kɒ²² 西葫芦。

【七叶瓜】tɕʰiəʔ²²iɑʔ²²kɒ²² 春天种，夏天熟。长到七个叶子时开始长瓜，故名"七叶瓜"。

【圪芦瓜】kəʔ²²lu²⁴kɒ²² 吊瓜，学名瓜蒌，葫芦科多年生攀缘草本植物。

【日本瓜】zɑʔ²²pɛ²¹kɒ²² 源自日本的南瓜。

【笋瓜】ɕyəŋ²¹kɒ²² 圆形，个头较大，皮多为红色或白色，一般吃扁食时用。

【圪芦】kəʔ²²lu²⁴ 圆柱形的葫芦，可以做舀面的瓢。

【豆角】tʰʌu⁵³ciɑʔ²²

【葱】tsʰoŋ²²

【葱叶】tsʰoŋ²²iɑʔ²²

【葱根】tsʰoŋ²²kɛ²²

【小葱】ɕio²¹tsʰoŋ²²

【老葱】lo²¹tsʰoŋ²² 秋天长成熟的葱。

【大葱】tɒ⁵³tsʰoŋ²²

【蔓菁】mæ²⁴tɕiəŋ²²

【油蔓菁】iʌu²⁴mæ²⁴tɕiəŋ²² 油菜的根部。冬天种植，春天开花，主要用来榨油。

　【冬油菜】toŋ²²iʌu²⁴tsʰɛ⁵³

【伏油菜】fəʔ⁵³iʌu²⁴tsʰɛ⁵³ 夏天种植的一种油料作物。

【洋葱】iɑ̃²⁴tsʰoŋ²²

【葱胡】tsʰoŋ²²xu²⁴ 葱须。

【葱白】tsʰoŋ²²pɑʔ⁵³

【蒜】suæ⁵³

【蒜泥】suæ⁵³ni²⁴

【独圪朵蒜】tu⁵³kəʔ²²tuɣ²¹suæ⁵³ 独头蒜。

【小蒜】ɕio²¹suæ⁵³ 一种野生的蒜。俗语："春吃圪朵秋吃叶小蒜。"

【芥】ɕiE⁵³ 草本植物，芥菜的食料来源。

【芥菜】tɕiE⁵³tsʰE⁵³ 由芥的根、经和叶腌制而成。

【芥疙瘩】tɕiE⁵³kəʔ²²tɑʔ²² 专指芥菜的根部。

【芫荽】ie²⁴sE²²

（8）野菜

【灰菇】xuɛ²²ku²² 野蘑菇的一种。八九月下雨后，多长在山上松柏树底下
　　　　背阴处，可食用。

【灰菜】xuɛ²²tsʰE⁵³ 一种野菜。

【沙盘】ʂɑ²²pʰæ²⁴ 一种野菜。

【配菜】pʰɛ⁵³tsʰE⁵³ 佐餐的菜。

【灰菜菜】xuɛ²²tsʰE⁵³tsʰE⁰ 一种野菜。

【玉谷苗】yəʔ²²kuəʔ²²mio²⁴ 野菜，叶子能吃。

【龙盘芽】loŋ²⁴pæ²⁴iɒ²⁴ 一种野菜。

【榆圪钱】y²⁴kəʔ²²tsʰe²⁴ 榆钱，是榆树的种子。

【曲曲菜】cʰyəʔ²²cʰyəʔ²²tsʰE⁵³ 一种野菜。

【刺荆】tsʰʅ⁵³cʰiəŋ²² 一种野菜。

【麻子菜】mɒ²⁴tsʅ²¹tsʰE⁵³ 一种野菜。

【打碗花】tɒ²¹væ²¹xɒ²² 一种野菜。

【山韭菜】ʂæ²²ɕiʌu²⁴tsʰE⁵³ 野生韭菜，生长在山上。

【马齿菜】mɒ²⁴tʂʰʅ²¹tsʰE⁵³ 一种野菜。

【小杨叶】ɕio²¹iã²⁴iɑʔ²² 泡几天才可以吃的一种野菜。

【百豆叶】pɑʔ²²tʌu⁵³iɑʔ²² 一种野菜。

【白麻叶】pɑʔ⁵³mɒ²⁴iɑʔ²² 大麻、蓖麻的叶子。

【柿子叶】ʂʅ⁵³tsʅ²¹iɑʔ²² 柿子树的叶子，可以食用。

【榆皮】y²⁴pʰi²⁴ 榆树皮。

【菪蛋】cyəŋ²²tæ⁵³ 一种甜菜。

【浆水菜】tɕiã²⁴ʂɛ²¹tsʰE⁵³ 酸菜。

【黑菜】xɑʔ²²tsʰE⁵³ 一种野菜。

【小缸菜】ɕio²¹kã²²tsʰE⁵³ 用豆叶、白麻叶腌制而成的菜。

【肉桂】zʌu⁵³kuɛ⁵³ 一种野菜。

【根根】kɛ²²kɛ⁰ 蒲公英的叶子。蒲公英在 3 至 5 月份时叶子当菜吃，根用
　　　来泡水喝可以下火。

【扫帚苗】so⁵³tʂu²¹mio²⁴ 一种野菜，也可以用来做扫地的扫帚。

【面条菜】me⁵³tʰio²⁴tsʰE⁵³

【臭冠叶】tʂʰʌu⁵³kuæ⁵³iɑʔ²²

【人汉苗】zəŋ²⁴xæ⁵³mio²⁴

【酸酸草】suæ²²suæ⁰tsʰo²¹

【地圪圝】ti²¹kəʔ²²luæ²¹

（9）油盐作料

【花椒】xɒ²²tɕio²²

【豆瓣酱】tʌu⁵³pæ⁵³tɕiã⁵³

【香菇酱】ɕiã²²ku²²tɕiã⁵³

【黑酱】xɑʔ²²tɕiã⁵³ 家中自制的酱。

【小茴香】ɕio²¹xuɛ²⁴ɕiã²² 常用的调料，是烧鱼炖肉、制作卤制食品时的必
　　　用之品。

【大茴香】tɒ⁵³xuɛ²⁴ɕiã²² 常用的调料。

【芝麻油】tʂʅ²²mɒ²⁴iʌu²⁴ 又叫"香油"。

【花生油】xɒ²²ʂɛ²²iʌu²⁴

【蓖麻油】pɛ²²mɒ²⁴iʌu²⁴ 蓖麻的成熟种子经榨取并精制得到的脂肪油。

【花子油】xɒ²²tsʅ²¹iʌu²⁴ 棉花籽榨的油。

【豆油】tʌu⁵³iʌu²⁴ 大豆炸成的油。

【芥末油】tɕiɛ⁵³məʔ²²iʌu²⁴

【辣椒面】laʔ²²ciəʔ²²me⁵³

【胡椒】xu²⁴ciəʔ²²

【黑盐】xɑʔ²²ie²⁴ 大块盐。

【疙瘩盐】kəʔ²²tɑʔ²²ie²⁴ 大块盐。

【盐面】ie²⁴me⁵³ 细盐。

【冰糖】piəŋ²²tʰã²⁴ 水果糖。

【白冰糖】pɛ²⁴piəŋ²²tʰã²⁴ 冰糖。

【白糖】pɑʔ⁵³tʰã²⁴

【红糖】xoŋ²⁴tʰã²⁴

【砂糖】ʂɒ²²tʰã²⁴

【绵糖】me²⁴tʰã²⁴

【芝麻糖】tʂʅ²²mɒ²⁴tʰã²⁴

【裕锅糖】y⁵³kuɣ²²tʰã²⁴ 麻糖的一种，空心的。

【棍棍糖】kuɛ⁵³kuɛ⁰tʰã²⁴ 实心的糖，不沾芝麻。

【糖稀】tʰã²⁴ɕi²² 甜菜、玉米熬成的甜的糊状物。

【料酒】lio⁵³tɕiʌu²¹

（10）烟酒茶

【烟袋】ie²²tɛ⁵³ 抽烟的工具。

【烟布袋】ie²²pəʔ²²tɛ⁵³ 烟斗下面挂的以供装烟丝的袋子。

【小烟】ɕio²¹ie²² 一种烟叶子，用油炒熟后抽。

【烟叶】ie²²iɑʔ²²

【旱烟】xæ⁵³ie²² 自己用烟叶制成的用烟袋抽的烟。

【烟杆】ie²²kæ²¹

【烟嘴】ie²²tsɛ²¹

【烟斗】ie²²tʌu²¹

【水烟】ʂɛ²¹ie²²

【纸烟】tʂʅ²¹ie²²

【烟油】ie²²iʌu²⁴ 长时间使用后烟斗里的残留物。

【烟灰】ie²²xuɛ²²

【火石】xuɤ²¹ʂəʔ⁵³ 用来取火的石头，后来指放在打火机中的火石。

【草纸】tsʰo²¹tʂʅ²¹ 专指包烟丝的纸。

【葡萄酒】pʰu²⁴tʰo²⁴tɕiʌu²¹ 葡萄酿成的酒。

【山楂酒】ʂæ²²tʂɒ²²tɕiʌu²¹ 以山楂为主要原料，用浸泡原酒和发酵原酒配
　　　　　　制而成的一种低度果酒。

【红果酒】xoŋ²⁴kuɤ²¹tɕiʌu²¹

10.亲属民俗语汇

（1）长辈

【老祖先】lo²¹tʂu²¹se²²

【老祖宗】lo²¹tʂu²¹tsoŋ²²

【老爷爷】lo²¹ia²⁴ia⁰ 曾祖父。

【老婆婆】lo²¹pʰa²⁴pʰa⁰ 曾祖母。

【老奶奶】lo²⁴nɛ²¹nɛ⁰ 曾外祖母。

【老外公】lo²⁴vɛ⁵³koŋ²² 曾外祖父。

【太老爷】tʰɛ⁵³lo²¹ia⁰ 曾外祖父的爸爸。

【老姑】lo²¹ku²²

【老姑父】lo²¹ku²²fu⁵³

【老姨】lo²¹i²⁴

【老姨夫】lo²¹i²⁴fu⁵³

【爷爷】ia²⁴ia⁰

【大爷爷】tɒ⁵³ia²⁴ia⁰ 爷爷的哥哥。

【小爷爷】ɕio²¹ia²⁴ia⁰ 爷爷的弟弟。

【婆婆】pʰa²⁴pʰa⁰ 奶奶。

【大婆婆】tɒ⁵³pʰa²⁴pʰa⁰ 大爷爷的媳妇。

【小婆婆】ɕio²¹pʰa²⁴pʰa⁰ 小爷爷的媳妇。

【姥姥】lo²¹lo⁰ 外婆。

【外公】vɛ⁵³koŋ²²

【大】tɒ⁵³ ①自己的父亲。②面称丈夫的父亲。

【妈】mɒ²² ①自己的母亲。②面称丈夫的母亲。

【娘】niɑ̃²⁴ 哭丧时对死去的母亲的称谓。

【爹】tiɛ²² 哭丧时对死去的父亲的称谓。

【老子】$lo^{21}tsɿ^0$ 责备子女时父亲自称。

【伯伯】$pa^{53}pa^0$ 伯父。

【大伯伯】$tɒ^{53}pa^{53}pa^0$ 大伯父。

【小伯伯】$ɕio^{21}pa^{53}pa^0$ 小伯父。

【大大】$tɒ^{24}tɒ^0$ ①叔叔的统称。②指大叔叔。

【小大】$ɕio^{21}tɒ^{24}$ 小叔叔。

【娘娘】$niã^{24}niã^0$ ①伯母。②女婿面称丈母娘的称谓。

【大娘】$tɒ^{53}niã^{24}$ 大伯母。

【小娘】$ɕio^{21}niã^{24}$ 小伯母。

【婶婶】$ʂəŋ^{21}ʂəŋ^0$ ①叔叔配偶的统称。②大婶婶。③女婿面称丈母娘的称谓。

【小婶婶】$ɕio^{21}ʂəŋ^{21}ʂəŋ^0$

【姑姑】$ku^{22}ku^0$

【大姑】$tɒ^{53}ku^{22}$

【小姑】$ɕio^{21}ku^{22}$

【姨姨】$i^{24}i^0$ ①对母亲姐妹的称谓。②对继母的称谓。以亲生母亲为标准，比亲生母亲大的称"娘娘"，比亲生母亲小的称"婶婶"，不管年龄大小叫"姨姨"。

【大姨姨】$tɒ^{53}i^{24}i^0$

【小姨姨】$ɕio^{21}i^{24}i^0$

【舅舅】$ciʌu^{53}ciʌu^0$

【妗妗】$ciəŋ^{53}ciəŋ^0$

【公公】$koŋ^{22}koŋ^0$ 背称丈夫的父亲。

【婆】$p^hɤ^{24}$ 背称丈夫的母亲。

【叔】$ʂu^{53}$ 面称妻子的爸爸，现在也面称"爸爸"。

【老丈人】$lo^{21}tʂã^{53}zəŋ^{24}$ 背称妻子的父亲。

【老丈母】$lo^{21}tʂã^{53}m̩^{21}$ 背称妻子的母亲。

【爸爸】pɒ⁵³pɒ⁰ 对继父的称呼，以亲生父亲为标准、比亲生父亲大的称"爸爸"，比亲生父亲小的称"叔"。

（2）平辈

【老汉】lo²¹xæ⁵³ 丈夫。

【汉】xæ⁵³

【头里汉】tʰʌu²⁴li²¹xæ⁵³ 前夫。

【后地的老汉】xʌu⁵³ti⁵³təʔ⁰lo²¹xæ⁵³ 再嫁的现任丈夫。

【老婆】lo²¹pʰɤ²⁴ 媳妇。

【我屋人】va²¹vəʔ²²zən²⁴ 年长男子对妻子的称呼。

　　【我家里】va²¹ciɒ²²li²¹

【头里老婆】tʰʌu²⁴li²¹lo²¹pʰɤ²⁴ 前妻。

【后地里的老婆】xʌu⁵³ti⁵³liʔ⁰təʔ⁰lo²¹pʰɤ²⁴ 再娶的现任妻子。

【兄弟】ɕyən²²ti⁵³

　　【弟兄】ti⁵³ɕyən²²

【弟】ti⁵³

【哥哥】kaʔ²²kaʔ⁰

【嫂】so²¹

【兄弟媳妇】ɕyən²²ti⁵³ɕiəʔ⁵³fu²⁴

【姐姐】tɕia²⁴tɕia⁰

【姐夫】tɕia²⁴fu²²

【妹妹】mɛ⁵³mɛ⁰

【姊妹】tsʅ²¹mɛ⁵³

【妹夫】mɛ⁵³fu²²

【亲叔伯弟兄】tɕʰiən²²ʂu⁵³pa⁵³ti⁵³ɕyən²² 堂兄弟。

【亲叔伯姊妹】tɕʰiən²²ʂu⁵³pa⁵³tsʅ²¹mɛ⁵³ 堂姊妹。

【隔山弟兄】kaʔ²²ʂæ²²ti⁵³ɕyən²² 同母异父兄弟。

【表兄】pio²¹ɕyən²²

【表弟】pio²¹ti⁵³

【表姊妹】pio²¹tsʅ²¹mɛ⁵³

【姨兄】i²⁴ɕyəŋ²²

【姨弟】i²⁴ti⁵³

【姨姊妹】i²⁴tsʅ²¹mɛ⁵³

【实哥】ʂəʔ⁵³kɑʔ²² 大舅哥。

【大兄哥】ta⁵³ɕyəŋ²²kɑʔ²²

【小舅】ɕio²¹ciʌu⁵³ 小舅子。

【大姨】tɒ⁵³i²⁴ 大姨子。

【小姨】ɕio²¹i²⁴ 小姨子。

【大伯】tɒ⁵³pa⁵³ 大伯子。

【小叔】ɕio²¹ʂu⁵³ 小叔子。

【大姑】tɒ⁵³ku²² 大姑子。

【小姑】ɕio²¹ku²² 小姑子。

【妯娌】tʂuəʔ²²li²¹

【连襟】le²⁴ciəŋ²²

　　【挑担】tʰio²¹tæ⁵³

【拜弟兄】pE⁵³ti⁵³ɕyəŋ²² 结拜弟兄。

【干弟兄】kæ²²ti⁵³ɕyəŋ²²

【亲家】tɕʰiəŋ⁵³ciɒ²² ①多指亲家公。②对亲家公亲家母的统称。

【亲家母】tɕʰiəŋ⁵³ciɒ²²m̩²¹

【两口俩】liɑ̃²¹kʌu²²lio²¹ 夫妻俩。

【弟兄俩】ti⁵³ɕyəŋ²²lio²¹

（3）晚辈

【孩家】xE²⁴ciɒ²² 儿子。

【闺女家】kuɛ²²ny²¹ciɒ²² 女儿。

【大孩】tɒ⁵³xE²⁴ 大儿子。

【小孩】çio²¹xE²⁴ 小儿子。

【大闺女】tɒ⁵³kuɛ²²ny²¹ 大女儿。

【小闺女】çio²¹kuɛ²²ny²¹ 小女儿。

【女婿】ny²²çy²¹

【儿媳妇】ər̩²⁴çiəʔ⁵³fəʔ²²

【侄儿】tʂəʔ⁵³ər̩²²

【侄儿媳妇】tʂəʔ⁵³ər̩²²çiəʔ⁵³fu²⁴

【妻侄儿】tɕʰi²²tʂəʔ⁵³ər̩²² 妻子的侄儿。

【妻侄女】tɕʰi²²tʂəʔ⁵³ny²¹ 妻子的侄女。

【外甥】vE⁵³ʂɛ²²

【小外甥】çio²¹vE⁵³ʂɛ²² 年龄小的外甥。

【外甥媳妇】vE⁵³ʂɛ²²çiəʔ⁵³fu²⁴

【外甥女婿】vE⁵³ʂɛ²²ny²²çy²¹

【孙】suɛ²² 孙子。

【孙媳妇】suɛ²²çiəʔ⁵³fu²⁴

【孙女】suɛ²²ny²¹

【孙女婿】suɛ²²ny²²çy²¹

【外孙】vE⁵³suɛ²²

【重孙】tʂʰoŋ²⁴suɛ²² ①重孙子和重孙女的统称。②专指重孙子。

【前夫的】tsʰe²⁴fu²²təʔ⁰ 前夫的小孩。

　　【随将来的】sɛ²⁴tɕiã²²lE²⁴təʔ⁰

　　【带过来的】tE⁵³kuɣ⁵³lE²⁴təʔ⁰

（4）其他

【本家】pɛ²¹ciɒ²²

【自家】tsɿ²¹ciɒ²² ①本家。②熟人间称彼此为自家人。

【亲戚】tɕʰiəŋ²²tɕʰiəʔ²² 指姑姑姨姨舅舅等，不包括叔叔伯伯。

【近亲】ciəŋ²¹tɕʰiəŋ²² 姑姑姨姨舅舅叔叔伯伯。

【远亲】ve²¹tɕʰiəŋ²²

【近门本家】ciəŋ⁵³mɛ²⁴pɛ²¹ciɒ²² 指不出五代的本家。

【远门本家】ve²¹mɛ²⁴pɛ²¹ciɒ²² 指出了五代的本家。

11.称谓民俗语汇

（1）一般称谓

【男的】næ²⁴tə?⁰

　　　【男人】næ²⁴zəŋ²⁴

【女的】ny²¹tə?⁰

　　　【女人】ny²¹zəŋ²⁴

【小闺女】ɕio²¹kuɛ²²ny²¹ 小女孩。

【小孩】ɕio²¹xɛ²⁴

【老汉】lo²¹xæ⁵³ 老头。

【老婆】lo²¹pʰɤ²⁴ 老婆婆。

【小伙】ɕio²¹xuɤ²¹ 小伙子。

【城儿喽人】tʂʰəŋ²⁴əʅ²²lʌu²¹zəŋ²⁴ 城里头的人。

【农村人】noŋ²⁴tsʰuɛ²²zəŋ²⁴

【老实疙瘩】lo²¹ʂə?²²kə?²²tɑ?²² 老实人。

【外地人】vɛ⁵³ti⁵³zəŋ²⁴

【草灰】tsʰo²¹xuɛ²² 对外地人的蔑称。

【本地人】pɛ²¹ti⁵³zəŋ²⁴

【外国人】vɛ⁵³kuə?²²zəŋ²⁴

【自己人】tsʅ²¹ci²¹zəŋ²⁴ ①自己家的人。②自己村的人。③和自己一伙的人。

【外人】vɛ⁵³zəŋ²⁴

【客】kʰɑ?²² 客人。

【内行】nɛ⁵³xã²⁴

【外行】vɛ⁵³xã²⁴

【七成】tɕʰiə?²²tʂʰəŋ²⁴ 秉性不好，说话办事冒失的人。

【憨】xæ²² 傻子。

【憨憨】xæ²²xæ²²

【寡妇】kɒ²¹fu²⁴

【傃汉】kʰɒ⁵³xæ⁵³ 娶过妻的光棍。

【光棍】kuɑ̃²²kuɛ⁵³

【老姑娘】lo²¹ku²²niɑ̃²⁴

【童养媳】tʰoŋ²⁴iɑ̃²¹ɕiəʔ⁵³

【二婚】əʅ⁵³xuɛ²² 第二次结婚男女的统称。

【私生子】sʅ²²ʂɛ²²tsʅ²¹

【犯人】fæ⁵³zʑəŋ²⁴

【小偷】ɕio²¹tʰʌu²²

【三只手】sæ²²tʂʅ²²ʂʌu²¹ 小偷的别名。

【贼汉】tsɛ²⁴xæ⁵³ 贼。

【骗子】pʰe⁵³tsʅ²¹

【败家子】pE⁵³ɕiɒ²²tsʅ²¹

【要饭的】io⁵³fæ⁵³təʔ⁰ 乞丐。

【暴发户】po⁵³faʔ²²xu⁵³

【圪几鬼】kəʔ²²ci²²kuɛ²¹ 小气鬼。

【小圪几】ɕio²¹kəʔ²²ci²²

【流氓】liʌu²⁴mɑ̃²⁴

【土匪】tʰu²¹fɛ²¹

【强盗】cʰiɑ̃²⁴to⁵³

【里迷缝】li²¹mi²⁴foŋ²¹ 指财迷的人。

【扫帚星】so⁵³tʂu²¹ɕiəŋ²² 指不祥的女人。

【白虎星】pɑʔ⁵³xu²¹ɕiəŋ²²

【急性】ciəʔ²²ɕiəŋ⁵³ 指急性子的人。

【吃嘴货】tʂʰəʔ²²tsɛ²¹xuɣ⁵³ 指贪吃、嘴馋的人。

【狗日的】kʌu²¹zɑʔ²²təʔ⁰ 对人的詈称。

【贱货】tse⁵³xuɣ⁵³ 指不知羞耻的女人。

（2）职业称谓

【油匠】iʌu²⁴tɕiɑ̃⁵³

【铜匠】tʰoŋ²⁴tɕiɑ̃⁵³

【银匠】iəŋ²⁴tɕiɑ̃⁵³

【铁匠】tʰiɑʔ²²tɕiɑ̃⁵³

【木匠】məʔ⁵³tɕiɑ̃²¹ 既会做木工活也会盖房子的人，包括一般意义上的木
匠和泥瓦匠。

【裁缝】tsʰE²⁴foŋ²⁴ 当地人有"长木匠，短铁匠，裁缝不够圪撅上"的说法。

【做买卖的】tsuəʔ²²mE²¹mE⁵³təʔ⁰ 商人。

　　　【做生意的】tsuəʔ²²ʂəŋ²²i⁵³təʔ⁰

【卖货的】mE⁵³xuɣ²¹təʔ⁰ ①售货员。②做小生意的人。

【站柜的】tʂæ⁵³kuɛ⁵³təʔ⁰ 售货员。

【工人】koŋ²²zəŋ²⁴

【临时工】liəŋ²⁴ʂʅ²⁴koŋ²²

【正式工】tʂəŋ⁵³ʂʅ⁵³koŋ²²

【雇工】ku⁵³koŋ²²

【长工】tʂʰɑ̃²⁴koŋ²²

【短工】tuæ²¹koŋ²²

【农民】noŋ²⁴miəŋ²⁴

【佃农】te⁵³noŋ²⁴

【老板】lo²¹pæ²¹

【老板娘】lo²¹pæ²¹niɑ̃²⁴

【管家】kuæ²¹ciɒ²²

【伙计】xuɣ²¹ci⁵³

【师傅】ʂʅ²²fu⁵³

【师爷】ʂʅ²²ia²⁴

【师娘】ʂɿ²²niɑ̃²⁴ ①师傅的配偶。②男老师的配偶。

【徒弟】tʰu²⁴ti⁵³

【学徒】ɕiə⁵³tʰu²⁴

【先生】se²²ʂɛ²² ①老师。②医生。

【学生】ɕiəʔ⁵³ʂɛ²²

【同学】tʰoŋ²⁴ɕiəʔ⁵³

【当兵的】tɑ̃²²piəŋ²²təʔ⁰ 士兵。

【警察】ciəŋ²¹tʂʰɑʔ²²

【司机】sɿ²²ci²²

【大夫】tᴇ⁵³fu²²

【手艺人】ʂʌu²¹i⁵³zəŋ²⁴

【圪漏锅的】kəʔ²²lʌu⁵³kuɤ²²təʔ⁰ 补锅的手艺人。

【扎猪的】tʂɑʔ²²tʂu²²təʔ⁰ 阉割猪的手艺人。

【王八鼓尚】vɑ̃²⁴pɑʔ²²ku²¹ʂɑ̃²¹ 地方上吹吹打打奏乐的民间艺人。

【烧窑的】ʂo²²io²⁴təʔ⁰ 烧砖的师傅。

【下井的】ɕiɒ⁵³tɕiəŋ²¹təʔ⁰ 煤矿工人。

【井下工】tɕiəŋ²¹ɕiɒ⁵³koŋ²² 在地下作业的煤矿工人。

【井上工】tɕiəŋ²¹ʂɑ̃⁵³koŋ²² 在地上作业的煤矿工人。

【压花的】iɑʔ²²xɒ²²təʔ⁰ 把籽棉加工成皮棉的人。

【弹花的】tʰæ²⁴xɒ²²təʔ⁰ 弹棉花的师傅。

【剃头的】tʰi⁵³tʰʌu²⁴təʔ⁰ 理发师傅。

【烫头的】tʰɑ̃⁵³tʰʌu²⁴təʔ⁰ 特指烫发的发型师。

【合伙人】xɑʔ⁵³xuɤ²¹zəŋ²⁴

【寻羊的】ɕiəŋ²⁴iɑ̃²⁴təʔ⁰ 农业社时，专门管放羊的人，相当于队长。

【放羊的】fɑ̃⁵³iɑ̃²⁴təʔ⁰ 牧羊人。

【奶妈】nᴇ²¹mɒ²²

【佣人】yoŋ⁵³zəŋ²⁴

【和尚】xuɤ²⁴ʂɑ̃⁵³

12.身体民俗语汇

（1）五官

【身体】ʂəŋ²²tʰi²¹

【身材】ʂəŋ²²tsʰE²⁴

【大个子】tɒ⁵³kɣ²¹tsʅ⁰

【高个子】ko²²kɣ²¹tsʅ⁰

【小个子】ɕio²¹kɣ²¹tsʅ⁰

【低个子】ti²²kɣ²¹tsʅ⁰

【圪脑】kəʔ²²no²¹ 脑袋。

【脑门顶】no²¹mE²⁴tiəŋ²¹ 头顶。

【后脑门】xʌu⁵³no²¹mE²⁴ 后脑勺。

【囟命】ɕiəŋ⁵³miəŋ⁵³ ①囟门。②额头。

【锛颅圪脑】poŋ²²lʌu²⁴kəʔ²²no²¹ 额头和脑后勺的统称。

【颧骨】kʰue²⁴kuəʔ²²

【太阳穴】tʰE⁵³iã²⁴ɕyɑʔ⁵³

【下巴】ɕiɒ⁵³pɒ²²

【头发】tʰʌu²⁴faʔ²²

【头皮】tʰʌu²⁴pʰi²⁴

【胡】xu²⁴ 胡子。

【络腮胡】luɑʔ²²sE²²xu²⁴

【黑记】xɑʔ²²ci⁵³

【红记】xoŋ²⁴ci⁵³

【猴】xʌu²⁴ 猴子。

【雀斑】tɕʰyɑʔ²²pæ²²

【鬼剃头】kue²¹tʰi⁵³tʰʌu²⁴ 医学上叫"斑秃"。

【鬓君】piəŋ⁵³cyəŋ²² 鬓角。

【头辫】tʰʌu²⁴pe⁵³ 辫子。

【厦眉头】ʂɒ⁵³mi²⁴tʰʌu²⁴ 刘海。

【脸圪蛋】le²¹kəʔ²²te⁵³ 脸蛋。

【笑靥圪坨】ɕio⁵³iɛ²²kəʔ²²tʰuɤ²² 酒窝。

【吃嘴圪窝】tʂʰəʔ²²tsɛ²¹kəʔ²²vɤ²² 后燕窝。

【人中】zəŋ²⁴tʂoŋ²²

【耳朵】ə˞l²¹tuɤ²¹

【耳朵垂】ə˞l²¹tuɤ²¹tʂʰuɛ²⁴

【耳朵圪窿】ə˞l²¹tuɤ²¹kəʔ²²loŋ²⁴

【耳蛹】ə˞l²¹yəŋ²¹ 耳垢。

【眉】mi²⁴

【眼眨毛】ie²¹tʂaʔ²²mo²⁴ 眼睫毛。

【眼】ie²¹

【瞳仁】tʰoŋ²⁴zəŋ²⁴

【白眼珠】paʔ⁵³ie²¹tʂu²² 眼珠的眼白部分。

【黑眼珠】xaʔ²²ie²¹tʂu²²

【眼角】ie²¹ciaʔ²²

【眼圈】ie²¹kʰue²²

【眼皮】ie²¹pʰi²⁴

【单眼皮】tæ²²ie²¹pʰi²⁴

【双眼皮】ʂuã²²ie²¹pʰi²⁴

【眉棱骨】mi²⁴lɛ²⁴kuəʔ²² 眉骨。

【眉眼】mi²⁴ie²¹

【鼻】pi⁵³

【鼻梁】pi⁵³liũ²⁴

【鼻圪蛋】pi⁵³kəʔ²²tæ⁵³ 鼻头。

【鼻圪窿】pi⁵³kəʔ²²loŋ²⁴ 鼻孔。

【鼻梁洼】pi⁵³liã²⁴vɒ²²

【蒜鼻】suæ⁵³pi⁵³

【鹰钩鼻】iəŋ²²kʌu²²pi⁵³

【齉齉鼻】nã²²nã²²pi⁵³ 指因生病等原因，说话鼻音很重的现象。

【嘴唇】tsɛ²¹tʂʰuɛ²⁴

【上嘴唇】ʂã⁵³tsɛ²¹tʂʰuɛ²⁴

【下嘴唇】ɕiɒ⁵³tsɛ²¹tʂʰuɛ²⁴

【颔流水】xæ²²liʌu²⁴ʂɛ²¹ 口水。

【唾沫】tʰuɤ⁵³mɑʔ²²

【舌尖】ʂəʔ⁵³tse²²

【舌根】ʂəʔ⁵³kɛ²²

【舌苔】ʂəʔ⁵³tʰE²⁴

【牙】iɒ²²

【门牙】mɛ²⁴iɒ²²

【老牙】lo²¹iɒ²² 臼齿。

【虎牙】xu²¹iɒ²²

【牙口】iɒ²²kʰʌu²¹

【牙花】iɒ²²xɒ²² 牙垢。

【牙圪荏】iɒ²⁴kəʔ²²zəŋ²⁴ 牙活了。

【牙痒的】iɒ²⁴iã²¹təʔ⁰ 牙酸倒了。

【泪】lɛ⁵³

【少白头】ʂo⁵³pɑʔ²²tʰʌu²⁴

【秃顶】tʰuəʔ²²tiəŋ²¹

【圪咙疙瘩】kəʔ²²loŋ²⁴kəʔ²²tɑʔ²² 喉结。

（2）手脚胸背

【手】ʂʌu²¹

【手背】ʂʌu²¹pɛ⁵³

【左手】tsuɣ²¹ʂʌu²¹

【反手】fæ²¹ʂʌu²¹

【右手】iʌu⁵³ʂʌu²¹

【正手】tʂəŋ²¹ʂʌu²¹

【小指头】ɕio²¹tʂʅ²¹tʰʌu²⁴

【二指头】ɚʅ⁵³tʂʅ²¹tʰʌu²⁴ 食指。

【大指头】tɒ⁵³tʂʅ²¹tʰʌu²⁴ 大拇指。

【指头圪节】tʂʅ²¹tʰʌu²⁴kə?²²tɕiɑ?²² 指头节。

【指甲盖】tʂʅ²¹ɕiɑ?²²kɛ⁵³

【指头肚】tʂʅ²¹tʰʌu²⁴tu⁵³

【指甲尖】tʂʅ²¹ɕiɑ?²²tse²²

【指甲根】tʂʅ²¹ɕiɑ?²²kɛ²²

【指头纹】tʂʅ²¹tʰʌu²⁴vɛ²²

【簸箕】pɣ⁵³cʰi²¹ 簸箕形的手指纹。

【圪劳】kə?²²lo²¹ 椭圆形的手指纹。当地俗语：“七圪劳，八簸箕，茶楼吃
     细米。”

【拳头】kʰue²⁴tʰʌu²⁴

【大腿肚】tɒ⁵³tʰɛ²¹tu⁵³

【腿廷骨】tʰɛ²¹tʰiəŋ²⁴kuə?²²

【连阴骨】le²⁴iəŋ²²kuə?²² 小腿前的骨头。

【懒筋】læ²¹ɕiəŋ²²

【拐骨】kuɛ²¹kuə?²²

【脚底板】ɕiɑ?²²ti²¹pæ²¹ 脚底。

【脚圪尖】ɕiɑ?²²kə?²²tse²²

【脚指头】ɕiɑ?²¹tʂʅ²¹tʰʌu²⁴

【老拇指头】lo²¹m²¹tʂʅ²¹tʰʌu²⁴ 脚上的大拇指。

【肚】tu⁵³

【大肚】tɒ⁵³tu²¹ 乳房以下小肚以上的身体部分。

【小肚】ɕio²¹tu²¹ 小腹。

【肚不脐】tu²¹pəʔ²²tɕʰi²⁴ 肚脐。

【脊背】tɕiəʔ²²pɛ⁵³

【脊梁骨】tɕiəʔ²²liã²⁴kuəʔ²² 脊梁。

【腰脊梁】io²²tɕiəʔ²²liã²⁴

【膀圪蛋】pã²¹kəʔ²²tæ⁵³ 肩膀。

【胳肢窝】kəʔ²²tʂʅ²²vɤ²²

【褪脚】ɕiəʔ²²ciaʔ²¹ 赤脚。

【石圪钉】ʂəʔ⁵³kəʔ²²tiəŋ²² 鸡眼。

【肋肢】laʔ²²tʂʅ²² 肋骨。

【圪膝盖】kəʔ²²tɕʰiəʔ²²kɛ⁵³ 膝盖骨。

【圪膝庐】kəʔ²²tɕʰiəʔ²²lu²⁴ 膝盖。

【拐骨疙瘩】kuɛ²¹ku²¹kəʔ²²taʔ²² 脚踝骨。

【奶奶】nɛ²⁴nɛ²⁴ 乳房。

【奶】nɛ²¹ 乳汁。

【屁股】pʰi⁵³ku²¹

【沟】kʌu²¹ 屁股沟。

【尾巴圪独】i²¹pɒ²²kəʔ²²tuəʔ²² 尾骨。

【鸡】ci²² 男阴。

【屄】pi²¹ 女阴。

【胳肘窝】kaʔ²²tʂʌu²¹vɤ²² 胳肢窝。

（3）其他

【圈】kʰue²² 头发形成的旋儿。

【割麦圈】kaʔ²²maʔ²²kʰue²² 头上逆时针旋转的旋。

【扭菜圈】niʌu²¹tsʰɛ⁵³kʰue²² 头上顺时针旋转的旋。

【双圈】ʂuã²² kʰue²² 头上的双旋儿。当地俗语："女孩双圈，置下庄园；
男孩双圈，卖房打圆圙。"

【三圈】sæ²²kʰue²² 头上的三个圈，比较少见。

【胸脯】ɕyəŋ²²pʰu²⁴

【汗毛】xæ⁵³mo²⁴

【心口】ɕiəŋ²²kʰʌu²¹

【心口窝】ɕiəŋ²²kʰʌu²¹vɤ²²

【骨头】kuəʔ²²tʰʌu²⁴

【筋】ciəŋ²²

【静脉】tɕiəŋ⁵³maʔ²²

【动脉】toŋ⁵³maʔ²²

【五脏】u²¹tsã⁵³

【心】ɕiəŋ²²

【肝】kæ²²

【脾】pʰi²¹

【胃】vɛ⁵³

【肺】fɛ⁵³

【肾】ʂəŋ⁵³

【肠】tʂʰã²⁴

【大肠】tɒ⁵³tʂʰã²⁴

【小肠】ɕio²¹tʂʰã²⁴

【盲肠】mã²⁴tʂʰã²⁴

13.服饰民俗语汇

（1）服装

【绸缎】tʂʰʌu²⁴tuæ⁵³ 绸子和缎子的总称。

【绸】tʂʰʌu²⁴ 一种薄而软的丝织品。

【缎】tuæ⁵³ 一种比较厚的正面光滑且有光泽的丝织品。

【布】pu²¹

【油布】iʌu²⁴pu²¹ 土布过油后做成的布，可以防水。

【小布】ɕio²⁴pu²¹ 自家织的布。也有人叫粗布。

　　【粗布】tʂʰu²²pu⁵³

【洋布】iɑ̃²²pu⁵³ 买来的机器织的布。

【帆布】fæ²⁴pu⁵³

【纱布】ʂɒ²²pu⁵³ 一种经纬稀疏的棉织品。

【灯芯绒】tɛ²²ɕiəŋ²²ʐoŋ²⁴

【哔叽】piəʔ²²ci²²

【毛哔叽】mo²⁴piəʔ²²ci²²

【卡】kʰɒ²¹ 涤卡。

【的确良】tiəʔ²²cʰyɑʔ²²liɑ̃²⁴

【劳动呢】lo²⁴toŋ⁵³ni²⁴

【羊毛】iɑ̃²⁴mo²⁴

【呢子】ni²⁴tsɿ²¹

【羊皮】iɑ̃²⁴pʰi²⁴ 用来做羊皮袄。

【羔皮】ko²²pʰi²⁴ 羊羔皮。

【狗皮】kʌu²¹pʰi²⁴ 用来做狗皮褥子。

【衣裳】i²²ʂɑ̃²²

【穿戴】tʂʰuæ²²tɛ⁵³ 衣帽的统称。

【制服】tʂʅ⁵³fə?²²

【小腰】ɕio²¹io²⁴ 棉衣。

【夹袄】ciɑ?²²ɣo²¹

【单衣裳】tæ²²i²²ʂɑ̃²² 薄上衣。

【棉袄】me²²ɣo²¹

【布衫】pu⁵³ʂæ²²

【衬衣】tʂʰɛ⁵³i²² 长袖衬衫。

【半袖衬衣】pæ⁵³ɕiʌu⁵³tʂʰɛ⁵³i²²

【半袖圪劳】pæ⁵³ɕiʌu⁵³kə?²²lo²¹ 半袖的上衣。

【汗衫】xæ⁵³ʂæ²²

【兜肚】tʌu²²tu⁵³

【皮袄】pʰi²⁴ɣo²¹

【衫】ʂæ²² 外衣。

【背心】pɛ⁵³ɕiəŋ²²

【二股筋】əʅ⁵³ku²¹ciəŋ²² 窄带背心。

【坎肩】kʰæ²¹tse²²

【马褂】mɒ²¹kɒ⁵³ 长褂。

【裤叉】kʰu⁵³tʂʰɒ²¹

【装裤】tʂuɑ̃⁵³kʰu⁵³ 棉裤。

【单裤】tæ²²kʰu⁵³

【连袜裤】le²⁴vɒ²²kʰu⁵³ 小孩穿的连袜的裤子。

【开裆裤】kʰᴇ²²tɑ̃²¹kʰu⁵³

【裙】cʰyəŋ²⁴

【连衣裙】le²⁴i²²cʰyəŋ²⁴

【短裙】tuæ²¹cʰyəŋ²⁴

【长裙】tʂʰɑ̃²⁴cʰyəŋ²⁴ 下半身的过膝裙。

【秋衣】tɕʰiʌu²²i²²

【秋裤】tɕʰiʌu²²kʰu⁵³

【马裤】mɒ²¹kʰu⁵³ 女人穿的过膝短裤。

【半圪截裤】pæ⁵³kəʔ²²tɕiɑʔ²²kʰu⁵³ 男的穿的短裤。

【里布】li²¹pu⁵³ 衣服里的那层衬布。

【衬布】tʂʰɛ⁵³pu⁵³ 衣服里压边的硬布。

【布袋】pu⁵³tɛ⁵³ 口袋。

【布袋盖】pu⁵³tɛ⁵³kɛ⁵³

【边】pe²²

【领】liəŋ²¹

【对襟】tuɛ⁵³ciəŋ²²

【偏襟】pʰe²²ciəŋ²²

【前襟】tsʰe²⁴ciəŋ²²

【后襟】xʌu⁵³ciəŋ²²

【领口】liəŋ²¹kʰʌu²¹

【袖】çiʌu⁵³

【扣】kʰʌu⁵³

【扣圪窿】kʰʌu⁵³kəʔ²²loŋ²¹ 扣眼。

【扣（面）疙瘩】kʰʌu⁵³（me⁵³）kəʔ²²tɑʔ²² 盘扣的扣坨。

【扣圐圙】kʰʌu⁵³ku²²lue²¹ 盘扣的扣带。

【裤腰】kʰu⁵³io²²

【裤裆】kʰu⁵³tã²¹

【裤腿】kʰu⁵³tʰɛ²¹

【裤口】kʰu⁵³kʰʌu²¹

【裤边】kʰu⁵³pe²²

【打腿带】tɒ²¹tʰɛ²¹tɛ⁵³

【裤钩】kʰu⁵³kʌu²²

【裤扣】kʰu⁵³kʰʌu⁵³

【裤带】kʰu⁵³tɛ⁵³

【勒腰带】ləʔ²²io²²tɛ⁵³ 布条做的裤带。

（2）鞋帽

【沿边】ie²⁴pe²² 做布鞋时给鞋面包边。

【鞋帮】ɕiɛ²⁴pã²² 鞋面。

【离帮】li²⁴pã²² 鞋面与鞋底磨开了。

【鞋底】ɕiɛ²⁴ti²¹

【鞋溜】ɕiɛ²⁴liAu²¹ 鞋拔子。

【不靸鞋】pəʔ²²ʂɒ²²ɕiɛ²⁴ 把鞋后帮踩在脚后跟下。

【凉鞋】liã²⁴ɕiɛ²⁴

【方口鞋】fã²²kʰAu²¹ɕiɛ²⁴

【气鞋】cʰi⁵³ɕiɛ²⁴ 过去鞋面上打气眼的鞋，现通指系鞋带的鞋。

【暖鞋】nuæ²¹ɕiɛ²⁴ 棉鞋。

【鞋带】ɕiɛ²⁴tɛ⁵³

【裹脚布】kuɤ²¹ciɑʔ²²pu⁵³

【裹脚带】kuɤ²¹ciɑʔ²²tɛ⁵³

【袜】vɒ²²

【袜底】vɒ²²ti²¹

【袜鞀】vɒ²²io²²

【楦】ɕyɛ⁵³ 有鞋楦和袜楦两种。

【帽】mo⁵³

【帽不扇】mo⁵³pəʔ²²ʂe⁵³ 冒沿。

【麦尖帽】mɑʔ²²tse²²mo⁵³ 草帽。

【虎头帽】xu²¹tʰAu²⁴mo⁵³

【兵兵帽】piəŋ²²piəŋ⁰mo⁵³ 带沿的帽。

【猴猴帽】xʌu²⁴xAu⁰mo⁵³ 只能漏出眼睛的帽。

【火车头帽】xuɤ²¹tʂʰɤ²²tʰAu²⁴mo⁵³

【帽耳】mo⁵³ɚ̩²¹

【鸭舌帽】iɒ²²ʂəʔ⁵³mo⁵³

【暖耳帽】nuæ²¹ɚ̩²¹mo⁵³

【暖耳朵】nuæ²¹ɚ̩²¹tuɣ²¹ 耳套。

【对方】tuɛ⁵³fã²² 妇女头上戴的正方形头帕。

（3）**装饰品**

【镯】tʂuəʔ⁵³

【戒指】ciɛ⁵³tʂ̩²¹

【项链】xã⁵³le⁵³

【脚链】ciɑʔ²²le⁵³

【项圈】xã⁵³kʰue²² 旧时小孩脖子上戴的银质的装饰品。

【长命锁】tʂʰã²⁴miəŋ⁵³suɣ²¹

【簪】tsæ²²

【耳坠】ɚ̩²¹tʂuɛ⁵³

【怀表】xuɛ²⁴pio²¹

【手表】ʂʌu²¹pio²¹

【粉】fɛ²¹

【胭脂】ie²²tʂ̩²¹

【发卡】fɑʔ²²cʰiɒ²¹

【围脖】vɛ²⁴pɣ²⁴

（4）**其他**

【脖套】pɣ²⁴tʰo⁵³

【手套】ʂʌu²¹tʰo⁵³

【写字手套】ɕiɛ²¹tsɿ²¹ʂʌu²¹tʰo⁵³ 不带手指的手套。

【水裙】ʂɛ²¹cʰyəŋ²⁴ 围裙。

【扣针】kʰʌu⁵³tʂəŋ²² 别针。

【抠耳ʌ」】kʰʌu²⁴ɚ̩²¹ʂəʔ⁵³

【抠耳朵的】kʰʌu²²ɚ̩²¹tuɣ²¹tə?⁰

【垫垫】te⁵³te⁰ 椅子上放的小垫子。

【围嘴】vɛ²⁴tsɛ²¹ 类似于围裙，防止小孩吃饭掉衣服上。

　　【围圪嘴】vɛ²⁴kə?²²tsɛ²¹

【屎布】ʂɚ̩²¹pu⁵³ 屎布和尿布的总称。

【伞】sæ²¹ 雨伞。

【雨衣】y²¹i²²

【钟表】tʂoŋ²²pio²¹

【眼镜】ie²¹ciəŋ⁵³

14.疾病医疗民俗语汇

（1）一般用语

【难活】næ²⁴xuɑʔ⁵³ 得了绝症。

【病重啦】piəŋ⁵³tʂoŋ⁵³la⁰

【圪颤的】kəʔ²²tʂe⁵³təʔ⁰ 因冷而发抖。

【受兰凉啦】ʂʌu⁵³læ⁰liã²⁴la⁰

【咳嗽】kʰɑʔ²²sʌu⁵³

【中暑啦】tʂoŋ⁵³ʂu²¹la⁰

【出汗】tʂʰuəʔ²²xæ⁵³

【发汗】fɑʔ²²xæ⁵³

【抹药】mɑʔ²²iəʔ²²

【上药】ʂã⁵³iəʔ²²

【擦药】tsʰɒ²²iəʔ²²

【膏药】ko²²iəʔ²²

【贴膏药】tʰiɑʔ²²ko²²iəʔ²²

【不好的】pəʔ²²xo²¹təʔ⁰ 生病了。

【急性病】ciəʔ²²ɕiəŋ⁵³piəŋ⁵³

　　【急症】ciəʔ²²tʂəŋ⁵³

【好些啦】xo²¹ɕiE²²la⁰

【打嗝至】tɒ²¹kɤ²⁴tʂʅ⁵³ 受凉打嗝。

【中兰瘟疫啦】tʂoŋ⁵³læ⁰vɛ²²i⁵³la⁰ 得了传染病。

【下下火】ɕiɒ⁵³ɕiɒ⁵³xuɤ²¹ 败火。

【解解毒】ciE²¹ciE²¹tuəʔ⁵³ 清热解毒。也说"败败毒"或"败毒"。

　　【败败毒】pE⁵³pE⁵³tuəʔ⁵³

　　【败毒】pE⁵³tuəʔ⁵³

【拔牙】pɑʔ⁵³iŋ²⁴ 拔牙。

【先生】se²²ʂɛ²² 医生。

　　【大夫】tɛ⁵³fu²²

　　【医生】i²²ʂɛ²²

【赤脚医生】tʂʰəʔ²²ciɑʔ²²i²²ʂɛ²² 村里的医生。

【野医生】iɛ²¹i²²ʂɛ²² 到处游走看病的医生。

【扣脉】kʰʌu⁵³mɑʔ²² 号脉。

　　【号脉】xo⁵³mɑʔ²²

【本方】pɛ²¹fã²² 偏方。

【活血】xuɑʔ⁵³ɕiɑʔ²²

【顺气】ʂuɛ⁵³cʰi⁵³

【煎药】tse²²iəʔ²² 熬药。

【唤医生】xuæ⁵³i²²ʂɛ²² 请医生看病。

【开方】kʰɛ²²fã²²

【开药】kʰɛ²²iəʔ²²

【扎针】tʂɑʔ²²tʂəŋ²² 打针。

【圪捏圪捏】kəʔ²²niɑʔ²²kəʔ²²niɑʔ²² 推拿。

　　【推拿】tʰuɛ²²nɒ²⁴

【摇头疯】io²⁴tʰʌu²⁴foŋ²² 一直摇头停不下来。

【撅】ɕyəʔ²² 头疼发烧时揪额头中间一点肉。

【办罐】pæ²²kuæ⁵³ 拔火罐。

【引火】iəŋ²¹xuɤ²¹ 十指放血以泻火。

【割脾】kɑʔ²²pʰi²¹ 割虎口以促进消化。

【捶捶】tʂʰɛ²⁴tʂʰɛ⁰

　　【顿顿】tuɛ⁵³tuɛ⁰

【揉揉】z̩ʌu²⁴z̩ʌu⁰ 揉一揉。

【捣药罐】to²¹iəʔ²²kuæ⁵³ 捣药的罐子。

【捣药槽】to²¹iəʔ²²tsʰo²⁴ 捣药的容器。

【捻盆】ne²¹pɛ²⁴ 把药磨成粉末用的容器。

【滗药】pi⁵³iəʔ²² 从药锅中滗中药汤。

【丸药】væ²⁴iəʔ²²

【头遍药】tʰʌu²⁴pe⁵³iəʔ²² 第一遍煎的药。

【二遍药】əʅ⁵³pe⁵³iəʔ²² 第二遍煎的药。

【三遍药】sæ²²pe⁵³iəʔ²² 第三遍煎的药。

【片片药】pʰe⁵³pʰe⁰iəʔ²² 片状的药。

【面面药】me⁵³me⁰iəʔ²² 面状的药。

【水水药】ʂɛ²¹ʂɛ⁰iəʔ²² 液体状的药。

【冲剂】tʂʰoŋ²²tɕi⁵³ 颗粒状的药。

【药引】iəʔ²²iəŋ²¹ 药引子。

【药锅】iəʔ²²kuɣ²² 熬药的砂锅。

【煎药】tse²²iəʔ²²

【抓药】tʂɒ²²iəʔ²²

【配药】pʰɛ⁵³iəʔ²²

【药铺】iəʔ²²pʰu⁵³

（2）内科

【有火啦】iʌu²¹xuɣ²¹la⁰

【上火啦】ʂã⁵³xuɣ²¹la⁰

【伤风啦】ʂã²²foŋ²²la⁰

【感冒啦】kæ²¹mo⁵³la⁰

【散着啦】sæ⁵³tʂɤ²²la⁰ 感冒。

【跑茅】pʰo²¹mo²⁴ 拉肚子。

【圪斋痢啦】kəʔ²²tʂɛ²²li⁵³la⁰ 痢疾。

【拉痢疾】lɑʔ²²li⁵³tɕiəʔ²²

【痨病】lo²⁴piəŋ⁵³ 肺结核。

【吃不得病】tʂʰəʔ²²pəʔ²²təʔ⁰piəŋ⁵³ 食道癌。

【食道癌】ʂəʔ⁵³to⁵³ɣɛ²⁴

　　【贲门癌】pʰɛ²²mɛ²²ɣɛ²⁴ 食道癌。

　　【幽门癌】iʌu²¹mɛ²⁴ɣɛ²⁴ 食道癌。

【伤寒】ʂɑ̃²²xæ²⁴

【重感冒】tʂoŋ⁵³kæ²¹mo⁵³

【气管炎】cʰi⁵³kuæ²¹ie²⁴

【黄疸肝炎】xuɑ̃²⁴tæ²¹kæ²²ie²⁴

【出天花】tʂʰuəʔ²²tʰe²²xɒ²²

【害圪劳】xɛ⁵³kəʔ²²lo⁵³ 生天花。

　　【生圪劳】ʂɛ²²kəʔ²²lo⁵³

【种牛豆】tʂoŋ⁵³iʌu²⁴tʌu⁵³ 种天花。

【生糠啦】ʂɛ²²kʰɑ̃²²la⁰ 出麻疹。

【颗颗】kʰuɣ²²kʰuɣ⁰ 小疙瘩。

【霍乱】xuəʔ²²luæ⁵³

【汗病】xæ⁵³piəŋ⁵³ 瘟疫。

【疝气】ʂæ⁵³cʰi⁵³

【肿脖】tʂoŋ²¹pəʔ⁵³ 甲状腺肿大。

【烧的】ʂo²²təʔ⁰ 发烧。

【干哕】kæ²²ɣɑʔ²² 干呕。

【恶心的】ɣɑʔ²²ɕiəŋ²²təʔ⁰

【开胃】kʰɛ²²vɛ⁵³

【心口疼】ɕiəŋ²²kʰʌu²¹tʰɛ²⁴ 指胃疼。

【胃疼的】vɛ⁵³tʰɛ²⁴təʔ⁰

【顶住啦】tiəŋ²¹tʂu⁵³la⁰ 消化不了。

　　【不消化】pəʔ²²ɕio²²xɒ⁵³

【带脐风】tɛ⁵³tɕʰi²⁴foŋ²² 小孩得的病。

【烧心】ʂo²²ɕiəŋ²²

【呕的】ɣʌu²¹təʔ⁰

【肚疼的】tu⁵³tʰɛ²⁴təʔ⁰

【头晕眼黑的】tʰʌu²⁴yəŋ²²ie²¹xɑʔ²²təʔ⁰

【晕车】yəŋ²²tʂʰɣ²²

【圪脑疼的】kəʔ²²no²¹tʰɛ²⁴təʔ⁰ 头疼。

【吐啦】tʰu²¹la⁰

【肠干的】tʂʰɑ̃²⁴kæ²²təʔ⁰ 便秘。

【脱肛】tʰuɑʔ²²kɑ̃²²

【瘀血啦】y²²ɕiɑʔ²²la⁰

（3）外科

【煤烟啦】mɛ²⁴ie²²la⁰ 煤气中毒。

【半身不遂】pæ⁵³ʂɛ²²pəʔ²²sɛ²⁴ 瘫痪。

【瘫啦】tʰæ²²la⁰

【患脓啦】xuæ⁵³noŋ²⁴la⁰ 溃脓。

【生兰脓啦】ʂɛ²²læ⁰noŋ²⁴la⁰ 化脓。

【擦破皮啦】tsʰɑʔ²²pʰɣ⁵³pʰi²⁴la⁰

【痱子】fɛ⁵³tsɿ²¹

【蝇屎】iəŋ²⁴ʂɿ²¹ 脸上的雀斑。

【胎记】tʰE²²ɕi⁵³

【猴】xʌu²⁴

【土眼】tʰu²¹ie²¹ 黑痣。

【黄水疮】xuɑ̃²⁴ʂɛ²¹ʂuɑ̃²² 一种常见的化脓性皮肤病。

【害脓啦】xE⁵³noŋ²⁴la⁰ 化脓。

【害疔】xE⁵³tiəŋ²² 嘴上出疮或脓包。

【害疮啦】xE⁵³ʂuɑ̃²²la⁰

【生疮】ʂɛ²²ʂuɑ̃²²

【害疙瘩】xɛ⁵³kə?²²tɑ?²²

【牛皮癣】iʌu²⁴pʰi²⁴sue²¹

【钱癣】tsʰe²⁴sue²¹ 受真菌所感染的皮肤病，表现为一个个圆形的红色印。

【疥疮】 ciɛ⁵³ʂuɑ̃²² 皮肤病的一种。

【对口疮】tue⁵³kʰʌu²¹ʂuɑ̃²² 颈后对着嘴的地方长的疮。

【口疮】kʰʌu²¹ʂuɑ̃²² 嘴上出的疮。

【肛漏】kɑ̃²²lʌu⁵³

【狐臭气】xu²⁴tʂʰʌu⁵³cʰi⁵³ 狐臭。

【皱啦】tɕʰyəŋ²²la⁰ 皱裂。

【动手术】toŋ⁵³ʂʌu²¹ʂu⁵³

【开刀啦】kʰɛ²²to²²la⁰ 做手术。

【鸡皮疙瘩】ci²²pʰi²⁴kə?²²tɑ?²²

【疙瘩】kə?²²tɑ?²² 一般指瘤子。

【害兰一个瘤子】xɛ⁵³læ⁰iə?²²kə?²²liʌu²⁴tsʅ²¹ 长了一个瘤子。

【瘤子】liʌu²⁴tsʅ²¹

【定兰痂啦】tiəŋ⁵³læ⁰ciɒ²²la⁰ 结了痂了。

【迸啦】pɛ⁵³la⁰ 裂开口。

【脚迸啦】ciɑ?²²pɛ⁵³la⁰ 冬天因冷脚上裂口子。

【手迸啦】ʂʌu²¹pɛ⁵³la⁰ 冬天因冷手上裂口子。

【肿疖腮】tʂoŋ²¹tʂɒ⁵³se²¹ 腮腺炎。

　　【肿脖子】tʂoŋ²¹pɣɯ⁵³

【筋圪背】ciəŋ²²kə?²²pɛ⁵³ 腿脚抽筋。

【腿肚转啦】tʰɛ²⁴tu²¹tʂuæ⁵³la⁰ 腿抽筋。

【拽】tʂuɛ⁵³

【跌戳啦】tiɑ?²²tʂʰuɑ?²²la⁰ 脱臼。

　　【戳啦】tʂʰuɑ?²²la⁰

【崴啦】vɛ²²la⁰

【墩着啦】tuɛ²²tʂɤ²⁴la⁰ 重重地摔到地上。

【碰着啦】pʰəŋ⁵³tʂɤ²⁴la⁰

【磕着啦】kʰɑʔ²²tʂɤ²⁴la⁰

【害眼啦】xɛ⁵³ie²¹la⁰ 眼病。

　　【害眼病】xɛ⁵³ie²¹piəŋ⁵³

【眼疼】ie²¹tʰɛ²⁴ 眼睛疼。

【老花眼】lo²¹xɒ²²ie²¹

【青光眼】tɕʰiəŋ²²kuã²²ie²¹

【近视眼】ciəŋ⁵³ʂʅ⁵³ie²¹

【闪光眼】ʂe²¹kuã²²ie²¹ 看见东西在眼前闪。

【夜盲子】iɛ⁵³mã²⁴tsʅ²¹ 夜盲症。

【斗鸡眼】tʌu⁵³ci²²ie²¹

【肿眼泡】tʂoŋ²¹ie²¹pʰo⁵³

【独眼龙】tuəʔ⁵³ie²¹loŋ²⁴ 一只眼。

【七成眼】tɕʰiəʔ²²tʂʰəŋ²⁴ie²¹ 视力不好。

【斜光眼】ɕiɛ²⁴kuã²²ie²¹

【斜斜眼】ɕiɛ²⁴ɕiɛ²⁴ie²¹

【出嶡眼】tʂʰuəʔ²²cyəʔ⁵³ie²¹ 在眼皮上出了小疙瘩。

【斜眼】ɕiɛ²⁴ie²¹ 患斜视的眼睛。

【砂眼】ʂɒ²²ie²¹

【对光眼】tuɛ⁵³kuã²²ie²¹ 眼球突出的眼。

【耳聋】ɚ̌²¹loŋ²⁴

【耳背】ɚ̌²¹pɛ⁵³

　　【耳迟】ɚ̌²¹tʂʰʅ²⁴

【流铜】liʌu²⁴tʰoŋ²⁴ 耳朵流脓。

【红鼻圪带】xoŋ²⁴piəʔ²²kəʔ²²tɛ⁵³ 酒糟鼻。

【鹰钩鼻】iəŋ²²kʌu²²piəʔ²²

【圪咙岔啦】kəʔ²²loŋ²⁴tʂʰɒ⁵³la⁰ 嗓子哑了。

【卡住啦】cʰiɒ²⁴tʂu⁵³la⁰ 噎住了。

【吃岔劈啦】tʂʰəʔ²²tʂɒ⁵³pʰi²⁴laʔ 食物进入气管卡住了。

【口疮】kʰʌu²¹ʂuɑ̃²² 是发生在口腔黏膜上的溃疡。

【风火牙】foŋ²²xuɤ²¹iɒ²⁴ 上火引起的牙疼。

【虫吃牙】tʂʰoŋ²⁴tʂʰəʔ²²iɒ²⁴ 虫牙或蛀牙。

（4）残疾等

【瘸】tɕʰyɛ²⁴ 瘸子。

【哑巴】iɒ²¹pɒ²²

【聋】loŋ²⁴ 聋子。

【背锅】pɛ⁵³kuɤ²² 驼背。

【结舌】ciɑʔ²²ʂəʔ⁵³ 结巴。

【秃舌】tʰuəʔ²²ʂəʔ⁵³ 舌头短，说话不清。

【兔嘴】tʰu⁵³tsɛ²¹ 兔唇。

【豁豁牙】xuɑʔ²²xuɑʔ²²iɒ²⁴

【瞎】ɕiɑʔ²² 瞎子。

【六指】luəʔ²²tʂəʔ²²

【左不咧】tsuɤ²¹pəʔ²²liɑʔ²² 左撇子。

【羊羔疯】iɑ̃²⁴ko²²foŋ²² 癫痫。

【圪抽的】kəʔ²²tʂʰʌu⁵³təʔ⁰ 抽风。

15.天文民俗语汇

（1）日月星

【太阳】tʰɛ⁵³iɑ̃²⁴ 太阳。

【朝阳圪套】tʂʰo²⁴iɑ̃²⁴kəʔ²²tʰo⁵³ 太阳可以照到的地方，也叫"朝阳"。

【月明爷】yaʔ²²miəŋ²⁴iɑʔ²² 月亮。也叫"月明"。

【阴凉】iəŋ²²liɑ̃²⁴ 夏天树下太阳照不到的地方。

【向暖暖】ɕiɑ̃⁵³nuæ²¹nuæ⁰ 冬天太阳可以照到的地方。

【背阴】pɛ⁵³iəŋ²² 冬天房屋里太阳照不到的地方。

【星宿】ɕiəŋ²²ɕiʌu²¹ 星星。

【北斗星】pɛ²¹tʌu²¹ɕiəŋ²² 北斗七星。

【扫帚星】so⁵³tʂu²¹ɕiəŋ²² 彗星。

【明星】miəŋ²⁴ɕiəŋ²² 启明星。

【牛郎星】iʌu²⁴lɑ̃²⁴ɕiəŋ²²

【织女星】tʂʅ²²ny²¹ɕiəŋ²²

【天河】tʰe²²xɤ²⁴ 银河。

【日食】zɑʔ²²ʂəʔ⁵³

【月食】yaʔ²²ʂəʔ⁵³

（2）风云雷雨

【顺风】ʂuɛ⁵³foŋ²²。

【戗脸风】tɕʰiɑ̃²²le²¹foŋ²² 逆风。

　　【劈面风】pʰiəʔ²²me⁵³foŋ²²

【旋转风】sue²⁴tʂuæ²¹foŋ²² 又名旋风。

【起风】cʰi²¹foŋ²² 开始刮风。

【刮风】kuɑʔ²²foŋ²²

【狂风】kʰuɑ̃²⁴foŋ²²

【肃风啦】$\varsigma y\vartheta?^{22}fo\eta^{22}la^0$ 风停下来了。

【云】$y\vartheta\eta^{24}$

　　【云彩】$y\vartheta\eta^{24}ts^h\varepsilon^{21}$

【乌云】$u^{22}y\vartheta\eta^{24}$ 乌云。

【疙瘩云】$k\vartheta?^{22}t\alpha?^{22}y\vartheta\eta^{24}$ 下雨前的厚云。

【雷】$l\varepsilon^{24}$ 雷声。

【响雷】$\varsigma i\tilde{\alpha}^{21}l\varepsilon^{24}$ 打雷。

【圪雷闪电】$k\vartheta?^{22}l\varepsilon^{24}\mathcal{s}e^{21}te^{53}$ 打雷闪电。

【打闪】$t\upomega^{24}\mathcal{s}e^{21}$ 闪电。

【下出啦】$xi\upomega^{53}t\mathcal{s}^h u\vartheta?^{22}la^0$ 刮风并且风中带土。

【圪倾将来啦】$k\vartheta?^{22}t\varsigma^hi\vartheta\eta^{22}t\varsigma i\tilde{\alpha}^{21}l\varepsilon^{24}la^0$ 刚开始下零星小雨。

【淋雨啦】$li\vartheta\eta^{24}y^{21}la^0$

　　【雨淋啦】$y^{21}li\vartheta\eta^{24}la^0$

【毛毛雨】$mo^{24}mo^{24}y^{21}$

【清风细雨】$t\varsigma^hi\vartheta\eta^{22}fo\eta^{22}\varsigma i^{53}y^{21}$ 比较小的雨，没有雷。

【连阴雨】$l\varepsilon^{24}i\vartheta\eta^{22}y^{21}$ 连着下多天而不停的雨。

【圪雷雨】$k\vartheta?^{22}l\varepsilon^{24}y^{21}$ 一边下雨一边打雷。

【雷阵雨】$l\varepsilon^{24}t\mathcal{s}\vartheta\eta^{53}y^{21}$

【大雨】$t\upomega^{53}y^{21}$

【直流雨】$t\mathcal{s}\vartheta?^{22}li\Lambda u^{24}y^{21}$ 倾盆大雨。

【湿透啦】$\mathcal{s}\vartheta?^{22}t^h\Lambda u^{53}la^0$ 被雨淋湿的样子。

【洒兰个地皮】$s\upomega^{21}l\ae^0 k\vartheta?^{22}ti^{53}p^hi^{24}$ 雨下得时间很短：地皮刚湿就停了。

【虹】$t\varsigma i\tilde{\alpha}^{53}$

【出虹啦】$t\mathcal{s}^h u\vartheta?^{22}t\varsigma i\tilde{\alpha}^{53}la^0$ 出彩虹了。

【水洼】$\mathcal{s}\varepsilon^{24}v\upomega^{22}$ 因路面不平，下雨后积水形成的小水坑。

（3）冰雪霜露

【冷蛋】$l\varepsilon^{21}t\ae^{21}$ 冰雹。

【冻泥】toŋ²²ni²⁴ 冬天地上结的冰。

【冻泥几几】toŋ²²ni²⁴ci²²ci⁰ 即"冰凌"，指冬天房瓦上垂钓下来的冻住了的冰。

【冰桥】piəŋ²²cʰio²⁴ 冬天河里的水结成冰，上面可以走人，故名"冰桥"。

【冻泥圪磕】toŋ²²ni²⁴kəʔ²²tʂʰɒ²⁴ 碎了的冰。

【下雪】ɕiɒ⁵³ɕyɑʔ²²

【凌圪糁】liəŋ⁵³kəʔ²²sɛ²¹ 米粒状的雪。

【油皮凌】iʌu²⁴pʰi²⁴liəŋ²⁴ 米粒状的雪落到地上结冰，较滑。

【雪消啦】ɕyɑʔ²²ɕio²²la⁰

【下霜】ɕiɒ⁵³ʂuɑ̃²²

【霜打啦】ʂuɑ̃²²tɒ²¹la⁰ 庄稼被霜伤了。

【露水】lu⁵³sɛ²¹

【起雾啦】cʰi²¹u⁵³la⁰ 起雾。俗语："早雾晴，晚雾阴。"

【雾里山灰】u⁵³li⁵³sæ²²xuɛ²² 形容雾特别大。

【上冻】ʂɑ̃⁵³toŋ⁵³ 冬天地面结冰，地下面也因冷冻结。

　　【地冻】ti⁵³toŋ⁵³

（4）气候

【好天】xo²¹tʰe²² 天气好。

【晴开啦】tɕʰiəŋ²⁴kʰɛ²²la⁰ 晴天。

【阴住啦】iəŋ²²tʂu⁵³la⁰ 阴天。

【闷得人】mɛ⁵³təʔ⁰zɛ²⁴ 天气很热。

【冻得】toŋ⁵³təʔ⁰ 天气很冷。

【天晴得稀寡寡的】tʰe²²tɕʰiəŋ²⁴təʔ⁰ɕi²²kɒ²¹kɒ²¹təʔ⁰ 天上没有一丝云，形容天气特别好。

【天旱啦】tʰe²²xæ⁵³la⁰

【山高涨啦】sæ²²ko²²tʂɑ̃²¹la⁰ 河涨了。

【入伏】zuəʔ²²fəʔ⁵³ 指进入三伏天。

【数伏】ʂu²¹fəʔ⁵³

【头伏】tʰʌu²⁴fəʔ⁵³ 初伏。

【二伏】əɭ⁵³fəʔ⁵³ 中伏。

【三伏】sæ²²fəʔ⁵³ 末伏。

【出伏】tʂʰuəʔ²²fəʔ⁵³

16.时令时间民俗语汇

（1）季节和节气

【春季】tʂʰuɛ²²ci⁵³

【夏季】ɕiɒ⁵³ci⁵³

【秋季】tɕʰiᴀu²²ci⁵³

【冬季】toŋ²²ci⁵³

【秋忙】tɕʰiᴀu²²mã²⁴ 秋收季节。

【夏忙】ɕiɒ⁵³mã²⁴ 俗语："秋忙、夏忙，秀女下床。"

【打春】tɒ²¹tʂʰuɛ²² 立春。

【迎春】iəŋ²⁴tʂʰuɛ²² 立春的第一天。

【雨水】y²²ʂɛ²¹ 是二十四节气中第二个节气。

【惊蛰】ciəŋ²²tʂʅ²¹ 是二十四节气之第三个节气。

【春分】tʂʰuɛ²²fɛ²² 是春季九十天的中分点，二十四节气之一。

【清明】tɕʰiəŋ²²miəŋ²⁴ 清明前是春播的季节。俗语："二月清明花开败，三月清明花不开。"

【谷雨】kuəʔ²²y²¹ 当地在谷雨节气开始种植玉米。

【立夏】liəʔ²²ɕiɒ⁵³

【小满】ɕio²¹mæ²¹ 小满时节种二茬麦，麦地套种玉米。俗语："小满花，满把抓。"

【芒种】mã²⁴tʂoŋ⁵³

【夏至】ɕiɒ⁵³tʂʅ⁵³

【小暑】ɕio²¹ʂu²¹

【大暑】tɒ⁵³ʂu²¹

【处暑】tʂʰu⁵³ʂu²¹

【立秋】liəʔ²²tɕʰiᴀu²² 俗语："六月立秋，植晚不收，七月立秋，植晚都收。"

"立秋不出头，割了喂了牛。"

【白露】$pa?^{53}lu^{53}$ 俗语："白露前后种高山。"

【秋分】$t\varphi^hiau^{22}f\varepsilon^{22}$

【寒露】$xæ^{24}lu^{53}$

【霜降】$\underset{.}{s}u\tilde{a}^{22}ci\tilde{a}^{53}$

【立冬】$li\partial^{22}to\eta^{22}$ 俗语："天冻地不冻，有籽只管种。"

【小雪】$\varphi io^{21}\varphi ya?^{22}$

【大雪】$to^{53}\varphi ya?^{22}$

【冬至】$to\eta^{22}t\underset{.}{s}\underset{.}{1}^{53}$ 当地有吃饺子的习俗。俗语："冬至吃一扁_{扁食}，不冻耳朵廓。"

【小寒】$\varphi io^{21}xæ^{24}$

【大寒】$to^{53}xæ^{24}$

【数九】$\underset{.}{s}u^{21}ciau^{21}$ 中国传统记录时间的方式，从冬至开始每过九天记为一九，共记九九。当地有九九歌："一九二九不出手，三九四九冰上走，五九六九河边摆柳，七九河冻开，八九燕子来，九九耕牛遍地走。"

【大尽】$to^{53}t\varphi i\partial\eta^{31}$ 农历有 30 号的月份。

【小尽】$\varphi io^{21}t\varphi i\partial\eta^{31}$ 农历没有 30 号的月份。

【十冬腊月】$\underset{.}{s}\partial?^{22}to\eta^{22}lo^{24}ya?^{22}$ 指农历十月、十一冬月、十二月。

（2）节日

【过年】$ku\gamma^{53}ne^{24}$ 当地过年习俗：大年初一凌晨四五点在大门口放一个开门炮，家人梳洗整齐后给各路神仙：灶爷、财神爷、院神、门神、家堂爷、天地爷磕头作揖，放三个炮，再放鞭炮，然后在大门正对的院子中间点燃由柏枝堆的明火，寓意：日子红红火火，还有辟邪的作用。叫小孩起床时，用手轻柔小孩，但口中不能说话。吃完饺子后给本家的老人拜年。中午吃蒸馍和锅锅菜。下午串门去亲朋好友家聊天。晚上一般吃汤面或馍菜。三餐前要烧香拜祖，特别是中午。初一忌讳骂人。这一天买点东西比较好，寓意：财运开了。

【正月初一】tʂəŋ²²ya?²²tʂʰu²²iə?²²

【初二】tʂʰu²²ɚl⁵³ 当地习俗：到舅舅家串亲戚，去时带 8 个或 10 个黍米面的馍，在亲戚家头一顿吃饺子或拉面，二顿吃锅锅菜。回时对方给回两个形状为羊或狗的馍。

【初三】tʂʰu²²sæ²² 当地习俗：去岳父家，去时带 8 个或 10 个黍米面的馍，在亲戚家头一顿吃饺子或拉面，二顿吃锅锅菜。回时对方给回两个形状为羊或狗的馍。

【初四】tʂʰu²²sʅ⁵³ 当地习俗：去姑姑、姨姨家，去时带 8 个或 10 个黍米面的馍，在亲戚家头一顿吃饺子或拉面，二顿吃锅锅菜。回时对方给回两个形状为羊或狗的馍。

【初五】tʂʰu²²u²¹ 当地习俗：去老舅等远亲戚家。去时带 8 或 10 个黍米面的馍，在亲戚家头一顿吃饺子或拉面，二顿吃锅锅菜。回时对方给回两个形状为羊或狗的馍。

【破五】pʰɣ⁵³u²¹ 农历正月初五。从除夕至初五为春节，期间有许多规矩和禁忌，但到了初五，上述禁忌都打破了，称"破五"。当天早上要烧香，表示可以干活了。

【初六】tʂʰu²²liʌu⁵³

【正月十四】tʂəŋ²²ya?²²ʂə?²²sʅ⁵³ 当地习俗：喝茶。

【灯节】tɛ²¹tɕia?²² 即农历正月十五，这天会有闹红火，如耍灯、跑旱船、耍狮子、赶竹马、扭秧歌等活动。

【正月十六】tʂəŋ²²ya?²²ʂə?²²liʌu⁵³ 吃杂面杂根米其，打秋千。当地俗语："涩根拉拉病，打秋掉掉灾"。寓意：一年都不得病。另有俗语："正月十六吃扁食，也不咳嗽也不癣。"

【小添仓】ɕio²¹tʰe²²tsʰã²² 正月十九，小添仓，新媳妇必须回婆家，蒸添仓馍馍敬献神灵。

【大添仓】ta⁵³tʰe²²tsʰɑ̃²² 农历正月二十五，用添仓疙瘩—种面食祭祀关老爷。
当地俗语："早添仓，晚祭灶。"

　　【添仓节】tʰe²²tsʰɑ̃²²tɕiaʔ²²

【二月二】 əʅ⁵³yɑʔ²²əʅ⁵³ 当地习俗：早上吃揽当地特有饮食，吃前盛一碗放在
篮子里，由男孩挂到圪针带刺的一种植物上去，口中念道："二月
二，挂篮啦，蝎子出来没尾巴，老鼠出来没爪爪。"有"二月二，
龙抬头"的说法。这天中午吃扁食，煮揽揽（玉米、花生、软
豆、蔓菁在锅中煮后制成的甜食）。

【清明节】tɕʰiəŋ²²miəŋ²⁴tɕiaʔ²² 当地习俗：清明前十天任意一天，所有兄弟
一起带上烧纸、鬼洋和白纸剪的钱（一般有几个子女带几个纸
钱）去给老人上坟，并带上生面条、长根的白豆芽（寓意有后）。
到坟地后，烧2炷香，先献土地爷，然后放鞭炮，一起磕一个
头，再往每个坟堆上添3捧土。回时，所有去上坟人的两只耳
朵上挂小麦苗或树枝，快到家时扔掉即可。

【三月十二】sæ²²yɑʔ²²ʂə²²əʅ⁵³ 当地习俗：赶庙会，常有戏班子（现为剧
团）助兴。

【端午】tuæ²²u²¹ 当地习俗：这天早上在大门上插艾草，给十五六岁的小
孩带脖锁、香布袋，在耳、鼻、肚脐等地方抹雄黄酒。早上吃软
米粽、江米粽、黍米粽。俗语："端午不戴艾，死了变成怪。"

【缚粽】fəʔ⁵³tɕyəŋ⁵³ 包粽子。

【脖锁】pɤ²²suɤ²¹ 端午节时孩子们手腕、脚腕上带的由五色线编的绳子，
为了辟邪。小孩戴时男左女右，到数伏时才解下。

【香布袋】ɕiɑ̃²²pu⁵³tɛ⁵³ 端午节时孩子们脖子或衣服上戴的香囊，为了辟邪。

【端娃娃】tuæ²²vɒ²⁴vɒ⁰ 端午时小孩身上带的香囊，形状有蛤蟆、鱼、梭、
桃心等。为了辟邪。

【六月二十四】liʌu⁵³yɑʔ²²əʅ⁵³ʂə²²sʅ⁵³ 当地习俗：祭河神的节日。有"祭河
神，炕锅盔"的说法。这一天河神爷"展腰"，人们拿着锅

盔_{当地面食、形似大饼}在家中朝河神的方向祭拜，希望免遭水灾。

【七月十五】tɕʰiəʔ²²yɑʔ²²ʂəʔ²²u²¹ 农历的鬼节，上坟烧纸的日子。当地习俗：蒸羊状的馍馍，献山神爷，俗语："七月十五不蒸羊，把羊赶得喂了狼。"

【八月十五】pɑʔ²²yɑʔ²²ʂəʔ²²u²¹ 当地习俗：晚上将花生、苹果、柿子、月饼、煮毛豆豆等供品摆在院中的桌上，祭拜月明爷，而后家人围桌赏月。相关的农业谚语有："正月十五雪打灯，八月十五云遮月。"

【九月九】ciʌu²¹yɑʔ²²ciʌu²¹ 丰收的节日，当地习俗：吃油条、油糕等油炸品以庆祝丰收。有"九月九、家家有，哪家没有丈二斗"的说法。

【十月一】ʂəʔ²²yɑʔ²²iəʔ²² 农历十月初一，又称寒衣节，是上坟祭奠去世一周年以上亲人的日子。当地习俗：中午 12 点以前，到坟上贡献食物、香烛、纸钱等，除此之外，还有一种只有在十月一才用的贡品，即纸糊的衣、裤、鞋。把纸钱、衣、裤、鞋等全部烧掉，然后用土将灰围住，再在灰堆上洒点贡献的食物，最后在上面稍微撒点土盖住。离家远的女儿在十字路口烧纸祭祀。

【十月会】ʂəʔ²²yɑʔ²²xuɛ⁵³ 从十月一这天开始持续十天的庙会。现在称物资交流大会，有时延长到 12 天，往往有剧团唱戏助兴。

【十月十】ʂəʔ²²yɑʔ²²ʂəʔ²² 俗语："十月十，食扁食_{饺子}。"

【十一月三十】ʂəʔ²²iəʔ²²yɑʔ²²sæ²²ʂəʔ²² 当地习俗：吃炒炒。即玉米、花生炒着吃。

【冬至】toŋ²²tʂʅ⁵³ 这一天吃老瓜稀粥和扁食。

【腊八】lɑʔ²²pɑʔ²² 当地习俗：这天家家户户早上吃由软米、豆子、花生、红薯、柿子做的软米饭，企望来年五谷丰登。

【腊月二十三】lɑʔ²⁴yɑʔ²²ɚ̩⁵³ʂəʔ²²sæ²¹ 祭灶，又称"小年"，是民间送灶爷上天的日子。传说这天晚些时候，长年累月在人间游走的各路神灵都要上天述职，汇报一年内在人间了解到的情况，初一五更时分再准时返回人间继续屡职。当地习俗：用煎饼和干草、麦麸祭灶爷，干草和麦麸是给灶爷的座驾准备好的草料。把灶君看作"一家之主"，早上在屋东墙上挂一幅画有一男一女的灶爷像，并贴上对联，上写"一家之主，上天言好事，回宫降吉祥。"，并供献饼。当地民众幻想灶爷上天汇报民间善恶，希望除恶降祥。

【腊月二十四】laʔ²²yaʔ²²əʅ⁵³ʂəʔ²²sʅ⁵³ 当地习俗：扫屋。

【三十黑里】sæ²²ʂəʔ²²xɑʔ²²li²¹ 即除夕，是一年的最后一天。有扫院子、挂灯笼、贴对联、架明火，接神等活动。

【献饼】se⁵³piəŋ²¹ 包有银圆的大馍，二十三祭灶爷用，到初一时分给家人吃，当地人认为吃到银圆者明年有好运。

【接神】tɕiɑʔ²²ʂəŋ²⁴ 腊月三十晚上，烧香把送走的神仙接回来。

【架明火】ciŋ⁵³miəŋ²⁴xuɣ²¹ 腊月三十晚上在院中间用柏枝堆起火堆，寓意驱除邪魔，来年兴旺。

【关门炮】kuæ²²mɛ²⁴pʰo⁵³ 腊月三十晚上睡觉前放炮，之后这一天不再开门。

（3）年

【今年】ci²²ne²⁴

【过年】kuɣ⁵³ne²⁴ 明年。

【后年】xʌu⁵³ne²⁴

【大后年】tɒ⁵³xʌu⁵³ne²⁴

　【外后年】vɛ⁵³xʌu⁵³ne²⁴

【老外后年】lo²¹vɛ⁵³xʌu⁵³ne²⁴ 大后年的后一年。

【老老外后年】lo²¹lo²¹vɛ⁵³xʌu⁵³ne²⁴ 大后年的后两年。

【年时】ne²⁴ʂʅ²⁴ 去年。

【前年】tsʰe²⁴ne²⁴ 前年。

【先前年】se²²tsʰe²⁴ne²⁴ 大前年。

【老先前年】lo²¹se²²tsʰe²⁴ne²⁴ 大前年的前一年。

【老老先前年】lo²¹lo²¹se²²tsʰe²⁴ne²⁴ 大前年的前两年。

【前几年】tsʰe²⁴ci²¹ne²⁴

【年初】ne²⁴tʂʰu²²

【年底】ne²⁴ti²¹

【年跟前】ne²⁴kɛ²²tsʰe²¹

【前半年】tsʰe²⁴pæ⁵³ne²⁴

【后半年】xʌu⁵³pæ⁵³ne²⁴

【一年】iəʔ²²ne²⁴

【两年】liã²¹ne²⁴

【两三年】liã²¹sæ²²ne²⁴

　　【三两年】sæ²²liã²¹ne²⁴

【三五年】sæ²²u²¹ne²⁴

【七八年】tɕʰiəʔ²²pɑʔ²²ne²⁴

【十来年】ʂəʔ²²lɛ²⁴ne²⁴ 超过十年。

【十几年】ʂəʔ²²ci²¹ne²⁴

【每年】mɛ²¹ne²⁴

【年年】ne²⁴ne²⁴

（4）月

【一个月】iəʔ²²kəʔ²²yɑʔ²²

【两个月】liã²²kəʔ²²yɑʔ²²

【几个月】ci²¹kəʔ²²yɑʔ²²

【十来个月】ʂəʔ⁵³lɛ²⁴kəʔ²²yɑʔ²²

【前半月】tsʰe²⁴pæ⁵³yɑʔ²² 上半个月。

【后半月】xʌu⁵³pæ⁵³yɑʔ²² 下半个月。

【月初】yɑʔ²²tʂʰu²² 一个月刚开始。

【半月】pæ⁵³yɑʔ²²

【半月头上】pæ⁵³yɑʔ²²tʰʌu²⁴ʂã⁵³ 一个月的半中间。

【月底】yɑʔ²²ti²¹

【一月半】iəʔ²²yɑʔ²²pæ⁵³ 二十多天。

【一月多】iəʔ²²yɑʔ²²tuɤ²² 超过一个月。

【这个月】te²⁴kəʔ²²yɑʔ²²

【上一月】ʂã⁵³iəʔ²²yɑʔ²²

　　【前一月】tsʰe²⁴iəʔ²²yɑʔ²²

　　【头一月】tʰʌu²⁴iəʔ²²yɑʔ²²

【下月】ɕiɒ⁵³yɑʔ²² 下个月。

（5）日

【今儿】ɕiɯ²⁴

【明儿】miɯ²⁴

【后页】xʌu⁵³iɯ⁰ 后天。

【外页】vE⁵³iɯ⁰ 大后天。

【老后页】lo²¹xʌu⁵³iɯ⁰ 大后天再往后一天。

【老老后页】lo²¹lo²¹xʌu⁵³iɯ⁰ 大后天再往后两天。

【夜儿】iɯ⁵³ 昨天。

【前儿】tɕʰeɯ²⁴ 前天。

【老先前】lo²¹se²¹tɕʰe²⁴ 大前天。

【老老先前】lo²¹lo²¹se²¹tɕʰe²⁴ 大前天再往前一天。

【每天】mɛ⁵³tʰe²²

【星期日】ɕiəŋ²²cʰi²²zɑʔ²²

【一星期】iəʔ²²ɕiəŋ²²cʰi²² 一周。

【星期一】ɕiəŋ²²cʰi²²iəʔ²² 星期一。

（6）时

【白天】pE²⁴tʰe²²

【黑里】xɑʔ²²li²¹ 黑夜。

【早清朝】tso²¹tɕʰiəŋ²²tʂo²¹ 早晨。

【前晌】tsʰe²⁴ʂɑ̃²¹ 上午。

【晌午】ʂɑ̃²¹u²¹ 中午。

【后晌】xʌu⁵³ʂɑ̃²¹ 下午。

【傍黑】pɑ̃⁵³xɑʔ²² 傍晚。

    【傍黑里】pɑ̃⁵³xɑʔ²²li²¹

    【擦黑】tsʰaʔ²²xɑʔ²²

    【将黑】tɕiɑ̃²²xɑʔ²²

【半夜三更】pɑ̃⁵³iɛ⁵³sæ²²kɛ²²

【饭时】fæ⁵³ʂʅ²⁴ 吃早饭的时间。

17.交际民俗语汇

【承许】tʂʰəŋ²⁴ɕy²¹ 许诺、应承。

【走亲戚】tsʌu²¹tɕʰiəŋ²²tɕʰiəʔ²²

【断亲】tuæ⁵³tɕʰiəŋ²²

【照病人】tʂo⁵³piəŋ⁵³zəŋ²¹ 看望病人。

【伺候病人】tsʰ ɿ²¹xʌu²¹piəŋ⁵³zəŋ²¹

【请客】tɕʰiəŋ²¹kʰɑʔ²²

【待客】tɛ⁵³kʰɑʔ²² 招待客人。

【招待】tʂo²²tɛ⁵³

【送礼】soŋ⁵³li²¹

【上礼】ʂã⁵³li²¹

【账本】tʂã⁵³pɛ²¹

【摆席】pɛ²¹ɕiəʔ⁵³

　　【摆酒席】pɛ²¹tɕiʌu²¹ɕiəʔ⁵³

【开席】kʰɛ²²ɕiəʔ⁵³ 筵席开始。

【吃席】tʂʰəʔ²²ɕiəʔ⁵³

【上座】ʂã⁵³tsuɤ⁵³

【倒酒】to⁵³tɕiʌu²¹

【敬酒】ɕiəŋ⁵³tɕiʌu²¹

【划拳】xɒ²⁴kʰue²⁴

【干杯】kæ⁵³pɛ²²

　　【碰杯】pʰoŋ⁵³pɛ²²

【佮不得】kɑʔ²²pəʔ²²təʔ⁰ 合不来。

【不对头】pəʔ²²tuɛ⁵³tʰʌu²⁴ 指两人关系不和。

　　【不对劲】pəʔ²²tuɛ⁵³ɕiəŋ⁵³

【反贴门神】fæ²¹tʰiɑʔ²²mɛ²⁴ʂəŋ²¹ 比喻因意见不合而闹别扭的两个人。

【对头】tuɛ⁵³tʰʌu²¹

【死对头】sɿ²¹tuɛ⁵³tʰʌu²¹

【找茬】tʂo²¹tʂʰɒ²⁴

【吵架】tʂʰo²¹ciɒ⁵³

【打架】tɒ²¹ciɒ⁵³

【抱打不平】po⁵³tɒ²¹pəʔ²²pʰiəŋ²⁴

【插嘴】tʂʰɑʔ²²tsɛ²¹

【装癔症】tʂuã²²i⁵³tsɛ²¹ 装傻充愣。

【出洋相】tʂʰuəʔ²²iã²⁴ɕiã⁵³

【丢脸】tiʌu²⁴le²¹

【人情】zəŋ²⁴tɕʰiəŋ²¹

【看不起】kʰæ⁵³pəʔ⁰cʰi²¹

【看得起】kʰæ⁵³təʔ²²cʰi²¹

【看得上】kʰæ⁵³təʔ²²ʂã⁵³

【不送啦】pəʔ²²soŋ⁵³la⁰

【串门】tʂʰuæ⁵³mɛ²⁴ 与普通话"串门"基本相当，但当地方言中"串门"还有
作风不正的意思，如说某人"好串门"，就是此人乱搞男女关系。

【说闲话】ʂuɑʔ²²se²⁴xɒ²¹ 聊天。

【搁不住】kəʔ²²pəʔ²²tʂu⁵³ 不值得、经不起。

【有时间重来】iʌu²¹ʂɿ²⁴ke²²tʂʰoŋ²⁴lE²⁴

【在屋不在】tsE⁵³vəʔ²²pəʔ²²tsE⁵³

【闲兰再来啊】se²⁴læ⁰tsE⁵³lE²⁴a⁰

【闲兰来班】se²⁴læ⁰lE²⁴pæ⁰

【没事兰来圪遛来】məʔ²²ʂɿ⁵³læ⁰lE²⁴kəʔ²² liʌu⁵³lE²¹

【吃啦没有】tʂʰəʔ²²la⁰məʔ²²iʌu²¹

【你吃啦】ni²¹tʂʰəʔ²²la⁰

【在屋忙甚嘞】tsE⁵³vəʔ²²mɑ̃²⁴ʂəŋ⁵³ləʔ⁰

【坐这里班】tsuɤ⁵³tɤ²⁴pæ⁰

【不要让】piəʔ²²iʌu²¹zɑ̃⁵³ 别客气，不要推让。

【你抽烟不】ni²¹tʂʰʌu²²ie²²pəʔ²²

【再吃点】tsE⁵³tʂʰəʔ²²te²¹

【不送啦啊】pəʔ²²soŋ⁵³la⁰a⁰

【你帮帮忙吧】ni²¹pɑ̃²⁴pɑ̃²²mɑ̃²⁴pɒ⁰

【有事兰你吭声气】iʌu²¹ʂʅ²¹læ⁰ni²¹kʰɛ²²ʂəŋ²²cʰi⁵³

18.商业交通民俗语汇

（1）经商行业

【铺铺】$p^hu^{53}p^hu^0$

【摊摊】$t^hæ^{22}t^hæ^0$

【摆摊】$pɛ^{21}t^hæ^{22}$

【门市】$mɛ^{24}ʂʅ^{53}$

【门面】$mɛ^{24}me^{53}$

【饭馆】$fæ^{53}kuæ^{21}$

【下馆】$ɕiɒ^{53}kuæ^{21}$

【木匠铺】$məʔ^{22}tɕiɑ̃^{53}p^hu^{53}$

【铁匠铺】$t^hiɑʔ^{22}tɕiɑ̃^{53}p^hu^{53}$

【铜匠铺】$t^hoŋ^{24}tɕiɑ̃^{53}p^hu^{53}$

【银匠铺】$iəŋ^{24}tɕiɑ̃^{53}p^hu^{53}$

【当铺】$tɑ̃^{53}p^hu^{53}$

【花圈铺】$xɒ^{22}k^hue^{22}p^hu^{53}$

【裁缝铺】$ts^hɛ^{24}foŋ^{21}p^hu^{53}$

【肉铺】$ʐʐʌu^{53}p^hu^{53}$

【杂货铺】$tsɑʔ^{53}xuɣ^{53}p^hu^{21}$

【剃头铺】$t^hi^{53}t^hʌu^{24}p^hu^{53}$

【油坊】$iʌu^{24}fɑ̃^{24}$

【旅馆】$ly^{21}kuæ^{21}$

【菜市场】$ts^hɛ^{53}ʂʅ^{53}tʂʰɑ̃^{24}$

【粮站】$liɑ̃^{24}tʂæ^{53}$

【药房】$iəʔ^{22}fɑ̃^{24}$

【文具店】$vɛ^{24}cy^{53}te^{53}$

（2）经营、交易

【做买卖】tsuəʔ⁵³mɛ²¹mɛ⁵³

【做生意】tsuəʔ⁵³ʂɛ²²i⁵³

【卖货】mɛ²¹xuɣ⁵³

【关门啦】kuæ²²mɛ²⁴la⁰ 倒闭。

【赔本】pʰɛ²⁴pɛ²¹

【不够大】pəʔ²²kʌu⁵³ta⁵³ 赔了。

【短】tuæ²¹ 这里是"欠""缺"的意思，如"～我两块钱""缺斤～两"。

【倒开】to⁵³kʰɛ²² 把整钱换成零钱。

【换块票】xuæ⁵³kʰuɛ⁵³pʰio⁵³ 把整钱换成零钱。

【圪撅撅的】kəʔ²²cyɑʔ²²cyɑʔ²²təʔ⁰ 形容杆秤翘得高高的，也说"撅起来"。

【□□的】liʌu²²liʌu⁰təʔ⁰ 形容秤杆一头低垂，表示斤数不够。

【赶会】kæ²¹xuɛ²¹

【便宜】pʰe²⁴i⁵³

　　【贱】tse⁵³

【贵】kuɛ⁵³

【搞价】ko²¹ciɒ⁵³

　　【还价】xuæ²⁴ciɒ⁵³ 根据对方出的价，自己给出的价。

【红火】xoŋ²⁴xuɣ²¹ 生意好。

【赚啦】tʂuæ⁵³la⁰

【挣啦】tʂɛ²¹la⁰

【塌账】tʰɑ²⁴tʂã⁵³ 欠账。

【赁房】liəŋ⁵³fã²⁴

　　【租房】tsu²fã²⁴

【盘货】pʰæ²⁴xuɣ⁵³ 清点和检查实存货物。

【点货】te²¹xuɣ⁵³ 清点货物。

【柜台】kuɛ⁵³tʰɛ²⁴

【掌柜】tʂã²¹kuɛ⁵³

（3）账目、度量衡

【钩秤】kʌu²²tʂʰəŋ⁵³

【秤锤】tʂʰəŋ⁵³tʂʰɛ²¹

【磅秤】pã⁵³tʂʰəŋ⁵³

【盘秤】pʰæ²⁴tʂʰɔŋ⁵³

【地磅】ti⁵³pã⁵³

【秤机关】tʂʰəŋ⁵³ci²²kuæ²² 秤一端系绳的铁环。

【号秤】xo⁵³tʂʰəŋ⁵³ 校称。

【圪清】kəʔ²²tɕʰiəŋ²² 秤上的刻度。

【皮尺】pʰi²⁴tʂʰəʔ²² 裁缝用的尺子。

【软尺】z̠uæ²¹tʂʰəʔ²²

【直尺】tʂəʔ⁵³tʂʰəʔ²²

【制】tʂʅ⁵³ 量液体的器具。

【油制】iʌu²⁴tʂʅ⁵³ 量油的器。

【斗】tʌu²¹ 十升为一斗。

【升】ʂəŋ²² 十合为一升。

【合】kɑʔ²² ①计量单位。②称米面用的量具。

【赖账】lɛ⁵³tʂã⁵³ 无法结算的账目。

【呆账】tɛ²²tʂã⁵³

【死账】sʅ²¹tʂã⁵³

【盘缠】pæ²⁴tʂʰe²⁴ 路费。

【账房】tʂã⁵³fã²⁴

【礼房】li²¹fã²⁴ 办红白喜事时在主家临时设的收礼钱的地方。

【入账】z̠uəʔ²²tʂã⁵³

【出账】tʂʰuɔʔ²²tʂã⁵³

【要账】io⁵³tʂã⁵³

【收据】ʂʌu²²ᴄy⁵³

【欠条】kʰe⁵³tʰio²⁴

【存条】tsʰuɛ²⁴tʰio²⁴ 存折。

【利息】li⁵³ᴄiəʔ²²

【整钱】tʂəŋ²¹tsʰe²⁴

【零钱】liəŋ²⁴tsʰe²⁴

【老头票】lo²¹tʰʌu²⁴pʰio⁵³ 民国时候发行的钱。

【中央票】tʂoŋ²²iã²²pʰio⁵³

【制钱】tʂʐ̩⁵³tsʰe²⁴ 铸造的货币。

【票票】pʰio⁵³pʰio⁰ 纸币

【元宝】ve²⁴po²¹

【金砖】ᴄiəŋ²²tʂuæ²²

【银圆】iəŋ²⁴ve²⁴ 旧时指银圆，现在指硬币。

（4）交通

【车】tʂʰɤ²²

【火车】xuɤ²¹tʂʰɤ²²

【汽车】ᴄʰi⁵³tʂʰɤ²²

【独轮车】tuəʔ⁵³luɛ²⁴tʂʰɤ²²

【三轮车】sæ²²luɛ²⁴tʂʰɤ²²

【自行车】tsʐ̩⁵³ᴄiəŋ²⁴tʂʰɤ²²

　　【洋车】iã²⁴tʂʰɤ²²

【面包车】me⁵³po²²tʂʰɤ²²

【皮卡车】pʰi²⁴kʰɒ²¹tʂʰɤ²²

【票车】pʰio⁵³tʂʰɤ²²

　　【客车】kʰɒʔ²²tʂʰɤ²²

【班车】pæ²²tʂʰɤ²² 客运汽车。

【套车】tʰo⁵³tʂʰɤ²² 马车。

【大套车】ta⁵³tʰo⁵³tʂʰɤ²² 三匹稍马和一匹辕马（即四匹马）拉的大车。

【二套车】ɚɿ⁵³tʰo⁵³tʂʰɤ²² 一匹辕马，一匹稍马（即两匹马）拉的车。

【小套车】ɕio²¹tʰo⁵³tʂʰɤ²² 一匹马拉的车。

【车不篮】tʂʰɤ²²pəʔ²²læ²⁴ 自行车的车兜。

【车轮】tʂʰɤ²²luɛ²⁴

【车圪辘】tʂʰɤ²²kəʔ²²lu²¹

【小轿】ɕio²¹cio⁵³ 汽车驾驶室。

【挖住啦】vɒ⁵³tʂu⁵³ la⁰ 车陷住了。

【绊住啦】pæ⁵³tʂu⁵³la⁰

【圪晃】kəʔ²²xuɑ̃⁵³ 摇晃。

【圪倾】kəʔ²²cʰiəŋ²²

【止车】tʂʅ²¹tʂʰɤ²² 停车。

【卸车】ɕiE⁵³tʂʰɤ²²

【嗒嗒嗒】ta²¹ta²¹ta²¹ 让牛往右的呼声。

【来来来】lE²⁴lE²⁴lE²⁴ 让牛往左的呼声。

【喔喔喔】uəʔ²²uəʔ²²uəʔ²² 赶牲口上坡的呼声。

【吁吁吁】y²⁴y²⁴y²⁴ 赶牲口的呼声。

【马路】mɒ²¹lu⁵³

【油路】iʌu²⁴lu⁵³ 沥青铺成的路。

【公路】koŋ²²lu⁵³

【汽路】cʰi⁵³lu⁵³

　【洋灰路】iɑ̃²⁴xuɛ²²lu⁵³

【水泥路】ʂɛ²¹ni²⁴lu⁵³

【土路】tʰu²¹lu⁵³

【大路】tɒ⁵³lu⁵³

【小路】ɕio²¹lu⁵³

【铁路】tʰiɑʔ²²lu⁵³

【铁轨】tʰiɑʔ²²kuɛ²¹

【街】ciɛ²²

【小道】çio²¹to⁵³ 村里只能走人的近路。

【火车站】xuɤ²¹tʂʰɤ²²tʂæ⁵³

【车站】tʂʰɤ²²tʂæ⁵³ 当地没火车，车站就指汽车站。

【庙会】mio⁵³xuɛ⁵³①规模较小的集市。②民间进行祭神、娱乐和购物等活
动。

【会】xuɛ⁵³ 规模较大的集市。

【赶会】kæ²¹xuɛ⁵³ 逢会时去购买东西或看戏剧演出。

19.文化教育民俗语汇

（1）学校

【书房】ʂu²²fɑ̃²⁴ 学校。

【去书房】cʰy⁵³ʂu²²fɑ̃²⁴ 上学。

【放学】fɑ̃⁵³ɕiəʔ⁵³

【逃学】tʰo²⁴ɕiəʔ⁵³ 当地俗语："逃学鬼，拾花生，拾了你妈半条腿。"

【幼儿园】iʌu⁵³ɚ̩²⁴ve²⁴

【肄学】i⁵³ɕiəʔ⁵³

【寒假】xæ²⁴ciɒ⁵³

【暑假】ʂu²¹ciɒ⁵³

（2）教室文具

【学费】ɕiəʔ⁵³fɛ⁵³

【教棍】tɕio⁵³kuɛ⁵³ 教鞭。

【教室】tɕio⁵³ʂəʔ⁵³

【黑板】xɑʔ²²pæ²¹

【讲台】tɕiɑ̃²¹tʰE²⁴

【黑板擦】xɑʔ²²pæ²¹tsʰɑʔ²²

【点名册】te²¹miən²⁴tʂʰɑʔ²²

【石板】ʂəʔ⁵³pæ²¹

【石笔】ʂəʔ⁵³piəʔ²²

【粉笔】fɛ²¹piəʔ²²

【铅笔】kʰe²²piəʔ²²

【水笔】ʂɛ²¹piəʔ²²

【复写笔】fəʔ²²ɕiE²¹piəʔ²² 圆珠笔。

【棉纸】me²⁴tʂʅ²¹ 桑皮树做的，糊窗户用的纸，也是学生写仿用的纸。

【草纸】tsʰo²⁴tʂʅ²¹

【土纸】tʰu²⁴tʂʅ²¹ 麦秸做的粗纸。

【彩色纸】tsʰE²¹ʂaʔ²²tʂʅ²¹

【粉连纸】fɛ²¹le²⁴tʂʅ²¹ 一般用来书写的白纸。

【扣针】kʰʌu⁵³tʂəŋ²² 别针。

【笔鞘】piəʔ²²ɕio⁵³ 笔帽。

【砚瓦】ie⁵³vɒ²¹ 砚台。

【墨】mɛ⁵³ 墨汁。

【膏墨】ko⁵³mɛ⁵³ 蘸墨汁。

（3）读书识字

【文化人】vɛ²⁴xɒ⁵³zəŋ²⁴

【文盲】vɛ²⁴mã²⁴

【卷纸】kue⁵³tʂʅ²¹ 考试的卷子。

【鸡蛋】ci²²tæ⁵³ 这里指零分。

【头名】tʰʌu²⁴miəŋ²⁴ 第一名。

【末末名】mɑʔ²²mɑʔ²²miəŋ²⁴ 最后一名。

　　【末末蛋】mɑʔ²²mɑʔ²²tæ⁵³

　　【末末屁】mɑʔ²²mɑʔ²²pʰi⁵³

【背书】pɛ⁵³ʂu²²

【考试】kʰo²¹ʂʅ⁵³

【休学】ɕiʌu²²ɕiəʔ⁵³

【毕业】piəʔ²²iaʔ²²

（4）写字

【圪涂】kəʔ²²tʰu²⁴ 把错别字涂掉。

【错字】tsʰuɣ⁵³tsʅ⁵³

【别字】piɑʔ⁵³tsʅ⁵³

【誊作业】tʰɛ²⁴tsuɑʔ²²iaʔ²²

【画】xɒ⁵³ 笔画。如："人"字有两~。

【偏旁】pʰe²²pʰã²⁴

【部首】pu⁵³ʂʌu²¹

【单立人】tæ²²liəʔ²²zəŋ²⁴ 单人旁。

　　【单人旁】tæ²²zəŋ²⁴pʰã²⁴

【双立人】ʂuã²²liəʔ²²zəŋ²⁴ 双人旁。

【口字旁】kʰʌu²¹tsʅ⁵³pʰã²⁴

【宝盖】po²¹kᴇ⁵³

【秃宝盖】tʰuəʔ²²po²¹kᴇ⁵³

【皮毛旁】pʰi²⁴mo²⁴pʰã²⁴ 反犬旁。

【耳朵旁】ɚ̯²¹tuɤ²¹pʰã²⁴

【双耳朵】ʂuã²²ɚ̯²¹tuɤ²¹ 耳朵旁的一种。如：却。

【单耳朵】tæ²²ɚ̯²¹tuɤ²¹ 耳朵旁的一种。如：邓、陈。

【扑文】pʰəʔ²²vɛ²⁴ 反文旁。

【提土旁】tʰi²⁴tʰu²¹pʰã²⁴

【竹头】tʂuəʔ²²tʰʌu²⁴ 竹字头。

【草头】tsʰo²¹tʰʌu²⁴

【火字旁】xuɤ²¹tsʅ²¹pʰã²⁴

【四点水】sʅ⁵³te²¹ʂɛ²¹ 四点底。

【门圪劳】mɛ²⁴kəʔ²²lo²² 门字旁。

【三点水】sæ²²te²¹ʂɛ²¹

【两点水】liã²¹te²¹ʂɛ²¹

【病字圪劳】piəŋ⁵³tsʅ⁵³kəʔ²²lo²² 病字旁。

【坐车】tsuɤ⁵³tʂʰɤ²² 走之旁。

【绞丝】cio²¹sʅ²² 绞丝旁。

【竖心】ʂu⁵³ɕiəŋ²² 竖心旁。

【弓长张】koŋ²²tʂʰã²⁴tʂã²² "张"字。

【立早章】liəʔ⁵³tso²¹tʂɑ̃²² "章"字。

【耳东陈】əʮ²¹toŋ²²tʂʰəŋ²⁴ "陈"字。

【挑钩成】tʰio²¹kʌu²²tʂʰəŋ²⁴ "成"字。

【禾木程】xɤ²⁴məʔ²²tʂʰəŋ²⁴ "程"字。

20.文体活动民俗语汇

（1）游戏玩具

【风筝】foŋ²²tʂɛ²²

【拔河】paʔ²²xɣ²⁴

【踢猴】tiəʔ²²xʌu²⁴ 踢毽子。

【跳皮筋儿】tʰio⁵³pʰi²⁴cʰiəŋ²²əɻ²⁴

【吹泡泡】tʂʰɛ²²pʰo⁵³pʰo⁰

【劈腿】pʰiəʔ²²tʰɛ²¹ 劈叉。

【麻将】mɒ²⁴ciɑ̃⁵³

【扑克】pʰəʔ²²kʰɑʔ²²

【牌】pʰE²⁴

【争上游】tʂE²²ʂɑ̃⁵³iʌu²⁴ 牌的一种玩法。

【上游】ʂɑ̃⁵³iʌu²⁴

【中游】tʂoŋ²²iʌu²⁴

【下游】ɕiɒ⁵³iʌu²⁴

　　【末游】mɑʔ²²iʌu²⁴

【拱猪】koŋ²¹tʂu²² 牌的一种玩法。

【斗地主】tʌu⁵³ti⁵³tʂu²¹ 牌的一种玩法。

【升级】ʂəŋ²²ci²⁴ 牌的一种玩法。

【爬山】pʰɒ²⁴ʂæ²² 牌的一种玩法。

【二毛占地】əɻ⁵³mo²⁴tʂæ⁵³ti⁵³ 牌的一种玩法。

【捻转】ne²⁴tʂuæ²¹ 陀螺。

【撺捻转】ne²¹ne²⁴tʂuæ²¹ 打陀螺。

【顶拐拐】tiəŋ²¹kuE²¹kuE⁰ 一脚着地，另一脚抬起，用膝盖相互顶，脚先着
　　　　地的则输。

【打炮】tɒ²¹pʰo⁵³ 用纸叠的"炮"有的方言叫"包"或"包子"，在地上拍打的游戏。用
　　　　自己的"炮"把对方的"炮"拍得翻了个儿即为赢。有北京炮、三角
　　　　炮、方炮。

【北京炮】pɛ²¹ciəŋ²²pʰo⁵³ 像北京天安门形状的炮。

【三角炮】sæ²²cio²¹pʰo⁵³ 三角形状的炮。

【方炮】fɑ̃⁵³pʰo⁵³ 方形的炮。

【琉璃圪嘣】liʌu²⁴li²⁴kəʔ²²pəŋ⁵³ 一种用玻璃做的可以吹响的玩具。

【跳绳】tʰio⁵³ʂəŋ²⁴ 跳绳。

【狼吃羊】lɑ̃²⁴tʂʰəʔ²²iɑ̃²⁴ 跳房子。

【翻交】fæ²²cio²² 翻绳。

【打水漂】tɒ²¹ʂɛ²¹pʰio²¹

【轧咘咚】tʂɑʔ²²pu⁵³toŋ²² 一头扎到水里的游戏。

【扔沙包】zəŋ²²ʂɒ²²po²² 三人或多人玩的一种游戏。用沙包作为武器，一
　　　　头站一人，中间可站一人，也可站多人，两头的人把沙包用力
　　　　砸向中间的人，中间的人可以躲避，也可以想办法把沙包接住，
　　　　若被沙包打中则没"命"，要下场，接住一次沙包就能多一"命"，
　　　　下次被沙包砸住时可以抵"命"或者可以用来救同伴的"命"。如
　　　　果中间的人都被砸得没了"命"，就要交换位置，两头砸人的人
　　　　可以站中间。如此循环往复。

【滚铁环】kuɛ²¹tʰiɑʔ²²xuæ²⁴

【跳皮筋】tʰio⁵³pʰi²⁴ciəŋ²²

【划拳】xɒ²⁴kʰue²⁴

【猜谜谜】tsʰE²²mi²⁴mi⁰ 猜谜语。

【扳扳不倒】pæ²²pæ⁰pəʔ²²to²¹ 不倒翁。

【拨浪鼓】pɑʔ²²lɑ̃⁵³ku²¹

【金圪罗棒】ciəŋ²²kəʔ²²luɣ²²pɑ̃⁵³ 金箍棒。

【风扑罗】foŋ²²pʰəʔ²²luɣ²¹ 玩具风车。

【猴】xʌu²⁴ 色子。

【丢猴】tiʌu²²xʌu²⁴ 丢色子。

　　【打猴】tɒ²¹xʌu²⁴

【娃娃书】vɒ²⁴vɒ⁰ʂu²² 小人书。

【圪铃】kəʔ²²liəŋ²⁴ 铃铛。

【打牌】tɒ²¹pʰe²⁴

【放鞭】fã⁵³pe²² 放鞭。

【放炮】fã⁵³pʰo⁵³ 放炮。

【两响炮】liã²¹ɕiã²¹pʰo⁵³ 二踢脚。

【初初】tʂʰu²²tʂʰu⁰ 用来形容鞭炮乱窜。

【打铁花】tɒ²¹tʰiaʔ²²xɒ²² 正月十五的一种喜庆活动。将生铁熔化成铁汁，
　　　　然后将铁汁抛起，可见像火焰一样的火花。

【起火】cʰi²¹xuɤ²¹ 一种烟花。

【烟火】ie²²xuɤ²¹

（2）体育

【下棋】ɕiɒ⁵³cʰi²⁴

【象棋】ɕiã⁵³cʰi²⁴

【老】lo²¹ 包括将、帅。

【车】cʰy²²

【马】mɒ²¹

【炮】pʰo⁵³

【相】ɕiã⁵³

【士】ʂ̩⁵³

【小卒】ɕio²¹tsuaʔ⁵³

【飞相】fɛ²²ɕiã⁵³

【跳马】tʰio⁵³mɒ²¹

【走车】tsʌu²¹cʰy²²

【上士】ʂã⁵³ʂʅ⁵³

【拱卒】koŋ²¹tsuaʔ⁵³

【将军】tɕiã²²cyəŋ²² 象棋用语。

【和棋】xuɤ²⁴cʰi²⁴

【当头炮，马来照】tã²²tʰʌu²⁴pʰo⁵³，mɒ²¹lɛ²⁴tʂo⁵³ 下棋的基本原则：一人出炮，另一人出马应对。

（3）武术舞蹈

【翻跟斗】fæ²²kɛ²²tʌu²¹ 正翻。

【翻杠】fæ²²kã⁵³

【定立立栽】tiəŋ⁵³liəʔ²²liəʔ²²tsɛ²² 倒立时候头贴地。

【倒立】to⁵³liəʔ²² 倒立时候头不贴地。

【耍十五】ʂɒ²¹ʂəʔ⁵³u²¹ 正月十五闹红火。

【耍灯】ʂɒ²¹tɛ²² 正月十五闹红火。

【闹红火】no⁵³xoŋ²⁴xuɤ²¹

【坐桩】tsuɤ⁵³tʂuã²² 扛桩时坐桩。

【扛桩】kʰã⁵³tʂuã²² 用铁制架子，并将架子紧扎腰间，下边有人扛起。桩上站有一至三个六七岁女孩子（也有男孩），扮成戏妆。

【跑旱船】pʰo²¹xæ⁵³tʂʰuæ²⁴

【跑竹马】pʰo²¹tʂuəʔ²²mɒ²¹ 正月十五元宵节闹红火时的活动。

【耍龙灯】ʂɒ²¹loŋ²⁴tɛ²² 正月十五舞龙，跳龙灯舞。

【耍狮】ʂɒ²¹ʂʅ²²

【担花篮】tæ²²xɒ²²læ²⁴

【扎高跷】tʂɒ²¹ko²²tɕʰio⁵³

【打腰鼓】tɒ²¹io²²ku²¹ 正月十五腰间斜挂小鼓，双手持鼓槌，随锣鼓、唢呐的伴奏声挥臂击鼓。

【二鬼绊跌】əʅ⁵³kuɛ²¹pæ⁵³tiaʔ²² 把做的一个假人垮在真人身上，让假人穿上道具服装，伴随着音乐，真人做各种动作致使假人像真的一样或立或蹲或躺，随着节奏摇摆，就是二鬼拌跌。

（4）戏剧

【上党梆子】ʂɑ̃⁵³tɑ̃²¹pɑ̃²²tsʅ²¹ 流行于山西东南部的戏曲剧种之一。

【大花脸】tɒ⁵³xɒ²²le²¹ 净角。

【二花脸】ɚl⁵³xɒ²²le²¹

【三花脸】sæ²²xɒ²²le²¹

【花旦】xɒ²²tæ⁵³

【老旦】lo²¹tæ⁵³

【小旦】ɕio²¹tæ⁵³

【青衣】tɕʰiəŋ²²i²²

【小生】ɕio²¹ʂɛ²²

【胡生】xu²⁴ʂɛ²²

【武生】u²¹ʂɛ²²

【丑蛋】tʂʰʌu²¹tæ⁵³ 小丑角色。

【黑生】xɑʔ²²ʂɛ²²

【唱戏的】tʂɑ̃⁵³ɕi⁵³tə²⁰

【耍把戏的】ʂɒ²¹pɒ²¹ɕi⁵³təʔ⁰ 表演杂技的人。

【戏台】ɕi⁵³tʰE²⁴

【前台】tsʰe²⁴tʰE²⁴

【后台】xʌu⁵³tʰE²⁴

【后晌戏】xʌu⁵³ʂɑ̃⁵³ɕi⁵³ 下午唱的戏。

【黑来戏】xɑʔ²²lE²⁴ɕi⁵³ 晚上唱的戏。

【开戏啦】kʰE²²ɕi⁵³la⁰

【戏完啦】ɕi⁵³væ²⁴la⁰

【戏散啦】ɕi⁵³sæ⁵³la⁰

【跑龙套】pʰo²¹loŋ²⁴tʰo⁵³

【打莲花落】tɒ²¹le²⁴xɒ²²lo⁵³

【说快板】ʂuaʔ²²kʰuE⁵³pæ²¹

【说书】ʂuaʔ²²ʂu²²

【木偶戏】məʔ²²ɣʌu²¹ɕi⁵³

【皮影戏】pʰi²⁴iəŋ²¹ɕi⁵³

【大镲】tɒ⁵³tʂʰɒ²²

【小镲】ɕio²¹tʂʰɒ²²

【大锣】tɒ⁵³luɣ²⁴

【小锣】ɕio²¹luɣ²⁴

【小擂擂】ɕio²¹lɛ²⁴lɛ⁰ 擂鼓的小工具。

【小海】ɕio²¹xE²¹ 唢呐。

21.讼事民俗语汇

【打官司】tɒ²¹kuæ²⁴sʅ²¹

【告状】ko⁵³tʂuɑ̃⁵³

【状纸】tʂuɑ̃⁵³tʂʅ²¹

【写状纸】ɕiɛ²¹tʂuɑ̃⁵³tʂʅ²¹

【代笔】tɛ⁵³piəʔ²² 代人写状纸。

【说理】ʂuɑʔ²²li²² 两人有纠纷后找他人评理。

【刑事】ɕiəŋ²⁴sʅ⁵³

【民事】miəŋ²⁴sʅ⁵³

【家事】ɕiɒ²²sʅ⁵³

【家务事】ɕiɒ²²u⁵³sʅ⁵³ 家务活。

【原告】ve²⁴ko⁵³

【被告】pɛ⁵³ko⁵³

【律师】lyəʔ²²sʅ²²

【升堂】ʂəŋ²²tʰɑ̃²⁴

【退堂】tʰɛ⁵³tʰɑ̃²⁴

【办案】pæ⁵³ɣæ⁵³

【过堂】kuɣ⁵³tʰɑ̃²⁴

【作证】tsuɑʔ²²tʂəŋ⁵³

【证人】tʂəŋ⁵³zəŋ²⁴

【证词】tʂəŋ⁵³tsʰʅ²⁴

【人证】zəŋ²⁴tʂəŋ⁵³

【物证】vəʔ²²tʂəŋ⁵³

【承认】tʂʰəŋ²⁴zəŋ²¹

【招供】tʂo²²koŋ⁵³

【口供】kʰʌu²¹koŋ⁵³

【宣判】sue²²pʰæ⁵³

【对证】tue⁵³tʂən⁵³ 核对证实。

【对质】tue⁵³tʂəʔ²² 当面对证。

【服】fəʔ²²

【不服】pəʔ²²fəʔ²²

【上告】ʂã⁵³ko⁵³ 继续往上一级法院告状。

【犯罪】fæ⁵³tsɛ⁵³

【犯事】fæ⁵³ʂʅ⁵³

【犯法】fæ⁵³faʔ²²

【同伙】tʰoŋ²⁴xuɤ²¹

【诬告】u²²ko⁵³

　　【错告】tsʰuɤ⁵³ko⁵³

【敲诈】tɕʰio²²tʂɒ⁵³

【逮捕】tᴇ²⁴pu²¹

【捆起来】kʰuɛ²⁴cʰi²¹lᴇ²⁴

【关起来】kuæ²⁴cʰi²¹lᴇ²⁴

【押送】iɑʔ²²soŋ⁵³

【冤枉】ve²⁴vã²¹

【拷打】kʰo²⁴tɒ²¹

【用刑】yəŋ⁵³ɕiəŋ²⁴

【手铐】ʂʌu²¹kʰo⁵³

【脚镣】ciɑʔ²²lio⁵³

【住看守所】tʂu⁵³kʰæ²⁴ʂʌu²¹suɤ²¹

【坐牢】tsuɤ⁵³lo²⁴

【探监】tʰæ⁵³ke²²

【越狱逃跑】yɑʔ²²y⁵³tʰo²⁴pʰo²⁴

【罚钱】faʔ⁵³tsʰe²⁴

　　【罚款】faʔ⁵³kʰuæ²¹

【砍圪脑】kʰæ²¹kəʔ²²no²¹

【枪崩】tɕʰiɑ̃²²pəŋ²²

　　【枪毙】tɕʰiɑ̃²²pi⁵³

　　【枪决】tɕʰiɑ̃²²tɕyɑʔ²²

【生死牌】ʂɛ²⁴sʅ²¹pʰE²⁴

【取保候审】tɕʰy²⁴po²¹xʌu⁵³ʂəŋ²¹

【赃官】tsɑ̃²¹kuæ²²

　　【贪官】tʰæ²⁴kuæ²²

【行贿】ɕiəŋ²⁴xuɛ⁵³

【受贿】ʂʌu⁵³xuɛ⁵³

【打欠条】tɒ²¹kʰe⁵³tʰio²⁴

　　【打条】tɒ²¹tʰio²⁴

【立字据】liəʔ²²tsʅ⁵³cy⁵³

【借条】tɕiE⁵³tʰio²⁴

【字据】tsʅ⁵³cy⁵³

【画押】xɒ⁵³iɑʔ²²

【按手印】ɣæ⁵³ʂʌu²⁴iəŋ²¹

【宗卷】tsoŋ²²kue⁵³

　　【案卷】ɣæ⁵³kue⁵³

【传票】tʂʰuæ²⁴pʰio⁵³

【匿名信】ni⁵³miəŋ²⁴ɕiəŋ⁵³

【地租】ti⁵³tʂu²²

【契】cʰi⁵³

【房契】fɑ̃²⁴cʰi⁵³

【地契】ti⁵³cʰi⁵³

【成契】tʂʰəŋ²⁴cʰi⁵³ 签订了契约。

【土地证】tʰu²¹ti⁵³tʂəŋ⁵³

【报税】po⁵³ʂuɛ⁵³

　　【交税】cio²²ʂuɛ⁵³

【税票】ʂuɛ⁵³pʰio⁵³

【执照】tʂəʔ²²tʂo⁵³

【告示】ko⁵³ʂʅ⁵³

【布告】pu⁵³ko⁵³

【贴布告】tʰiɑʔ²²pu⁵³ko⁵³

【贴告示】tʰiɑʔ²²ko⁵³ʂʅ⁵³

【通知】tʰoŋ²²tʂʅ²²

【命令】miəŋ⁵³liəŋ⁵³

【调令】tio⁵³liəŋ⁵³

【交代】cio²²tɛ²¹

【章】tʂɑ̃²²

【名章】miəŋ²⁴tʂɑ̃²² 私人印章，刻有本人名字。

【私章】sʅ²²tʂɑ̃²² 如：刻一～吧！

【公章】koŋ²²tʂɑ̃²² 公章是指机关、团体、企事业单位使用的印章。

【私访】sʅ²⁴fɑ̃²¹ 下访。

【上任】ʂɑ̃⁵³zəŋ⁵³

【下台】ciɒ⁵³tʰɛ²⁴

【撤职】tʂʰɑʔ²²tʂəʔ²²

【调离】tio⁵³li²⁴

22.动作民俗语汇

（1）行为动作动词

【拔】paʔ⁵³

【圪抿的嘴】kəʔ²²miən²¹təʔ⁰tsɛ²¹

【圪眊】kəʔ²²mo²² 看。

【半】pæ⁵³ 扔。

【撂】lio⁵³

【圪遛】kəʔ²²liʌu⁵³ 慢走、散步。

　　【圪踅】kəʔ²²ɕyaʔ⁵³ 如：吃得撑的，～一会吧。

【瞎火】ɕaʔ²²xuɤ²¹ 大嚷。

【扛】kã⁵³ 一个人用肩推另一个人。

【圪咂】kəʔ²²tsa⁵³ 嚼。

【圪擞】kəʔ²²sʌu²¹ 身体轻抖。

【顶】tiəŋ²¹

【靠】kʰo⁵³

【捏】niaʔ²²

【握】uaʔ⁵³

【碍事】ɤɛ⁵³ʂʅ⁵³ 妨碍。

【步步】pu⁵³pu⁰ 用步子量。

　　【圪叉圪叉】kəʔ²²tʂʰɒ²²kəʔ²²tʂʰɒ⁰

【不拉不拉】pəʔ²²laʔ²²pəʔ²²laʔ⁰ 拨一拨。

【不娑不娑】pəʔ²²suɤ²²pəʔ²²suɤ⁰ 轻轻抚摸。

【圪包】kəʔ²²po²² ①包揽。②包起来。

【误】u²¹

【立】liəʔ²² 站

【圪蹲】kəʔ^{22}tuɛ^{22} 蹲。

【圪爬】kəʔ^{22}pʰɒ^{24} 爬。

【不来】pəʔ^{22}lᴇ^{24} 摇。

【抬圪脑】tʰᴇ^{24}kəʔ^{22}no^{21} 抬头。

【仰圪脑】iɑ̃^{21}kəʔ^{22}no^{21} 仰头。

【点头】te^{21}tʰᴀu^{24}

【扭圪脑】niᴀu^{21}kəʔ^{22}no^{21} 扭头。

【圪挤住眼】kəʔ^{22}tɕi^{21}tʂu^{53}ie^{21} 闭眼。

【圪照】kəʔ^{22}tʂo^{53} 照镜子。

【瞅】tʂʰᴀu^{21} 看。

【圪眨眉弄眼】kəʔ^{22}tʂɑʔ^{22}mi^{24}noŋ^{53}ie^{21} 挤眉弄眼。

【圪眯】kəʔ^{22}mi^{22} 眯眼睛。

【眯缝】mi^{22}foŋ^{53}

【圪嘟】kəʔ^{22}tu^{22} 噘嘴。

【圪舔】kəʔ^{22}tʰe^{21} 舔。

【不□嘴】pəʔ^{22}tɕia^{22}tsɛ^{21} 咂嘴。

【撼】xæ^{53} 拿。

【举】cy^{21}

【救住】ciᴀu^{53}tʂu^{53} 接住。

【圪嗍】kəʔ^{22}suɤ^{22} 吮吸。

【不娑】pəʔ^{22}suɤ^{22} 轻轻抚摸。

【圪摸】kəʔ^{22}mɑʔ^{22} 摸。

【圪诌】kəʔ^{22}tʂᴀu^{22} 胡编乱造。

【秋理】tɕʰiᴀu^{22}li^{21} 理睬。

【磨蹭】mɤ^{24}tsʰəŋ^{53}

【闭门】pi^{53}mɛ^{24}

【录盖的】luɑʔ^{21}kᴇ^{53}təʔ^{0} 引被子。

【拾掇】ʂəʔ⁵³tuəʔ²²

【别】piɑʔ⁵³ 撬。

【懂话】toŋ²¹xɒ⁵³ 听话。

【听话】tʰiəŋ²²xɒ⁵³

【提醒】tʰi²⁴ɕiəŋ²¹

【圪倾】kəʔ²²cʰiəŋ²² 讨好。

【趁哄】tʂʰəŋ⁵³xoŋ²² 凑热闹。

【厮跟】sʅ²²kɛ²² 相随。

【使】ʂʅ²¹ 劳累。

【努】noŋ²¹

【迸】pɛ²² 裂开。

【圪裂】kəʔ²²liɑʔ²² 专指地表裂开。

【供】koŋ⁵³ 油凝固。

【长】tʂʰã²⁴ 剩余。

【煤魇】mɛ²⁴ie²¹ 特指煤气中毒。

【沾】tʂe²² 传染。

【擩】zu²¹ 塞。

【将等等】tɕiã²²tɛ²¹tɛ⁰ 停顿。

【圪缠】kəʔ²²tʂʰe²⁴ 指小孩比较缠人。

【拉倒】lɑʔ²²to⁵³ 完结。

【搋出】tʂʰʌu²²tʂʰuəʔ²² 推出去。

【罢啦】pɒ⁵³la⁰ 结束了。

【抹桌】mɑʔ²²tʂuɑʔ²² 擦桌子。

【圪撒】kəʔ²²sɑʔ²² 把剩下的一点弄完。

【圪逞】kəʔ²²tʂʰəŋ²¹ 没本事却很爱显示自己。

【圪坣】kəʔ²²lɛ⁵³ 滚。

【刚睡睡】ciã²²ʂɛ⁵³ʂɛ⁰ 穿衣服小睡。

235

【日捣】 $z\alpha\Omega^{22}to^{21}$ 哄人。

【圪搅】 $k\vartheta\Omega^{22}t\textcyrillicci o^{21}$ 搅动。

【圪缠】 $k\vartheta\Omega^{22}t\textctrs^{h}e^{24}$ 缠绕。

  【圪鬮】 $k\vartheta\Omega^{22}lu\ae^{24}$

  【圪缯】 $k\vartheta\Omega^{22}t\textctr\textepsilon^{53}$ 如：~住。

【不甩】 $p\vartheta\Omega^{22}\textrtails ue^{21}$ 甩。

【不拉】 $p\vartheta\Omega^{22}la\Omega^{22}$ 拨。

【绑】 $p\tilde{a}^{21}$ 捆。

【背绑手】 $pe\textepsilon^{53}p\tilde{a}^{21}\textrtails\textupsilon^{21}$ 背手。

【抹起】 $m\alpha\Omega^{22}c^{h}i^{21}$ 撸起。

【杵过去】 $t\textrtails^{h}u^{24}ku\textgamma^{53}c^{h}y^{53}$ 伸过去。

【插】 $t\textrtails^{h}a\Omega^{22}$

【兀】 $k\tilde{a}^{53}$ 抹。

【敲】 $t\textctc^{h}io^{22}$

【圪捅】 $k\vartheta\Omega^{22}t^{h}o\eta^{21}$ 捅

【圪乱】 $k\vartheta\Omega^{22}tu\vartheta\Omega^{22}$ 用手捅人。

【掂】 te^{22} 提。

【踩】 $ts^{h}E^{21}$

【撵】 ne^{22} 追赶。

【跌】 $tia\Omega^{22}$

【寻】 $\textctc y\vartheta\eta^{24}$

【对火】 $tu\textepsilon^{53}xu\textgamma^{21}$ 点火。

【抬】 $t^{h}E^{24}$ 藏

【圪捞】 $k\vartheta\Omega^{22}lo^{24}$ 从缝里捡东西。

【引】 $i\vartheta\eta^{21}$ 抱。引小孩即抱小孩。

【把脚】 $p\textipa{6}^{22}cia\Omega^{22}$ 帮小孩大小便。

【经过】 $ci\vartheta\eta^{22}ku\textgamma^{53}$

【捏住拳头】niɑʔ²²tʂu⁵³kʰue²⁴tʰʌu²⁴ 握住拳头。

【圪搓圪搓】kəʔ²²tsʰuɤ²²kəʔ²²tsʰuɤ²² 搓一搓。

【圪掂圪掂】kəʔ²²te²¹kəʔ²²te²¹ 掂一掂。

【展展胳膊】tʂe²¹tʂe²¹kəʔ²²pɑʔ²² 伸伸胳膊。

【支】tʂʅ²² 垫。

【圪踮起脚】kəʔ²² te²¹cʰi²¹ciɑʔ²² 踮起脚。

【不腆】pəʔ²²tʰe²¹ 腆着肚子。

【圪弯腰】kəʔ²²væ²²io²² 弯腰。

【圪呵腰】kəʔ²²xɤ²²io²² 稍微弯腰。

【圪泣】kəʔ²²tɕʰi²¹ 小声哭。

【沏】tɕʰiəʔ²² 在热水里掺凉水。

【圪抠】kəʔ²²kʰʌu²² 抠。

【挠挠】zo²⁴zo²⁴

【做酸菜】tsuəʔ⁵³suæ²²tsʰE⁵³ 腌酸菜。

【捎】ʂo²²

【掀起】se²²cʰi²¹

【捂住】u²¹tʂu⁵³

【扣住】kʰʌu⁵³tʂu⁵³

【摞起】luɤ⁵³cʰi²¹

【擦】tʂʰɒ²²

【抹】mɑʔ²²

【翻修】fæ²²ɕiʌu²² 翻盖房子。

【拍手】pʰɑʔ²²ʂʌu²¹

【掬起】cyəʔ²²cʰi²¹ 用手捧起。

【握住】vɑʔ²⁴tʂu⁵³

【不罗】pəʔ²²luɤ²⁴ 搂。

【挼住】tʂʰæ²⁴tʂu⁵³

【跺脚】tuɣ⁵³ciɑʔ²²

【招呼住】tʂo²²xu²²tʂu⁵³

【放手】fã⁵³ʂʌu²¹

【拧】niəŋ²⁴

【搭腿】tɑʔ²²tʰɛ²¹ 跷起二郎腿。

【搌鼻涕】ɕi²¹pi²⁴tʰi⁵³

【闻闻】vɛ²⁴vɛ⁰

【哭】kəʔ²²

【跑】pʰo²⁴

【走】tsʌu²¹

【放】fã⁵³

【搁】kəʔ²²

【兑】tuɛ⁵³ 往热水里兑冷水。

【湃】pe²⁴ 涮。

【浆】 ciã⁵³ 以前人们用豆腐浆水浆衣服，使衣服发硬而有形。

【吃亏】tʂʰəʔ²²kʰuɛ²²

【搭】cʰiɒ²⁴ 双手抱起来。

【哐】tiəʔ⁵³ 猛吃，一般含贬义。

【鼓】ku²¹ 凸起来。

【圪口】kəʔ²²tɕʰyəʔ⁵³ 脚在地上来回蹭。

【跌河啦】tiɑʔ²²xɣ²⁴la⁰ 掉河里去了。

【拨拉】pɑʔ²²la²¹ ①一般指拨打算盘，如：～算盘。②把不平的地弄平，
如："地不平了，～～。"

（2）心理活动动词

【合算】xɑʔ⁵³suæ⁵³

【值得】tʂəʔ²²təʔ²²

【忍得】zəŋ²¹təʔ²²

【含得】ʂɤ²¹təʔ²²

【知道啦】tʂʅ²²to⁵³la⁰

【会啦】xuɛ⁵³la⁰

【懂啦】toŋ²¹la⁰

【认得】zəŋ⁵³təʔ²²

【认字】zəŋ⁵³tsʅ⁵³

【想】ɕiɑ̃²²

【考虑考虑】kʰo²¹ly⁵³kʰo²¹ly⁰

【懊怨】ɣo⁵³ve⁵³ 后悔而埋怨。

【谋约的】moŋ²⁴iaʔ²²təʔ⁰ 估计。

【想想办法】ɕiɑ̃²²ɕiɑ̃²²pæ⁵³faʔ²²

【出出主意】tʂʰuəʔ²²tʂʰuəʔ²²tʂu²¹i⁵³

【猜猜】tsʰE²²tsʰE²²

【相信】ɕiɑ̃²²ɕiəŋ⁵³

【估计】ku²¹ci⁵³

【小心】ɕio²¹ɕiəŋ²²

【怕】pʰɒ⁵³

【怯气】cʰiaʔ²²cʰi⁵³ 胆小。

【着急】tʂo²²ciəʔ⁵³

【急】ciəʔ⁵³

【放心】fɑ̃⁵³ɕiəŋ²²

【巴不得】pɒ²²pəʔ²²təʔ⁰

【记住】ci⁵³tʂu⁵³

【忘啦】vɑ̃⁵³la⁰

【眼气】ie²¹cʰi⁵³ 羡慕。

【喜欢】ɕi²¹xuæ²²

【讨厌】tʰo²¹ie²¹

239

【恨】xɛ⁵³

【泼烦】pʰɑʔ²²fæ²⁴ 麻烦。

【弹火】tʰæ²⁴xuɣ²¹ 发火。

【偏心】pʰe²⁴ɕiəŋ²²

【考虑】kʰo²¹ly⁵³

【打划】tɒ⁵³xɒ²⁴ 计划。

【置气】tʂʅ⁵³cʰi⁵³ 赌气。

【怄气】ɣʌu⁵³cʰi⁵³

【服气】fəʔ²²cʰi⁵³

【差窍】tʂʰɒ⁵³cʰio⁵³ 缺心眼。

【圪炸】kəʔ²²tʂɒ⁵³ 兴奋。

【财迷】tʂʰE²⁴mi²⁴

【惯】kuæ⁵³ 溺爱。

【留心】liʌu²⁴ɕiəŋ²²

【挂念】kɒ⁵³ne⁵³

【害丑】xE⁵³tʂʰʌu²¹ 害羞。

（3）语言动作动词

【安置】ɣæ²²tʂʅ⁵³

【数告】ʂu²¹ko⁵³ 数落。

【唠】pã²² 聊天。

　　【侃】kæ²¹

【抡】lyəŋ²² 聊天、吹牛或海阔天空地聊。

【撇】pʰiE²² "说"的贬义。

【不吭气】pəʔ²²kʰɛ²²cʰi⁵³ 不说话。

【呜叫】u²²cio⁵³ 喊叫。

【吆唤】io²²xuæ⁵³ 大声叫。

【告说】ko⁵³ʂuɒʔ²² 告诉。

【吵架】tʂʰo²¹ciɒ⁵³

【唟人】kue²¹zəŋ²⁴ 骂人，比骂人程度深。

【骂人】mɒ⁵³zəŋ²⁴

【嚷】zã̃²¹ 训斥、责骂。

【厉害】li⁵³xE⁵³

【哄】xoŋ²¹ 欺骗。

【耍啦】sɒ²¹la⁰ 开玩笑。

【圪撮】kəʔ²²tsʰuɑʔ²² 欺骗、怂恿。

【哆哆】tuəʔ²²tuəʔ⁰ 唠叨。

【央】iã̃²² 求。

【唤】xuæ⁵³ 叫。

【讲话】ciã̃²¹xɒ⁵³

【打辩】tɒ⁵³pe⁵³ 抬杠。

【顶嘴】tiəŋ²¹tsɛ²¹

【揭短】ciɑʔ²²tuæ²¹

【挨骂】ɣE²⁴mɒ⁵³

【挨训】ɣE²⁴ɕyəŋ⁵³ 挨批评。

【刚忍忍】ciã̃²²zəŋ²¹zəŋ⁰ 稍微忍忍。

23.位置民俗语汇

【东】toŋ²²

【西】ɕi²²

【南】næ²⁴

【北】pɛ²¹

【东南】toŋ²²næ²⁴

【东北】toŋ²²pɛ²¹

【西南】ɕi²²næ²⁴

【西北】ɕi²⁴pɛ²¹

【左】tsuɤ²¹

【右】iʌu⁵³

【背后】pɛ⁵³xʌu⁵³

【上头】ʂã⁵³tʰʌu²¹

【底下】ti²⁴ɕiɒ²¹

【前头】tsʰe²⁴tʰʌu²¹

　　【前面】tsʰe²⁴me²¹

【后头】xʌu⁵³tʰʌu²¹

　　【后面】xʌu⁵³me²¹

【东头】toŋ²²tʰʌu²⁴

【西头】ɕi²²tʰʌu²⁴

【南头】næ²⁴tʰʌu²⁴

【北头】pɛ²¹tʰʌu²⁴

【村头】tsʰuɛ²²tʰʌu²⁴

【村东头】tsʰuɛ²²toŋ²²tʰʌu²⁴

【东面】toŋ²⁴me²¹

【南面】næ²⁴me²¹

【西面】çi²⁴me²¹

【北面】pɛ²⁴me²¹

【左面】tsuɤ²¹me²¹

【右面】iʌu⁵³me²¹

【南边】næ²⁴pe²²

【北边】pɛ²¹pe²²

【东边】toŋ²² pe²²

【西边】çi²² pe²²

【左边】tsuɤ²¹pe²²

【右边】iʌu⁵³pe²²

【手儿喽】ʂʌu²⁴ɚ̩²²lʌu²¹ 手里。

【心儿喽】çiən²⁴ɚ̩²²lʌu²¹ 心里。

【院儿喽】ve⁵³ɚ̩²²lʌu²¹ 院子里。

【碗儿喽】væ²¹ɚ̩²²lʌu²¹ 碗里。

【县儿喽】se⁵³ɚ̩²²lʌu²¹ 县里。

【墙外头】tɕʰiɑ̃²⁴vɛ⁵³tʰʌu²¹

　　【墙外】tɕʰiɑ̃²⁴vɛ⁵³

【墙儿喽】tɕʰiɑ̃²⁴ɚ̩²²lʌu²¹ 墙里面。

【窗外头】ʂuɑ̃²²vɛ⁵³tʰʌu²¹

【窗儿喽】ʂuɑ̃²⁴ɚ̩²²lʌu²¹ 窗里面。

【车外头】tʂʰɤ²²vɛ⁵³tʰʌu²¹

【车儿喽】tʂʰɤ²⁴ɚ̩²²lʌu²¹ 车里面。

【山外头】ʂæ²²vɛ⁵³tʰʌu²¹

【山儿喽】ʂæ²²ɚ̩²²lʌu²¹ 山里面。

【门外头】mɛ²⁴vɛ⁵³tʰʌu²¹

　　【门外】mɛ²⁴vɛ⁵³

【山上】ʂæ²²ʂɑ̃⁵³

【山根】ʂæ²²kɛ²² 山脚。

【路上】lu⁵³ʂɑ̃²¹

【街上】ciɛ²²ʂɑ̃⁵³

【墙上】tɕʰiɑ̃²⁴ʂɑ̃²¹

【门上】me²⁴ʂɑ̃²¹

【窗上】ʂuɑ̃²²ʂɑ̃⁵³

【桌（子）上】tʂuɤɯ²²ʂɑ̃⁵³

【椅上】i²¹ʂɑ̃⁵³

【车上】tʂʰɤ²²ʂɑ̃⁵³

【边上】pe²²ʂɑ̃⁵³

【在桌上】tsɛ⁵³tʂuɤɯ²²ʂɑ̃⁵³

【在桌底下】tsɛ⁵³tʂuɤɯ²²ti²¹ɕiɒ⁵³

【碗底】væ²⁴ti²¹

　　【碗底下】væ²⁴ti²¹ɕiɒ⁵³

【缸底】kɑ̃²⁴ti²¹

　　【缸底下】kɑ̃²⁴ti²¹ɕiɒ⁵³

【床底】tʂʰuɑ̃²⁴ti²¹

　　【床底下】tʂʰuɑ̃²⁴ti²⁴ɕiɒ²¹

【楼底】lʌu²⁴ti²¹

　　【楼底下】lʌu²⁴ti²¹ɕiɒ⁵³

【脚底】ciɑʔ²²ti²¹

　　【脚底下】ciɑʔ²²ti²⁴ɕiɒ²¹

【房前】fɑ̃²⁴tsʰe²⁴

【房后】fɑ̃²⁴xʌu⁵³

　　【房背后】fɑ̃²⁴pɛ⁵³xʌu⁵³

【山前】ʂæ²²tsʰe²⁴

【山后】ʂæ²²xʌu⁵³

【以南】i²¹næ²⁴

【以北】i²¹pe²¹

【以东】i²¹toŋ²²

【以西】i²¹ɕi²²

【以后】i²¹xʌu⁵³ 后来。表时间。

　　【后头】xʌu⁵³tʰʌu²⁴ 后来。

【以前】i²¹tsʰe²⁴

　　【以头】i²¹tʰʌu²⁴ 以前。表时间。如：

【跟儿喽走】kɛ²²ɚˑ²²lʌu²¹tsʌu²¹ 往里头走。

【跟外头走】kɛ²²ve⁵³tʰʌu²¹tsʌu²¹

【跟东走】kɛ²²toŋ²⁴tsʌu²¹

【跟回走】kɛ²²xuɛ²⁴tsʌu²¹

【跟后走】kɛ²²xʌu⁵³tsʌu²¹

【跟前走】kɛ²²tsʰe²⁴tsʌu²¹

【直走】tʂəʔ⁵³tsʌu²¹

【往回走】vã²¹xuɛ²⁴tsʌu²¹

【往上走】vã²¹ʂã⁵³tsʌu²¹

【往下走】vã²¹ɕiɒ⁵³tsʌu²¹

【往东走】vã²¹toŋ²²tsʌu²¹

【跟前】kɛ²⁴tsʰe²¹ 旁边。

【脸前】le²¹tsʰe²⁴ 面前。

【天上】tʰe²²ʂã⁵³

【地下】ti⁵³ɕiɒ²¹

【路边】lu⁵³pe²²

【路当中】lu⁵³tã²²tʂoŋ²²

【正中间】tʂəŋ⁵³tʂoŋ²²ke²²

24.形容词民俗语汇

（1）普通

【好】xo²¹

【赖】lɛ⁵³ 不好、坏。当地俗语："好出门不如赖在家。"

【不错】pəʔ²²tsʰuɣ⁵³

【挺好】tʰiəŋ²⁴xo²¹

【还行】xɛ²⁴ɕiəŋ²⁴

　　【还可以】xɛ²⁴kʰɣ²⁴i²¹

【差不多】tʂʰɒ²²pəʔ²²tuɣ²¹

【不咋样】pəʔ²²tʂa²¹iɑ̃⁵³

【不咋样】pəʔ²²tʂa²¹ti⁵³

【一般化】iəʔ²²pæ²²xɒ⁵³ 普通，不出挑。如：那人长得～，不咋地。

【硬】ɣɛ⁵³

【软】ʐuæ²¹

【咸】se²⁴

【淡】tæ⁵³

【香】ɕiɑ̃²²

【香喷喷】ɕiɑ̃²²pʰɛ⁵³pʰɛ²¹

【臭】tʂʰʌu⁵³

【酸】suæ²²

【辣】lɑʔ²²

【麻】mɒ²⁴ 如：你放的花椒太多啦，～的。

【稀】ɕi²²

【稠】tʂʰʌu²⁴

【密】miəʔ²²

【瘦】ʂʌu⁵³

【圪囵】kəʔ²²luɛ²⁴ 完整。

【鼓】ku²¹

【不搣搣的】pəʔ²²tɕyaʔ²²tɕyaʔ²²təʔ⁰ 形容鼓鼓的样子。如：书包装的～。

【扁扁的】pe²¹pe²⁴təʔ⁰

【整齐】tʂəŋ²¹tɕʰi²⁴

    【整齐齐的】tʂəŋ²¹tɕʰi²⁴ tɕʰi²⁴təʔ⁰

【干净】kæ²⁴tɕiəŋ²¹

    【干净净的】kæ²⁴tɕiəŋ²¹tɕiəŋ²¹təʔ⁰

【大】ta⁵³

【小】ɕio²¹

【多】tuɤ²²

【少】ʂo²¹

【长】tʂʰã²⁴

【短】tuæ²¹

【深】ʂəŋ²²

【浅】tsʰe²¹

【快】kʰɛ⁵³ ①速度快。②锋利。

【慢】mæ⁵³

【宽】kʰuæ²²

【窄】tʂaʔ²²

【厚】xʌu⁵³

【薄】pɤ⁵³

【高】ko²²

【矮】ɣæ²¹

【挫】tsʰuɤ²⁴ 很低。

【低】ti²²

【正】tʂəŋ⁵³

【歪】vɛ²²

【斜】ɕiɛ²⁴

【扭】niʌu²¹ 歪。如：放～了。｜那一头是～的。

【仄楞】tʂɤ²²lɛ²⁴ 歪。如：～过来。

　　【侧楞】tʂʰɑʔ²²lɛ²⁴

【凉】liɑ̃²⁴ ①温度低。②形容人性格冷淡。

【冰】piəŋ²² 比凉的程度深。

【冷】lɛ²¹ ①天气冷。②形容人性格冷淡。

【迟】tʂʰʅ²⁴

【早】tʂo²¹

【乏味】fɑʔ²²vɛ⁵³ 说话枯燥无味。

【全换】tsʰue²⁴xuæ²¹ 齐全，不缺。如称儿女双全的人为"～人"。

【顺当】ʂuɛ⁵³tɑ̃²² 顺利。

【时兴】ʂʅ²⁴ɕiəŋ²²

【时髦】ʂʅ²⁴mo²⁴

【洋气】iɑ̃²²cʰi⁵³

　　【洋里洋气】iɑ̃²²li²¹iɑ̃²²cʰi⁵³

【严实】ie²⁴ʂəʔ²²

　　【严实实的】ie²⁴ʂəʔ²²ʂəʔ²²təʔ⁰

【瓷实】tsʰʅ²⁴ʂəʔ²² 非常密实、结实。

【成景】tʂʰəŋ²⁴ciəŋ²¹ 形容人或物像样，多用于否定句。如：这孩长的不～。

【吃货】tʂʰəʔ²²xuɤ⁵³ 形容东西好，符合标准。如：～，这弄得可以。｜这
　　　个不错，真～。

【不吃货】pəʔ²²tʂʰəʔ²²xuɤ⁵³ 不好。

【出样】tʂʰuəʔ⁵³iɑ̃²¹ 样子出色。如：做的活多好，就～的嘞。

　　【出样样的】tʂʰuəʔ⁵³iɑ̃²¹iɑ̃²⁴təʔ⁰

【不出样】pəʔ²²tʂʰuəʔ⁵³iɑ̃²¹

【结实】ɕiɑʔ²²ʂəʔ⁵³

【合适】xɑʔ⁵³ʂəʔ²²

【中】tʂoŋ²⁴ 成熟了、好了。如：西瓜 ~ 啦熟了。｜饭 ~ 啦。也可以理解为
　　　"能够"，当地俗语："小孩不中惯，惯了不中看。"

【当紧】tɑ̃²⁴ɕiəŋ²¹ 要紧。如：这事 ~ 的很，非办不行。也可以理解为着急，
　　　如：~ 的使唤用嘞。

【要紧】io⁵³ɕiəŋ²¹ 形容某件事很严重或很重要。

【麻缠】mɒ²⁴tʂʰe²¹ 麻烦。如：这事 ~ 的嘞，不好办。

【难缠】næ²⁴tʂʰe²⁴ 如：那人 ~ 的嘞。

【难办】næ²⁴pæ²¹

【瞎八】ɕiɑʔ²²pɑʔ²² 形容说话、做事不着边际。如：净说 ~ 话。

【悬】ɕyɛ²⁴ 危险。如：我看这 ~，弄不成。

【出格】tʂʰuəʔ²²kəʔ²² 出格。

【岔皮】tʂʰɒ²¹pʰi²⁴ 偏离预定的样子，如说话偏离主题或走路偏离路线。如：
　　　说 ~ 啦。｜穿 ~ 啦。｜走 ~ 啦跑偏了。

【停】tʰiəŋ²⁴ ①正中间。②平均。如：把东西分 ~ 啦。

【重茬】tʂʰoŋ²⁴tʂʰɒ²⁴ 重复，做了的事情又做了一遍。如：我做过这个啦，~
　　　啦。

【重样】tʂʰoŋ²⁴iɑ̃⁵³ 和已有的东西样子重复。如：做了两个，~ 啦。

【老多】lo²¹tuɤ²² 许多。

【老些】lo²⁴ɕiɛ²¹ 很多。

【居便】cy²²pe⁵³ 方便、顺手。

【厚膨】xʌu⁵³tʂʰəŋ²² 充裕、厚实、富足。

【足劲】tɕyəʔ⁵³ɕiəŋ⁵³ 有力、有劲。如：~ 的嘞。

【腥气】ɕiəŋ²⁴cʰi²¹

　　【炸腥气】tʂɒ⁵³ɕiəŋ²²cʰi⁵³

【溃蜡】tsəʔ⁵³laʔ²² 米面等食物因放的时间长而变味，即不新鲜的味道。

【肯长】kʰɛ²¹tʂã²¹ 如：红土地耐旱，~。

（2）性格

【脾性】pʰi⁵³ɕiəŋ²¹ 脾气、性格。如：~ 不好。｜他就那号 ~。

【干板】kæ²⁴pæ²¹ 为人正直。

【忠厚】tʂoŋ²²xʌu⁵³

【老实】lo²⁴ʂəʔ⁵³

【实在】ʂəʔ⁵³tsɛ²¹

【实受】ʂəʔ⁵³ʂʌu²¹ ①指人实在。②东西耐用。

【地道】ti⁵³to²¹ ①实在。②纯正无误的，正宗的。

【透脱】tʰʌu⁵³tʰuəʔ²² 聪明。

【活泼】xuɑʔ⁵³pʰɑʔ²²

【贱】tse⁵³

【低搭】ti²⁴tɑʔ²² 低下、卑贱。

【精】tɕiəŋ²² 指人聪明、精明。如：~ 的嘞。

　　【猴精】xʌu²⁴tɕiəŋ²²

【寡】kɒ²¹ 为人孤僻或缺乏人情味。

【狠】xɛ²¹ 说话做事比较狠毒。如：~ 的嘞。

　　【毒】tuəʔ⁵³

【刁】tio²¹ 刁蛮。形容女人。如：~ 的嘞。

【害】xɛ⁵³ 指小孩调皮。

【短】tuæ²¹ 形容人心狠、恶毒。如：~ 的嘞。

【耐】nɛ⁵³ 身体结实，一般指小孩。如：~ 的嘞，不害病。

【皮】pʰi²⁴ 小孩乖巧听话。如：~ 的嘞。

【稳】vɛ²¹ 稳重，遇事不急不躁。

【性坦】ɕiəŋ⁵³tʰæ²¹ ①性格冷淡。②遇事沉稳，不慌张。

【平气】piəŋ²⁴cʰi⁵³ 脾气平和，态度温和。

【和气】xɣ²⁴cʰi⁵³ 脾气温和。

【急】ciəʔ⁵³ ①性子急。②着急。

【性急】ɕiəŋ⁵³ciəʔ⁵³

　　【急性】ciəʔ⁵³ɕiəŋ⁵³

【暴】po⁵³ 脾气暴躁。

　　【暴躁】po⁵³tso⁵³

【犟】ciã⁵³

【直性】tʂəʔ⁵³ɕiəŋ²¹ 直爽。

【直爽】tʂəʔ⁵³ʂuã²¹ 性情爽快、坦率。

【爽利】ʂuã²⁴li²¹ 形容怀抱里的小孩好带，不生病不爱哭闹，不缠人。

【本分】pɛ²¹fɛ⁵³ 安分守己、质朴。

【主贵】tʂu²¹kuɛ⁵³ 守规矩，有自尊。一般形容小孩子到别人家里不吃嘴、不乱拿东西。

（3）为人处事

【听话】tʰiəŋ²²xɒ⁵³ 听话懂事。

【捣蛋】to²¹tæ⁵³

【躁蛋】tsʰʌu⁵³tæ⁵³ 小孩调皮捣蛋并让人觉得烦躁。如：～的嘞。

【胆大】tæ²¹ta⁵³

【笨】pɛ⁵³

【日囊】ʐʅ⁵³nã²¹ 做活笨拙，不灵巧。

【窝囊】vɣ⁵³nã²¹

【日糊】ʐʅ⁵³xuɣ²¹ 糊涂，迷糊，反应慢。

　　【日糊糊的】ʐʅ⁵³xuɣ²¹xuɣ²¹təʔ⁰ 如：这人～。

【糊朵】xu⁵³tuɣ²¹

【不够窍】pəʔ²²kʌu⁵³cʰio⁵³ 脑子不够用，智力低下。

　　【不够数】pəʔ²²kʌu⁵³ʂu⁵³

【半吊】pæ⁵³tio⁵³ 脾性不好、不通事理、说话随便、举止不沉着的人。

【二半吊】ɚ⌐[53pæ53tio53

【半性】pæ53ɕiəŋ53

【二百五】ɚ[53paʔ22u21 指傻头傻脑，不很懂事而又倔强莽撞的人。

【势甲】ʂəʔ53ciɑʔ22 说话做事不经大脑，傻头傻脑。如：～半吊。

【圪际】kəʔ22tɕi53 小气。

【尖薄】tse24pɤ22 小气。

　　【尖】tse21

【细】ɕi53 节俭，不浪费。如：～的嘞。

　　【仔细】tsʅ24ɕi21

【场当】tʂʰã24tã22 为人大方。

【活泛】xuaʔ53fæ21 不死板。

【灵活】liəŋ24xuaʔ53

【固执】ku21tʂəʔ22 坚持己见，不易变通。

【突朽】tʰuəʔ22ɕiʌu21 胆小，不敢和人说话。如：这人～的嘞。

【死筋】sʅ24tɕiəŋ21 不活泛，见人不会说话。

【死板板的】sʅ21pæ21pæ24təʔ0 死板。

【泼察】pʰɑʔ22tʂʰɑʔ22 泼辣。

【絮烦】ɕy53fæ21 絮叨、麻烦。如：这人叨叨叨只管说，太～。

【阴凉】iəŋ22liã24 对人冷淡。

【热出】zɑʔ22tʂʰuəʔ22 热情。

　　【活动】xuəʔ53toŋ21 热情，活泛。

【脸皮扎实】le21pʰi24tʂaʔ22ʂəʔ22 脸皮厚。

　　【脸皮厚】le21pʰi24xʌu53

【死皮】sʅ21pʰi24 死皮赖脸。

【脸皮薄】le21pʰi24pɤ53

【胃口好】vɛ53kʰʌu21xo21

【口泼】kʰʌu21pʰɑʔ22 食欲好，不挑食。

【吃嘴】tʂʰəʔ²²tsɛ²¹ 贪吃，馋嘴，含贬义。

【狼虎】lã²⁴xu²¹ 吃饭香，不挑食。

【下做】ɕiŋ⁵³tsuəʔ²² 指人吃东西又贪又谗。

【吃手好】tʂʰəʔ²²ʂʌu²¹xo²¹ 形容小孩或小动物吃什么都香，不挑食。

【吃手不好】tʂʰəʔ²²ʂʌu²¹pəʔ²²xo²¹ 挑食。

【尖馋圪遛嘴】tse²²tʂʰæ²⁴kəʔ²²liʌu²¹tsɛ²¹ 对食物过分挑剔，爱挑食。

【圪能能的】kəʔ²²nɛ²⁴nɛ²⁴təʔ⁰ 指人神气活现，表现出得意或骄傲的样子。

　　　　如：不知有多大本事，走路都～。

【能不够】nɛ²⁴pəʔ²²kʌu⁵³ 指人爱逞能、爱显摆。

【扎架】tʂɑʔ²²ɕiŋ⁵³ ①摆架子，样子。如：你看他扎那个架。②张罗、开
　　　　始着手某事。如：还没～。｜～开啦。

【牛】niʌu²⁴ 牛气。

　　【牛皮】niʌu²⁴ pʰi²¹

【圪拽】kəʔ²²tʂuɛ²¹ 牛气。形容人神气活现的样子。

【张踺】tʂã²⁴ɕiəʔ²² 慌张忙碌的样子。

　　【张张踺踺】tʂã²⁴tʂã²⁴ɕiəʔ²²ɕiəʔ²²

【稽溜】tɕi²²liʌu⁵³ 动作敏捷。

【急窜】tɕiəʔ⁵³tʂʰuæ²¹ 做事麻利迅速。如：他干活～的嘞。｜你～些！

【钻杆】tsuæ²⁴kæ²¹ 动作敏捷，做事麻利。如：看这人做活多～。

　　【钻杆杆的】tsuæ²⁴kæ²²kæ²²təʔ⁰

【精干】tɕiəŋ²⁴kæ²¹

【利索】li⁵³suɤ²¹ 言语动作灵活敏捷。

　　【利撒】li⁵³sɑʔ²²

【勤气】cʰiəŋ²⁴cʰi²¹ 勤快。

【抛毛】pʰʌu²²mo²⁴ 指言语行为莽撞，靠不住。

【稳当】vɛ²⁴tã²² 做事稳妥恰当。

【拙笨】tʂuɑʔ²²pɛ²¹ 指人笨手笨脚。

【治事】tʂʅ⁵³ʂʅ⁵³ 指人办事能力强，敢于承担责任。

【没本事】məʔ²²pɛ²⁴ʂʅ²¹

（4）外貌装扮

【好看】xo²¹kʰæ⁵³

【俊】tɕyəŋ⁵³ 年纪大的人多说，多形容女性长得好看。

【排场】pʰɛ²⁴tʂʰɑ̃²¹ 形容人（男女均可）长得好看。

【难看】næ²⁴kʰæ⁵³

【干巴巴的】kæ²²pɒ⁵³pɒ²¹təʔ⁰ ①形容人身体干瘦，如：他瘦的～的。②说
话枯燥单调。

【肥】fɛ²⁴ 形容指动物脂肪多，指人则多含贬义。

【胖】pʰɑ̃⁵³ 形容人。

【胖乎乎】pʰɑ̃⁵³xu²²xu²¹

【圪乎乎的】kəʔ²²xu²²xu²²təʔ⁰ 形容人长得富态。

【富态】fu⁵³tʰɛ²¹

　　【富态态的】fu⁵³tʰɛ²²tʰɛ²²təʔ⁰

【苗条】miʌu²⁴tʰio²¹

【单薄】tæ²²pɤ²⁴ 身体瘦弱、不结实。

【硬棒】ɣɛ⁵³pɑ̃²¹ 形容老人身体硬朗、结实。

　　【硬棒棒的】ɣɛ⁵³pɑ̃²¹pɑ̃²⁴təʔ⁰

【壮】tʂuɑ̃⁵³

【丁棒】tiəŋ²²pɑ̃²¹ 青壮年身强体壮，如：～小伙。

【顺（不）溜溜】ʂuæ⁵³（pəʔ²²）liʌu²²liʌu²² 形容人身材匀称。如：你看人
长得～的。

【戚】tɕʰiəʔ²² ①可爱。②形容小孩听话懂事。

　　【戚不哒哒】tɕʰiəʔ²²pəʔ²²ta²¹ta²¹ 又可爱又漂亮。

【邋遢】lɑʔ²²tʰɑʔ²²

【龌龊】vɑʔ²²tʂʰuɑʔ²² 不整洁、脏。

【赖襟】lɛ²²tɛ²¹ 指穿戴不整齐。

【七长八短】tɕʰiə?²²tʂʰã²⁴pɑ?²²tuæ²¹ 形容衣服长短不齐。

【实聋】ʂə?⁵³loŋ²⁴ 聋得一点也听不见。

【恓惶】ɕi²²xuã²²

【实耐】ʂə?⁵³nɛ²¹ 形容人可怜兮兮的样子。

【怜薄】lɛ²⁴pɤ²¹ 形容人身体瘦弱单薄，又瘦又小。

（5）感受

【得劲】tə?²²ɕiəŋ⁵³ 舒服。

【悉得劲】ɕiə?²²tə?²²ɕiəŋ⁵³ 特别得劲。

【不得劲】pə?²²tə?²²ɕiəŋ⁵³ 不舒服。

【满意】mæ²⁴i⁵³

【出坦】tʂʰuə?²²tʰæ²¹ ①舒服。②指日子过得好。

【通活】tʰoŋ²²xuɤ²⁴ 身体通畅舒服。

【躁气】tsʰʌu⁵³cʰi⁵³ 形容内心烦躁。

【踏实】tʰɑ?²²ʂə?⁵³

【癔症】i⁵³tʂɛ²¹ 迷糊。如：我还 ~ 的嘞。

【癔力大增】i⁵³liə?²²ta²⁴tsɛ²¹ 不醒不悟，迷迷糊糊。如：我睡得迷迷糊糊的，
你把我叫醒，我 ~ 。

【倒运】to²¹yəŋ⁵³ 倒霉。

【灰】xuɛ²² 冷清、寂寞。如：这两天 ~ 的，没人来。

【失灰灰的】ʂə?⁵³xuɛ²¹xuɛ²⁴tə?⁰ 冷清清的。

【秤锤】tʂʰəŋ⁵³tʂʰɛ²¹ 形容挑担时像秤锤一样一头轻一头重。

【凉快】liã²⁴kʰɛ²¹

【背静】pɛ²⁴tɕiəŋ²¹ 偏僻、清净。

【胧（胧）明】loŋ²⁴（loŋ²⁴）miəŋ²⁴ 天色微明。

　　【苍明】tsʰã²²miəŋ²⁴ 天色微明。

　　【傍明】pã²²miəŋ²⁴ 天色微明。

【利利亮亮】li⁵³li²¹liã²¹liã²¹ 干净明亮。

（6）颜色

【红】xoŋ²⁴

【大红】ta⁵³xoŋ²⁴

【老红】lo²¹xoŋ²⁴ 深红。

【粉红】fɛ²¹xoŋ²⁴

【淡红】tæ⁵³xoŋ²⁴

【玫瑰红】mɛ²⁴kuɛ⁵³xoŋ²⁴

【桃红】tʰo²²xoŋ²⁴

【枣红】tso²¹xoŋ²⁴

【铁红】tʰiaʔ²²xoŋ²⁴

【柿黄红】ʂʅ⁵³xuã²⁴xoŋ²⁴ 橘红。

【柿黄】ʂʅ⁵³xuã²⁴ 橘黄。

【姜黄】ciã²²xuã²⁴

【老黄】lo²¹xuã²⁴ 深黄。

【鹅黄】ɣɤ²⁴xuã²⁴ ①金黄。②小麦的颜色。

【绿】lyəʔ²²

【老绿】lo²¹lyəʔ²² 深绿。

【油绿】iʌu²⁴lyəʔ²² ①墨绿。②形容绿得发亮。

【浅绿】tsʰe²¹lyəʔ²²

【豆绿】tʌu⁵³lyəʔ²²

【淡绿】tæ⁵³lyəʔ²²

【葱绿】tsʰoŋ²²lyəʔ²²

【白】paʔ⁵³

【月白】yaʔ²²paʔ⁵³

【鱼白】y²⁴paʔ⁵³

【灰】xuɛ²²

【银灰】iəŋ²⁴xuɛ²²

【黑灰】xɑʔ²²xuɛ²²

【深灰】ʂəŋ²²xuɛ²²

【浅灰】tsʰe²¹xuɛ²²

【蓝】læ²⁴

【深蓝】ʂəŋ²²læ²⁴

【浅蓝】tsʰe²¹læ²⁴

【天蓝】tʰe²²læ²⁴

【海军蓝】xɛ²¹cyəŋ²²læ²⁴

【黑蓝】xɑʔ²²læ²⁴

【紫】tsʅ²¹

【深紫】ʂəŋ²⁴tsʅ²¹

【浅紫】tsʰe²⁴tsʅ²¹

【玫瑰紫】mɛ²⁴kuɛ⁵³tsʅ²¹

【黄铜】xuã²⁴tʰoŋ²⁴

【古铜】ku²¹tʰoŋ²⁴

【黑】xɑʔ²²

25.代词民俗语汇

（1）人称代词

【我】va²¹

【囊（都）】nã²⁴（tʌu⁰）　我们。

【你】ni²¹

【聂（都）】niɛ²⁴（tʌu⁰）　你们。

【他】tʰa²¹

【他（都）】tʰɒ²⁴（tʌu⁰）　他们。

【咱】tsɒ²⁴

【咱（都）】tsɒ²⁴（tʌu⁰）　咱们。

【惹】zɣ²⁴人家的合音形式。

【自己】tsʅ⁵³ci²¹

【各人】kəʔ²²zəŋ²⁴

【大伙】tɒ⁵³xuɣ²¹

【大家】tɒ⁵³ciɒ²²

（2）指示代词

【这】te²⁴

【那】ne²⁴

【这个】te²⁴kəʔ⁰

【那个】ne²⁴kəʔ⁰

【这些】tɣ²²ɕiɛ²²

【那些】nɣ²²ɕiɛ²²

【这种】te²⁴tʂoŋ²¹

【那种】ne²⁴tʂoŋ²¹

【这样】te²⁴iã⁵³

【那样】ne²⁴iɑ̃⁵³

【这】te²⁴ 这里。（指称范围宽泛）

【那】ne²⁴ 那里。（指称范围宽泛）

【这】tɤ²¹ 这里。（指称具体地点）

【那】nɤ²¹ 那里。（指称具体地点）

【这块】te²¹kʰuɛ⁵³

【那块】ne²¹kʰuɛ⁵³

【这头】te²¹tʰɑu²⁴

【那头】ne²¹tʰɑu²⁴

【这边】te²¹pe²²

【那边】ne²¹pe²²

【这会】te²¹xuɛ⁵³（宽泛）

【那会】ne²¹xuɛ⁵³（宽泛）

【这阵】te²¹tʂəŋ⁵³（具体点）

【那阵】ne²¹tʂəŋ⁵³（具体点）

【这的】te²¹təʔ⁰ 指代动词："~做"。

【那的】ne²¹təʔ⁰ 指代动词："~做"。

【这】te²⁴ 指代形容词："~大"。（无论远近，多用"这"）

【那】ne²⁴ 指代形容词："~大"。（很少用"那"）

（3）疑问代词

【谁】ʂɛ²⁴ 单数。

【谁都】ʂɛ²⁴tɑu⁰ 复数。

【甚】ʂəŋ⁵³

　　【什么】ʂəʔ⁵³məʔ²²

【哪】nɒ²¹

【哪个】nɒ²⁴kəʔ²²

【哪些】nɒ²⁴ɕiɛ²²

【哪种】nɒ²⁴tʂoŋ²¹

【哪样】nɒ²⁴iɑ̃⁵³

【哪里】nɒ²⁴li²¹

【哪头】nɒ²¹tʰʌu²⁴

【哪边】nɒ²¹pe²²

【哪会】nɒ²¹xuɛ⁵³

【多伙】tuɤ²²xuɤ²¹ 多会儿。

【哪阵】nɒ²¹tʂəŋ⁵³

【怎么】tsəŋ²¹məʔ²² ~做。

【多】tuɤ²² ~大。

【因为其】iəŋ²²ve²¹ʂəŋ⁵³

【什么样】ʂəʔ⁵³məʔ²²iɑ̃⁵³

【多少】tuɤ²²ʂo²¹

【几（个）】ci²⁴（kəʔ²²）

26.副词与介词民俗语汇

（1）副词

【将就】tɕiɑ̃²²tɕiʌu⁵³

【凑合】tsʰʌu⁵³kəʔ²² 将就，还过得去。

　　　【对凑】tuɛ⁵³tsʰʌu⁵³ 即凑合、将就。

【故准】ku⁵³tʂuɛ²¹ 故意。

【趁上】tʂʰəŋ⁵³ʂɑ̃⁵³ 赶上。

【马刻】mɒ²¹kʰɑʔ²² 立刻、马上。

　　　【赶快】kæ²¹kʰuɛ⁵³

　　　【急当】ciəʔ²²tɑ̃⁵³

　　　【立马】liəʔ²²mɒ²¹

【即便】tɕiəʔ²²pe⁵³ 即刻。

【真】tʂəŋ²²

【够】kʌu⁵³ 很："这人长得不～胖。"

【刚】ciɑ̃²² 稍微。

　　　【显点】se²⁴te²¹

【差圪几】tʂʰɒ²²kəʔ²²ci²¹ 差点。

【真是】tʂəŋ²²ʂʅ⁵³ ①实在。②确实。

【光】kuɑ̃²² 只。

【一满】iəʔ²²mæ²¹ 一共。

　　　【一满共】iəʔ²²mæ²¹koŋ⁵³

　　　【一统共】iəʔ²²tʰoŋ²¹koŋ⁵³

【满共】mæ²¹koŋ⁵³

　　　【统满共】tʰoŋ²¹mæ²¹koŋ⁵³

【满地】mæ²¹ti⁵³

【可地】$k^h\gamma^{21}ti^{53}$

【凑手】$ts^hAu^{53}\text{ş}Au^{21}$ 顺手。

【割忍】$ka\text{ʔ}^{22}z\text{ə}\text{ŋ}^{21}$ 忍痛割爱。

【沿住】$ie^{24}t\text{ʂ}u^{53}$ 按顺序从头到尾。

【挨住】$\gamma E^{22}t\text{ʂ}u^{53}$ 挨个儿。

【隔另】$ka\text{ʔ}^{22}li\text{ə}\text{ŋ}^{53}$ 分开。

【歪好】$vE^{24}xo^{53}$ 无论如何。

　　【好歪】$xo^{53}vE^{21}$

　　【贵贱】$ku\text{ɛ}^{53}tse^{53}$

　　【长短】$t\text{ʂ}^h\tilde{a}^{24}tu\text{æ}^{21}$

【蒿】xo^{22} 或许

【冒是】$mo^{53}\text{ʂ}\text{ʅ}^{53}$ 多亏。

【根本】$k\text{ɛ}^{22}p\text{ɛ}^{21}$

【非】$f\text{ɛ}^{22}$ 偏。

【凭管】$p^hi\text{ə}\text{ŋ}^{24}ku\text{æ}^{21}$ 不管。

【才才】$ts^hE^{24}ts^hE^{0}$ 刚才，比"才"时间短。

【才】ts^hE^{24}

【刚】$ci\tilde{a}^{22}$

【刚刚】$ci\tilde{a}^{22}ci\tilde{a}^{0}$ ①稍微。②刚刚。

【先头】$se^{22}t^hAu^{24}$ 先前。

【可好】$k^h\gamma^{24}xo^{21}$ 正好。

【合适】$k\text{ə}\text{ʔ}^{22}\text{ʂ}\text{ə}\text{ʔ}^{22}$

【恰好】$c^ha\text{ʔ}^{53}xo^{21}$

【眼下】$ie^{21}\text{ɕ}i\text{ɒ}^{53}$ 当下。

【一猛劲】$i\text{ə}\text{ʔ}^{22}mo\text{ŋ}^{21}ci\text{ə}\text{ŋ}^{53}$ 一下子。

【天每】$t^he^{22}m\text{ɛ}^{21}$ 每天。

【经常】$t\text{ɕ}i\text{ə}\text{ŋ}^{22}t\text{ʂ}^h\tilde{a}^{22}$

【有些】iʌu²¹ɕiɛ²²

【就跟是】tɕiʌu⁵³kɛ²²ʂʅ⁵³ 好像。

【可能】kʰɣ²¹nɛ²⁴

【差乎】tʂʰɒ²²xu²² 差点儿。

【一起】iə?²²cʰi²¹

【顶多】tiəŋ²¹tuɣ²²

【专门】tʂuæ²²mɛ²⁴

【紧马攻城】ciəŋ²¹mɒ²¹koŋ²²tʂʰən²⁴ 不敢消停、疏忽。

【不要】pə?²²io⁵³ 不、别、不要。

【趁早】tʂʰən⁵³tso²¹

【眼看】ie²¹kʰæ⁵³

【小四十】ɕio²¹sʅ⁵³sə?⁵³ 快四十了。

【另外】liəŋ⁵³vɛ⁵³

【圪囊囊】kə?²²nɑ̃²¹nɑ̃⁰ 狠狠地。

【微】vɛ²² 稍微。

【白】pɛ²⁴ 空。

【到底】to⁵³ti²¹

【根本】kɛ²²pɛ²¹

【顺便】ʂuɛ⁵³pe⁵³

【多亏】tuɣ²² kʰuɛ²²

（2）介词

【跟】kɛ²² ①向、往。②和。

【安根】ɣæ²²kɛ²² 从小。

【把】pɒ²¹

【从】tsʰoŋ²⁴

【自从】tsʅ⁵³tsʰoŋ²⁴

【着】tʂo²² 让。

【对】tuɛ⁵³

【对的】tuɛ⁵³təʔ⁰ 对着。

【到】to⁵³

【在】tsE⁵³

【看】kʰæ⁵³ 依据。

【叫】cio⁵³ ①被。②让。

【用】yəŋ⁵³

【顺的】ʂuɛ⁵³təʔ⁰

【朝的】tʂʰo²⁴təʔ⁰ 沿着。

【替】tʰi⁵³

【给】ciɑʔ⁵³

【向】ɕiɑ̃⁵³

【赶】kæ²¹ 到。

27.量词民俗语汇

【不链】pəʔ²²le⁵³ 串儿。如：一～葡萄。

【圪挛】kəʔ²²luæ²⁴ 团儿。如：一～纸。

【圪珠】kəʔ²²tʂu²² 缕儿。如：一～头发。

【圪爪】kəʔ²²tʂo²¹ 一团儿。如：一～线。

【圪绺】kəʔ²²liʌu²¹ 绺儿。如：一～毛线。

【盘】pʰæ²⁴ 一～铁丝。

【圪芦】kəʔ²²lu²⁴ 瓶。如：一～水。

【座】tsuɤ⁵³ 一～房。

【风】fəŋ²² 麻将桌上的专用量词,一人上两回庄为一风。

【不溜】pəʔ²²liʌu²⁴ 行。如：写了一～字。

【遭】tso²² 遍。如：米碾了一～。

【听】tiəŋ²² 250块砖为一听。

【拢】loŋ²¹ 套。

【挂】kɒ⁵³ 辆，串。如：一～车；一～鞭炮。

【圪垒】kəʔ²²lɛ⁵³ 堆。如：一～麦。

【圪嘟】kəʔ²²tu²² 股。如：一～臭气。

【圪截】kəʔ²²tɕiɑʔ⁵³ 段。如：一～木头。

【圪堆】kəʔ²²tuɛ²² 堆。如：一～土。

【圪洞】kəʔ²²toŋ⁵³ ①名词，胡同儿。②借用为量词"些"。如：一～人。

【圪儿】kəʔ²²ci²¹ 一点点。

【拃】tʂɒ²¹ 用手丈量物时，大拇指与中指间的距离。

【把】pɒ²¹ 一～椅。

【块】kʰuɛ⁵³ 一～钱。

【本】pɛ²¹ 一～书。

【头】tʰʌu²⁴ 一 ~ 牛。

【副】fəʔ²² 一 ~ 药/眼镜/象棋。

【条】tʰio²⁴ 一 ~ 盖的_{被子}。

【瓶】pʰiəŋ²⁴ 一 ~ 水。

【顿】tue⁵³ 一 ~ 饭。

【炷】tʂu⁵³ 一 ~ 香。

【只】tʂʅ²¹ 一 ~ 手。

【张】tʂɑ̃²² 一 ~ 桌。

【台】tʰɛ²⁴ 一 ~ 戏。

【身】ʂəŋ²² 一 ~ 衣裳。

【间】ke²² 一 ~ 房。

【页】iɑʔ²² 一 ~ 书。

【担】tæ⁵³ 一 ~ 水。

【石】tæ⁵³ 一 ~ 米。

【斗】tʌu²¹ 一斗米。

【升】ʂəŋ²² 一 ~ 米。

【合】kɑʔ²² 一 ~ 米。

【门】mɛ²⁴ 一 ~ 亲。

【刀】to²² 一 ~ 纸。

【串】tʂʰuæ⁵³ 一 ~ 钥匙/院子。

【卷】kue²¹ 一 ~ 行李/纸。

【对】tue⁵³ 一 ~ 花瓶。

【场】tʂʰɑ̃²⁴ 一 ~ 雨。

【幢】tʂuɑ̃⁵³ 一 ~ 庙。

【窑】tɕio⁵³ 烧了一 ~ 砖。

【件】ke⁵³ 一 ~ 事/衣裳。

【滴】tiəʔ²² 一 ~ 水。

【手】ʂʌu²¹ 写了一 ~ 好字。

【趟】tʰɑ̃⁵³ 去了一 ~ 。

【遭】tso²² 走了一 ~ 。

【嘴】tsɛ²¹ 一 ~ 牙。

【搭】cʰiɒ²² 一 ~ 柴。

【根】kɛ²² 计算长条的东西。

【咪】mi²² 瓣。如：一 ~ 蒜。

28.数词民俗语汇

（1）数字

【一】iəʔ²²

【二】ɚ̩⁵³

【三】sæ²²

【四】sʅ⁵³

【五】u²¹

【六】liʌu⁵³

【七】tɕʰiəʔ²²

【八】pɑʔ²²

【九】ciʌu²²

【十】ʂəʔ⁵³

【一号】iəʔ²²xo⁵³

【二号】ɚ̩⁵³xo⁵³

【三号】sæ²²xo⁵³

【四号】sʅ⁵³xo⁵³

【五号】u²¹xo⁵³

【六号】liʌu⁵³xo⁵³

【七号】tɕʰiəʔ²²xo⁵³

【八号】pɑʔ²²xo⁵³

【九号】ciʌu²²xo⁵³

【十号】ʂəʔ⁵³xo⁵³

【初一】tʂʰu²²iəʔ²²

【初二】tʂʰu²²ɚ̩⁵³

【初三】tʂʰu²²sæ²²

【初四】tʂʰu²²sɿ⁵³

【初五】tʂʰu²²u²¹

【初六】tʂʰu²²liʌu⁵³

【初七】tʂʰu²²tɕʰiəʔ²²

【初八】tʂʰu²²pɑʔ²²

【初九】tʂʰu²²ciʌu²²

【初十】tʂʰu²²ʂəʔ⁵³

【老大】lo²¹ta⁵³

【老二】lo²¹ɚ̩⁵³

【老三】lo²¹sæ²²

【老四】lo²¹sɿ⁵³

【老五】lo²¹u²¹

【老六】lo²¹liʌu⁵³

【老七】lo²¹tɕʰəʔ²²

【老八】lo²¹pɑʔ²²

【老九】lo²¹ciʌu²²

【老十】lo²¹ʂəʔ⁵³

【一个】iɛ⁵³/ iəʔ²²kəʔ⁰

【两个】lio²²/liã²¹kəʔ⁰

【三个】so²² /sæ²²kəʔ⁰

【四个】sɿɛ⁵³/sɿ⁵³kəʔ⁰

【五个】uɯ²⁴ /u²¹kəʔ⁰

【六个】liʌɯ⁵³ /liʌu⁵³kəʔ⁰

【七个】tɕʰiəɯ²²/tɕʰiəʔ²²kəʔ⁰

【八个】pɒ²⁴/pɑʔ²²kəʔ⁰

【九个】ciɯ²⁴/ciʌu²²kəʔ⁰

【十个】ʂəɯ⁵³/ʂəʔ⁵³kəʔ⁰

【第一】ti⁵³iə?²²

【第二】ti⁵³əʅ⁵³

【第三】ti⁵³sæ²²

【第四】ti⁵³sʅ⁵³

【第五】ti⁵³u²¹

【第六】ti⁵³liʌu⁵³

【第七】ti⁵³tɕʰiə?²²

【第八】ti⁵³pɑ?²²

【第九】ti⁵³ciʌu²²

【第十】ti⁵³ʂə?⁵³

【一百】iə?²²pɑ?²²

【一千】iə?²²tsʰe²²

【一百一】iə?²²pɑ?²²iə?²²

【一百一十一】iə?²²pɑ?²²iə?²²ʂə?⁵³iə?²²

【一千零一】iə?²²tsʰe²²liəŋ²⁴iə?²²

【一千一百】iə?²²tsʰe²²iə?²²pɑ?²²

【一千一百个】iə?²²tsʰe²²iə?²²pɑ?²²kə?⁰

【一万】iə?²²væ⁵³

【一万二】iə?²²væ⁵³əʅ⁵³

【三万五】sæ²²væ⁵³u²¹

【三万五个】sæ²²væ⁵³u²¹kə?⁰

【零】liəŋ²⁴

【二斤】əʅ⁵³ciəŋ²²

【二两】əʅ⁵³liã²¹

【二钱】əʅ⁵³tsʰe²⁴

【二分】əʅ⁵³fɛ²²

【二厘】əʅ⁵³li²⁴

【两丈】liã²¹tʂã⁵³

【二尺】ɚ̩⁵³tʂʰəʔ²²

【二寸】ɚ̩⁵³tsʰuɛ⁵³

【两里】liã²¹li²¹

【两担】liã²¹tæ⁵³

【两斗】liã²¹tʌu²¹

【两升】liã²¹ʂəŋ²²

【两合】liã²¹kɑʔ²²

【两项】liã²¹ɕiã⁵³

【二亩】ɚ̩⁵³m̩²¹

【几个】ci²¹kəʔ⁰

【一些些】iəʔ²²ɕiɛ²²ɕiɛ⁰

【好一些】xo²¹iəʔ²²ɕiɛ²²

【将大些】tɕiã²²ta⁵³ɕiɛ²² 稍微大一些。

【一圪几】iəʔ²²kəʔ²²tɕi²¹ 一点。

【一圪几几】iəʔ²²kəʔ²²tɕi²¹tɕi⁰ 一点点。

【多一点】tuɤ²²iəʔ²²te²¹

【十来个】ʂəʔ⁵³lɛ²⁴kəʔ⁰ 十多个。

【十几个】ʂəʔ⁵³tɕi²¹kəʔ⁰

【个把个】kəʔ⁰pɒ²¹kəʔ⁰

【千把个】tsʰe²²pɒ²¹kəʔ⁰

【百把个】pɑʔ²²pɒ²¹kəʔ⁰

【半个】pæ⁵³kəʔ⁰

【一多半】iəʔ²²tuɤ²²pæ⁵³ 多半。

【一少半】iəʔ²²ʂo²¹pæ⁵³ 少半。

【一半】iəʔ²²pæ⁵³

【两半】liã²¹pæ⁵³

【一个半】iə?kə?⁰pæ⁵³

【左右】tsuɣ²²iʌu⁵³ 大约。

【上下】ʂɑ̃⁵³ɕin⁵³

【不到】pə?²²to⁵³ 不足。

【不到些】pə?²²to⁵³ɕiɛ²²

（2）干支

【甲】ɕiɑ?²²

【乙】iə?²²

【丙】piəŋ²¹

【丁】tiəŋ²²

【戊】u²²

【己】ɕi²¹

【庚】kɛ²²

【辛】ɕiəŋ²²

【壬】zəŋ²⁴

【癸】kʰuɛ²⁴

【子】tsʅ²¹

【丑】tʂʰʌu²¹

【寅】iəŋ²⁴

【卯】mo²¹

【辰】tʂʰəŋ²⁴

【巳】sʅ⁵³

【午】u²¹

【未】vɛ⁵³

【申】ʂəŋ²²

【酉】iʌu²¹

【戌】ɕiə?²²

【亥】xɛ⁵³

三、端氏方言俗语、故事等

1.串话

串话是群众在生活中总结出的经验口语，语言风趣诙谐、简明扼要、含义深刻。

1. lε²¹pə?²²lε²¹tE⁵³i²²ʂã²²ɣɤ⁵³pə?²²ɣɤ⁵³tE⁵³kæ²²liã²⁴

冷 不 冷带 衣裳，饿 不 饿 带 干 粮。（出门二带）

2. zəŋ²⁴ciə?⁵³cio⁵³niã²⁴kʌu²¹ciə?⁵³tʰio⁵³tɕʰiã²⁴

人 急 叫 娘，狗 急 跳 墙。（遇事二急）

3. ly²⁴pə?²²kʰuE⁵³vε⁵³tʂʌu⁵³kuε⁵³ciə?⁵³fu²⁴pə?²²xo²¹vε⁵³tʂã⁵³m²¹niã²⁴

驴 不 快 怨 纣 棍，媳 妇 不 好 怨 丈 母 娘。（二怨恨）

4. cʰyəŋ²⁴tʌu⁵³kæ²²fu²¹kuə?²²zã²⁴

穷 豆 秆，富 谷 穰。

5. tʂʰuæ⁵³ɕiəŋ²²luɤ²⁴pu²¹tuə?²²kə?²²tuɤ²¹suæ⁵³

窜 心 萝 卜，独 圪 朵 蒜。（配药）

2.儿歌

1. ɕio²¹pɑ?⁵³tsʰE⁵³ti⁵³li²¹xuã²²sæ²²sε⁵³liã²¹sε⁵³li²⁴læ⁰niã²⁴tɕiʌu⁵³pʰɒ⁵³tiE²²tiE⁰tɕʰy²¹

小 白 菜，地 里 荒。三 岁 两 岁 离 兰 娘，就 怕 爹 爹 娶

xʌu⁵³niã²⁴tɕʰy²¹læ⁰kə?⁰xʌu⁵³niã²⁴iə?²²ne²⁴pæ⁵³sε⁵³læ⁰kə?⁰ti⁰ti⁰pi²¹va²¹

后 娘。娶 兰 个 后 娘 一 年 半，生 兰 个 弟 弟 比 我

cʰiã²⁴ti⁵³ti⁰tʂʰə?²²me⁵³va²¹xɑ?²²tʰã²²ɣE⁵³ia⁰va²¹tə?⁰tɕʰiəŋ²²niã²⁴ia⁰

强。 弟 弟 吃 面 我 喝 汤，哎 呀 我 的 亲 娘 呀。

2. ɣo⁵³ɣo⁵³xE²⁴xE²⁴ʂε⁵³niã²⁴to²¹tε⁵³xE²⁴xE²⁴ku²²niã²⁴ʂʰoŋ²²kuə?²²xE²⁴xE²⁴cʰy⁵³

哦，哦，孩 孩 睡，娘 捣 碓。孩 孩 哭，娘 舂 谷。孩 孩 去

vE⁵³pe²¹væ²⁴vɤ²²vɤ⁰mɒ²²mɒ⁰kə?⁵³ni²¹kæ²¹me⁵³tʰio²⁴

外边 玩窝窝，妈妈给 你擀面 条。

3.tʂʰɤ²¹lE²⁴lE⁰lɒ²²cy⁵³cy⁰tʂʰɤ²¹to⁵³lo²¹lo⁰xuE²⁴ʂu⁵³ti²¹lo²¹lo⁰kʰæ⁵³ke⁵³xɤ²²xɤ⁰çio⁵³

扯 来来，拉锯锯，扯到 姥姥 槐 树底。姥姥 看见 呵 呵笑，

ciəŋ⁵³ciəŋ⁰kʰæ⁵³ke⁵³tɕiʌu⁵³fɒ²²tʂʰʌu²⁴ciəŋ⁵³ciəŋ⁰io²²pɒ²²io⁵³tʂʰʌu²⁴nɒ²⁴iə?²²

妗 妗 看 见 就 发愁。妗 妗 呦不要 愁，哪一

ʂæ²²ʂɑ̃²⁴məʔ²²ʂə?⁵³tʰʌu²⁴nɒ²⁴iə?²²xɤ²⁴lʌu²²məʔ²²ʂɛ²¹liʌu²⁴nɒ²⁴iə?²²ciʌu⁵³ciʌu⁰

山上 没 石 头，哪一 河 喽没 水 流。哪一 舅 舅

məʔ²²vE⁵³ʂɛ²²nɒ²⁴iə?²²vE⁵³ʂɛ²²məʔ²²ciʌu⁵³ciʌu⁰ʂə?⁵³liʌu²⁴kʰE²⁴xɒ²²va²¹tɕiʌu⁵³

没 外甥，哪一 外甥 没 舅舅。石榴 开 花我 就

tsʌu²¹

走。

4.çio²¹væ²¹væ⁰kə?²²lʌu²⁴lʌu²⁴mɒ²²mɒ⁰kə?⁵³ni²¹tsʅ⁵³fæ⁵³fæ⁰pə?²²læ⁵³kæ²¹tɒ²¹

小 碗碗，圪 篓篓，妈 妈给 你 置饭饭，不 栏杆，打

ci²²tæ⁵³tsʰoŋ²²xɒ²²xɒ⁰tsʰu⁵³te²¹te⁰xu²⁴tɕio²²me⁵³me⁰ciɑ̃²²pʰe⁵³pʰe⁰tʂʰə?²²tə?⁰

鸡蛋，葱 花花，醋点点，胡椒 面面 姜片 片。吃 得

çio²¹xE²⁴tu⁵³ə̩[²⁴ve²⁴iʌu⁵³ve²⁴

小 孩肚儿圆又 圆。

5.xoŋ²⁴kə?²²tɑ̃²²tɒ²²çi⁵³tʰE²⁴xuæ⁵³va²¹kuɛ²²ny²¹kæ⁵³çi⁵³lE²⁴zɤ²⁴tə?⁰kuɛ²²ny²¹

红 圪 当，搭戏台。唤 我 闺 女看戏来，惹人家的闺 女

tʌu²²lE²⁴la⁰va²¹tə?⁰kuɛ²²ny²¹xE²⁴məʔ²²lE²⁴ʂuɑ?²²tə?⁰ʂuɑ²²tə?⁰tɕiʌu⁵³lE²⁴la⁰

都 来啦,我 的 闺 女 还 没 来。说 的 说 的 就 来啦。

cʰy²⁴tə?⁰ly²⁴tɒ²¹tə?⁰sæ²¹çiə?²²tə?⁰pʰi⁵³ku²¹lɒ²²tə?⁰pæ²¹

骑的驴打的伞，褐 的 屁股拉的板。

6.iE²¹tɕʰio²²iE²¹tɕʰio²²tɕiɑ⁵³tɕiɑ⁵³toŋ²²və?²²so²¹ni²¹ciɒ⁵³pə?²²ciɒ⁵³xɑ?²²tuæ²¹ʂʌu⁵³

野 雀 野雀 驾 驾，东屋 嫂你 嫁不 嫁。黑 短 瘦

ni²¹tɕʰiE²¹tsʌU²¹pɒ⁵³tɕi²² tɕi⁰mɒ²²mɒ⁰pʰiɑʔ²²pəʔ²²ɕiɒ⁵³

你 且 走 吧，叽 叽 麻 麻 撇 不 下。

7.kɒ²²tsʅ²¹kɒ²²tsʅ²¹iə ʔ²²pæ²²tɒ⁵³vɑ²¹kɛ²²tɕiɑ⁵³tɕiɑ⁰iəʔ²²cʰi²¹ciɒ⁵³tɕiɑ⁵³tɕiɑ⁰ciɒ⁵³to⁵³

瓜 子 瓜 子 一 般 大，我 跟 姐 姐 一 起 嫁。姐 姐 嫁 到

tʂʰəŋ²⁴me²⁴li²¹vɑ²¹tɕiʌU⁵³ciɒ⁵³to⁵³tʂʰəŋ²⁴me²⁴vE⁵³tɕiɑ⁵³tɕiɑ⁰cʰy²⁴iəʔ²²kəʔ⁰ko²²

城 门 里，我 就 嫁 到 城 门 外。姐 姐 骑 一 个 高

tɒ⁵³mɒ²¹vɑ²¹tɕiʌU⁵³cʰy²⁴iəʔ²²su²¹kəʔ²²tʂʰɒ⁵³tɕiɑ⁵³tɕiɑ⁰tʂʰuæ²²təʔ⁰ʂʅ⁵³xɒ²²i²²

大 马，我 就 骑 一 树 圪 叉。姐 姐 穿 的 是 花 衣

sɑ̃²²vɑ²¹tɕiʌU⁵³tʂʰuæ²²təʔ⁰ʂʅ⁵³læ⁵³pu⁵³sæ²²tɕiɑ⁵³tɕiɑ⁰kE⁵³təʔ⁰ʂʅ⁵³xɒ²²kE⁵³ti²¹vɑ²¹

裳，我 就 穿 的 是 烂 布 衫。姐 姐 盖 的 是 花 盖 的，我

tɕiʌU⁵³kE⁵³ti²¹læ⁵³pɣ⁵³cʰi²¹tɕiɑ⁵³tɕiɑ⁰tʂəŋ²¹kəʔ⁰xɒ²²tʌU⁵³tʂəŋ²¹vɑ²¹tɕiʌU⁵³tʂəŋ²¹

就 盖 的 烂 簸 箕。姐 姐 枕 个 花 豆 枕，我 就 枕

læ⁰kəʔ⁰xɒ²²i²¹pɒ²²pəʔ²²liʌU²²pəʔ²²liʌU²²vɑ²¹xE⁵³pʰɒ⁵³

兰 个 花 尾 巴。不 溜 不 溜 我 害 怕。

8.ciəŋ²²tʰe²²ɕiəŋ²²cʰi²²liʌU⁵³sɑ̃⁵³ciE²²liʌU⁵³iəʔ²²liʌU⁵³pʰoŋ⁵³ke⁵³læ⁰xæ²⁴lo²¹liʌU⁵³

今 天 星 期 六，上 街 遛 一 遛，碰 见 兰 韩 老 六，

mE²¹læ⁰liʌU⁵³kəʔ²²mɒ²⁴xɒ²²læ⁰liʌU⁵³kʰuE⁵³liʌU⁵³

买 兰 六 个 馍，花 兰 六 块 六。

9.iʌU²¹iəʔ²²koŋ²²tsʅ²¹lE²⁴kʰæ⁵³sæ²²kʰæ⁵³læ⁰tsʰe²⁴sæ²²kʰæ⁵³xʌU⁵³sæ²²vɑ²¹vE⁵³

有 一 公 子 来 看 山，看 兰 前 山 看 后 山，我 问

koŋ²²tsʅ²¹sæ²²tuɣ²²so²¹sæ²²tsʰe²⁴sæ²²xʌU⁵³sæ²²sɑ̃²²sæ²²

公 子 山 多 少，山 前 山 后 山 上 山。

山

上 山

前 山 后

山 少 多 山

山 我 问 公 子

后 看 山 前 兰 看

有 一 公 子 来 看 山

10.tsʰE²⁴ɕiʌu⁵³vã²⁴koŋ²²cio⁵³mɛ²⁴kʰE²²kʰE²²mɛ²⁴cio⁵³koŋ²²iʌu²¹zə̃ŋ²⁴lE²⁴lE²⁴

才 秀 王 工 叫 门 开, 开 门 叫 工 有 人 来。来

zə̃ŋ²⁴iʌu²¹koŋ²²tʂʌu²²ʂʅ⁵³vʌ²¹vʌ²¹ʂʅ⁵³tʂʌu²²koŋ²²vã²⁴ɕiʌu⁵³tsʰE²⁴

人 有 工 周 是 我, 我 是 周 工 王 秀 才。

才

秀

王

来 人 有 工 周 是 我

叫

门

开

11.ʂə̃ʔ⁵³zɑʔ²²ciʌu²¹pə̃ʔ²²tʂʰuə̃ʔ²²pɑʔ²²sæ²²ke⁵³tʰE⁵³iã²⁴

十 日 九 不 出, 八 山 见 太 阳。

3.歇后语

1. ɕiɑʔ²²ie²¹kʰæ⁵³ko⁵³ʂʅ⁵³ cio²¹tʂuã²²iʌu²¹i⁵³ʂʅ²²

瞎 眼 看 告 示——假 装 有 意 思。

2. zuæ²¹mi²¹mc⁵³kə̃ʔ²²luæ²⁴ yʌʔ²²io²⁴yʌʔ²²æ²⁴

软 米 面 圪 圙——越 咬 越 粘。

3. xʌu²⁴pəʔ²²sã⁵³su⁵³　tʰuæ²⁴təʔ⁰luɤ²⁴so²¹

　　猴　不　上　树——抟　的　锣　少。

4. əʅ²⁴ɕiəʔ⁵³fu⁵³sɛ²²xɛ²⁴lo²¹koŋ²²tʂʰuəʔ²²liəʔ²²　iʌu²¹liəʔ²²tʂʰuəʔ²²pəʔ²²sã⁵³

　　儿　媳　妇生　孩老　公　出　力——有　力　出　不　上。

5. ʂəʔ⁵³m̩²¹ti⁵³iəʔ²²kʰuɤ²²kuəʔ²²　ciəŋ²²kuɛ⁵³

　　十　亩　地一　颗　谷——金　贵。（喻一家只有一个孩子）

6. kʌu²¹io²¹ly²¹toŋ⁵³piəŋ²²　zəŋ⁵³ciəŋ²¹pəʔ²²zəŋ⁵³tʂəŋ²²

　　狗咬吕　洞　宾——认　假　不　认　真。

7. kəʔ²²luəʔ²²ci²²sã⁵³næ²⁴pʰɤ²²　kəʔ²²ku⁵³kəʔ²²

　　圪　落　鸡上　南坡——各　顾　各。

9. xɒ²²kəʔ²²tɕiɑʔ⁵³tʂuã⁵³tʂoŋ²²　məʔ²²iəŋ²²

　　花圪　截　撞　钟——没　音。

10. cʰy⁵³mo²⁴te²²tʰoŋ²¹　iəʔ²²cy²¹liã²¹təʔ²²

　　去　茅　掂　桶——一　举　两　得。

11. iɒ²²xuæ²⁴tɛ⁵³yɑʔ²²ʂʅ²¹　tã²²ciɒ²²pəʔ²²tʂu²¹ʂʅ⁵³

　　丫　鬟　带钥　匙——当　家　不　主　事。

12. ly²⁴tʂʰəʔ²²tse²²piəŋ²¹　pəʔ²²ʂəʔ²²fæ²¹xuɑʔ⁵³li²¹tʂəŋ⁵³

　　驴　吃　煎　饼——不　识　反　活　里　正。（指人不识好歹）

13. kəʔ²²mɒ²²ʂuæ²²to⁵³piɑ²²tʰɛ²¹sã²⁴　məʔ²²pʰo²¹

　　圪　蟆　拴到　鳖　腿　上——没　跑。

14. tʂu²²nio⁵³pʰo⁵³tɒ²¹zəŋ²⁴　pəʔ²²tʰɛ²⁴so⁵³cʰi⁵³næ²⁴vɛ²⁴

　　猪　尿　泡打　人——不　疼，臊气　难　闻。

15. so⁵³tʂu²¹kəʔ²²tɒ²²tɛ⁵³mo⁵³　ciɒ²¹tʂuã²²

　　扫　帚疙　瘩戴　帽——假　装。

16. tʂʰəŋ⁵³tʂʰɛ²⁴məʔ²²kʰu²²loŋ⁰　se²⁴tʰiɑʔ²²

　　秤　锤没　窟　窿——闲铁（贴）。

17. cʰi²⁴ly²⁴tsʰʌu⁵³kəʔ²²tɕiaʔ²² tʂəŋ⁵³xo²¹
　　骑　驴　凑　圪　节——正　好。

18. kã²²ie²⁴ʂã⁵³pʰo²¹mɒ²¹ vɛ²¹se²¹
　　缸　沿　上　跑　马——危　险。

19. ʂɛ⁵³tʂɤ²⁴tɕio⁵³kəʔ²²maʔ²²tʰe²² ɕiã²¹xo²¹ʂʅ⁵³
　　睡　着　觉　圪　摸　天——想　好　事。

20. sæ²²tʂã²²tʂʅ²¹xu²⁴læʔkəʔ²²ly²⁴kəʔ²²no²¹ xo²¹tɒ⁵³me⁵³tsʅ²¹
　　三　张　纸　糊　兰　个　驴　圪　脑——好　大　面　子。

21. iã²²cʰyəŋ²⁴li²¹pʰo²¹tʂʰuəʔ²²ly²⁴lɛ²⁴ ni²¹suæ⁵³lo²¹ci²¹
　　羊　群　里　跑　出　驴　来——你　算　老　几。

22. iəʔ²²tsɛ²¹suəʔ²²læʔkəʔ²²zɒʔ²²mæ²⁴ciəŋ²² ʂuaʔ²²pəʔ²²tʂʰuəʔ²²lɛ²⁴
　　一　嘴　噙　兰　个　热　蔓　菁——说　不　出　来。

23. ʂæ²²kəʔ²²toŋ⁵³tɒ²¹lã²⁴ pʰo²¹pəʔ²²lio²¹
　　山　圪　洞　打　狼——跑　不　了。

24. vɛ⁵³kʌu²¹vɛ⁵³tʂʰəŋ²⁴læ⁰lã²⁴ fæ²²le²¹pəʔ²²zəŋ⁵³zəŋ²⁴
　　喂　狗　喂　成　兰　狼——翻　脸　不　认　人。

25. lo²¹koŋ²²pɛ²²əɭ²⁴ɕiəʔ⁵³fu⁵³kuɤ⁵³xɤ²⁴ tʂʰuəʔ²²liəʔ²²pəʔ²²tʰo²¹xo²¹
　　老　公　背　儿　媳　妇　过　河——出　力　不　讨　好。

26. ko²²ʂɤ⁵³pʰo⁵³tɒ²¹vɛ²⁴tsʅ²¹ pəʔ²²xɒʔ⁵³suæ⁵³
　　高　射　炮　打　蚊　子——不　合　算。

27. mɤ⁵³to⁵³ɕyəŋ²⁴ly²⁴tʰi²⁴ ku⁵³iəʔ²²tʂo²¹tʂʰɒ²⁴
　　磨　道　寻　驴　蹄——故　意　找　茬。

28. cʰi²⁴ly²⁴pɛ²²tse²²tæ⁵³ tʌu²²tsɛ⁵³ly²⁴ʂɛ²²ʂã⁵³
　　骑　驴　背　肩　担——都　在　驴　身　上。

29. tʂu²²ɕio⁵³ly²⁴le²¹tʂʰã²⁴ iəʔ²²moŋ²⁴iəʔ²²iã⁵³
　　猪　笑　驴　脸　长——一　模　一　样。

30. tsʰɛ²⁴foŋ⁵³tio⁵³læ⁰tsɛ²¹　　tsʅ²¹ʂəŋ⁵³tsʰə?²²la⁰

裁　缝　掉兰剪——只剩尺（吃）啦。

31. ʂɒ²²kuɤ²²to²¹suæ⁵³　　iə?²²tsʰuɛ²⁴tsʅ²¹mɛ²¹mɛ⁵³

砂　锅　捣蒜——一　锤　子买卖。

32. tʌu⁵³fu²¹tio⁵³tɕiəŋ⁵³xuɛ²²tuɛ²²ə̩l̩²⁴lʌu²²la⁰　　tsʰɛ²²pə?²²tə?²²tɒ²¹pə?²²tə?²²

豆　腐　掉　进　灰　堆儿　喽啦——吹　不　得，打　不　得。

33. kʌu²¹tsɛ²¹ʂɑ̃⁵³pɒ?²²kʰɑ̃²²　　mə?²²iʌu²¹iʌu²⁴ʂɛ²¹

狗　嘴　上剥糠——没　有　油　水。

34. tuɛ⁵³tʂɤ²⁴mɛ²⁴kʰʌu²¹tsʰɛ²²lɒ²¹pɒ²²　　miəŋ²⁴ʂɛ²²tsɛ⁵³vɛ⁵³

对　着门　口　吹　喇叭——鸣ᵐⁱⁿᵍ声在外。

35. tʰu²¹ti⁵³iɛ²⁴vɒ²²ə̩l̩²¹tuɤ²¹　　vɛ²¹ni²⁴la⁰

土　地爷挖耳朵——崴泥啦。

36. tʂu²²pɑ?²²ɕiɛ⁵³pæ⁵³ʂʅ⁵³　　to⁵³tɒ²¹iə?²²pʰɒ²⁴

猪　八　戒　办　事——倒　打一　耙。

4.谚语

1. pɒ²²ʂʅ⁵³pə?²²tsʰue²⁴kæ²¹mɛ⁵³pə?²²vɛ²⁴

把式不　全，擀面　不　圆。

2. niəŋ⁵³cio⁵³ɕio²¹xɛ²⁴kuə?²²pə?²²kæ²¹u²¹læ⁰tsʰæ²⁴ʂɑ̃⁵³tsʰu⁵³

宁　叫小　孩　哭，不　敢误兰蚕上　簇。

3. liɑ̃²¹i²⁴tɕiɛ²²tɕʰiəŋ²²xɑ?²²læ⁵³iɛ²¹tɕiəŋ²²

两　姨结亲，黑　烂　眼　睛。

4. xɒ⁵³ʂuɑ?²²sæ²²pe⁵³tæ⁵³zu²⁴ʂɛ²¹tsɛ⁵³ʂuɑ?²²sæ²²pe⁵³ly²⁴mɤ⁵³tsɛ²¹

话说　三　遍淡如水，再说　三　遍驴磨　嘴。

5. ɕiɒ²²ʂɛ²²ku²²ku⁰tsu²¹ʂɑ̃⁵³tɕʰiəŋ²²ɕy⁵³tɕʰiəŋ²²ku²²ku⁰tsɛ²¹ʂɑ̃⁵³tɕʰiəŋ²²i²⁴i²⁴kə?²²

家　生姑　姑祖上　亲，续　亲　姑姑嘴上　亲，姨姨胳

tʂᴀu²¹vɛ²⁴niã²⁴tɕʰiəŋ²²

肘　为　娘　亲。

6. xæ²²xu²⁴xu⁰tʰe²²tʂo⁵³ku⁵³

憨　乎　乎，天　照　顾。

7. kʰã⁵³ʂã⁵³məʔ²²ʂʅ²¹pʰæ²⁴fɛ²⁴ʂã⁵³məʔ²²tʂʅ²¹pʰæ²⁴

炕　上　没　屎　盘，坟　上　没　纸　盘。

8. zəŋ²⁴tʂʰə²²tʰu²¹iəʔ²²pɛ⁵³tʰu²¹tʂʰə²²zəŋ²⁴iəʔ²²tsɛ²¹

人　吃　土　一　辈，土　吃　人　一　嘴。

9. pəʔ²²tʰo²¹pʰe²⁴i²¹pəʔ²²tʂʰə²²kʰuɛ²²pəʔ²²tsᴀu²¹ɕio²¹lu⁵³pəʔ²²kəʔ²²pɛ⁵³

不　讨　便　宜　不　吃　亏，不　走　小　路　不　圪　背。

10. niəŋ⁵³tʂʰə²²kuɤ⁵³tʰᴀu²⁴fæ⁵³pəʔ²²ʂuaʔ²²kuɤ⁵³tʰᴀu²⁴xɒ⁵³

宁　吃　过　头　饭，不　说　过　头　话。

11. ʂəŋ²⁴vã²¹ɕi⁵³tʂʰu⁵³tuæ⁵³kuɤ²¹tsʰoŋ²⁴pʰɤ⁵³tʂʰu⁵³læ⁵³

绳　往　细　处　断，果　从　破　处　烂。

12. zəŋ²⁴xuaʔ²³ʂəʔ⁵³ne²⁴vã⁵³ʂəŋ²⁴kuɛ²¹pəʔ²²kæ²¹tʂuã⁵³

人　活　十　年　旺，神　鬼　不　敢　撞。

13. tsɛ²¹ʂã⁵³məʔ²²mo²⁴ʂuaʔ²²xɒ⁵³pəʔ²²lo²⁴

嘴　上　没　毛，说　话　不　牢。

14. paʔ²²ʂəʔ⁵³lo²¹zəŋ²⁴cʰy⁵³tsɛ²²sã²²iəʔ²²zɒʔ²²pəʔ²²ʂʅ²¹kuɤ⁵³ʂʅ²⁴kuã²²

八　十　老　人　去　栽　桑，一　日　不　死　过　时　光。

15. tɕʰiã²⁴ʂã⁵³kɒ⁵³luɤ²⁴ɕiəʔ⁵³fu²⁴sɛ⁵³pʰɤ²⁴

墙　上　挂　锣，媳　妇　赛　婆。

16. iᴀu²¹tsʰe²⁴tʂu⁵³ʂʅ⁵³pæ⁵³xuɤ²¹ta⁵³tʂu²²tʰᴀu²⁴læ⁵³

有　钱　诸　事　办，火　大　猪　头　烂。

17. sæ²²ʂəʔ⁵³ne²⁴ɕiəʔ⁵³fu²⁴sæ²²ʂəʔ⁵³ne²⁴pʰɤ²⁴xaʔ²²pu⁵³ʂæ²²luɛ²⁴təʔ⁰tʂʰuæ²²

三　十　年　媳　妇，三　十　年　婆，黑　布　衫，轮　的　穿。

18. $c^hi^{24}tc^hiAu^{22}xæ^{53}ʂAu^{22}iə?^{22}pæ^{53}$

　　骑　秋　旱，收　一　半。

19. $pa?^{22}ya?^{22}tʂ^hu^{22}iə?^{22}ɕiə^{53}iə?^{22}tʂəŋ^{53}xæ^{53}to^{53}lɛ^{24}ne^{24}u^{21}ya?^{22}tʂəŋ^{21}$

　　八　月　初　一　下　一　阵，旱到来年 五 月　整。

20.$iə?^{22}ciAu^{22}ə\textipa{ɻ}^{53}ciAu^{22}pə?^{22}tʂ^huə?^{22}ʂAu^{21}sæ^{22}ciAu^{22}sʅ^{53}ciAu^{22}toŋ^{53}ʂã^{53}tsAu^{21}$

　　　一　九　二　九，不　出　手；三　九　四　九，冻　上　走；

$u^{21}ciAu^{22}liAu^{21}ciAu^{22}ie^{24}xɣ^{24}k^hæ^{53}liAu^{21}tc^hiə?^{22}ciAu^{22}xɣ^{24}toŋ^{53}k^hɛ^{22}$

　　　五　九　六　九，沿河看 柳；七　　九 河 冻 开；

$pa?^{22}ciAu^{22}ie^{53}tsʅ^{21}lɛ^{24}ciAu^{22}ciAu^{22}ciɒ^{22}iə?^{22}ciAu^{22}kɛ^{22}iAu^{24}mæ^{21}ti^{53}tsAu^{21}$

　　　八　九 燕 子 来，九　九　加　一　九，耕 牛 满 地 走。

21. $kuə?^{22}xæ^{53}ɕio^{21}ma?^{22}xæ^{53}lo^{21}$

　　谷　旱　小，麦　旱　老。

22. $tc^hiAu^{22}t^he^{22}ɕio^{21}suæ^{53}ɕiã^{22}sʅ^{21}lo^{21}xæ^{53}$

　　秋　天 小　蒜，香　死 老 汉。

23. $ts^hæ^{24}iə?^{22}sʅ^{24}ma?^{22}iə?^{22}ʂã^{22}sã^{22}ɕiəŋ^{53}xoŋ^{24}tsɛ^{22}xAu^{53}pæ^{53}sã^{21}$

　　蚕　一 时，麦一 晌，桑 葚 红 在 半 后 晌。

24. $t^he^{22}xæ^{53}kə?^{22}tʂəŋ^{22}vã^{53}sã^{22}t^hio^{24}mo^{53}iə?^{22}tʂã^{53}$

　　天　旱 圪 针 旺，桑 条 冒 一　丈。

25. $tʂoŋ^{53}kuə?^{22}pə?^{22}li^{24}sæ^{22}ya?^{22}t^hu^{21}iã^{21}tsʅ^{21}pə?^{22}kuɣ^{53}ə\textipa{ɻ}^{53}ʂə?^{53}u^{21}$

　　种　谷　不 离 三 月 土，养 子 不 过　二 十 五。

26. $ciɒ^{22}iAu^{24}iə?^{22}m̩^{21}sã^{22}t^he^{24}pə?^{22}tʂ^hAu^{24}tʂ^hɛ^{24}mi^{21}iAu^{24}ie^{24}$

　　家　有　一 亩 桑 田，不 愁　柴 米 油 盐。

27. $k^hæ^{22}xɛ^{24}k^hæ^{24}tsʅ^{53}ci^{21}k^hæ^{22}tʂuã^{22}ciɒ^{53}k^hæ^{22}p^hã^{24}zəŋ^{24}$

　　看　孩 看 自 己，看 庄 稼 看 旁 人。

28. $tc^hiAu^{22}mã^{24}ɕiɒ^{53}mã^{24}ɕiAu^{53}ny^{21}ɕiɒ^{53}tʂ^huã^{24}$

　　秋　忙 夏 忙，绣 女 下 床。

29. paʔ⁵³lu⁵³tso²¹xæ²⁴lu⁵³tʂʰʏ²⁴tɕʰiʌu²²fɛ²²tʂoŋ²¹maʔ²²tʂəŋ⁵³tã²²ʂʅ²⁴

白 露 早，寒 露 迟，秋 分 种 麦 正 当 时。

30. ti⁵³ʂʅ⁵³kuaʔ²²ciəŋ²²pæ²¹tsʰue²⁴kʰo⁵³zəŋ²⁴toŋ⁵³tʰæ²⁴

地 是 刮 金 板，全 靠 人 动 弹。

31. kuəʔ²²tʂʰu²⁴sæ²²pe⁵³ʏʏ⁵³ʂʅ²¹kʌu²¹tʌu⁵³tʂʰu²⁴sæ²²pe⁵³tʂaʔ²²pʰʏ⁵³ʂʌu²¹

谷 锄 三 遍 饿 死 狗，豆 锄 三 遍 扎 破 手。

32. xɒ²²tʂʰu²⁴paʔ²²pe⁵³tʰo²⁴ɕiã⁵³suæ⁵³pæ⁵³

花 锄 八 遍，桃 像 蒜 瓣。

33. zəŋ²⁴cʰiəŋ²⁴ti⁵³ʂɛ²²po²¹zəŋ²⁴læ²¹ti⁵³ʂɛ²²tsʰo²¹

人 勤 地 生 宝，人 懒 地 生 草。

34. te²²xuã²⁴iʌu²¹y²¹zəŋ²⁴xuã²⁴iʌu²¹piəŋ⁵³

天 黄 有 雨，人 黄 有 病。

35. maʔ²²ʂuəʔ⁵³pəʔ²²ʂʌu²²foŋ²²lɛ²⁴tsʰue²⁴tiʌu²²

麦 熟 不 收，风 来 全 丢。

36. ɕio²¹xæ²⁴ta⁵³xæ²⁴toŋ⁵³tʂʰəŋ²⁴piəŋ²²tʰuæ²⁴

小 寒 大 寒，冻 成 冰 团。

37. tso²¹vɛ⁵³vɛ⁵³tsɛ⁵³tʰɛ²¹sã⁵³væ²¹vɛ⁵³vɛ⁵³tsɛ⁵³tsɛ²¹sã⁵³

早 喂 喂 在 腿 上，晚 喂 喂 在 嘴 上。

38. niəŋ⁵³mɛ²¹lo²¹mɒ²¹pəʔ²²mɛ²¹lo²¹luʏ²⁴

宁 买 老 马，不 买 老 骡。

39. tɕʰiəʔ²²yaʔ²²kəʔ²²tʰo²⁴paʔ²²yaʔ²²tso²¹

七 月 核 桃，八 月 枣。

40. tso²¹cʰi²¹sæ²²kuã²²væ²¹cʰi²¹sæ²²xuã²²

早 起 三 光，晚 起 三 慌。

41. mæ²¹tʰa²⁴əɭ²⁴ny²¹pəʔ²²zu²⁴pæ⁵³lu⁵³fu²²tɕʰi²²

满 堂 儿 女，不 如 半 路 夫 妻。

42. zaʔ²²luaʔ²²yəŋ²⁴tɛ²¹pəʔ²²to⁵³miəŋ²⁴

　　日　落　云，等　不　到　明。

43. ɕiəŋ²²ɕiəŋ²²tʂaʔ²²ie²¹iʌu²¹y²¹pəʔ²²ve²¹

　　星　星　眨　眼，有　雨　不　远。

44. paʔ²²yaʔ²²ɕiã²¹lɛ²⁴pe⁵³ti⁵³ʂɿ⁵³e²¹tsɛ²²

　　八　月　响　雷，遍　地　水　灾。

45. tso²¹kʰæ⁵³toŋ²²næ²⁴væ²¹kʰæ⁵³ɕi²²pɛ²¹

　　早　看　东　南，晚　看　西　北。

46. ɕio²¹ɕyaʔ²²foŋ²²ti⁵³tɒ⁵³ɕyaʔ²²foŋ²²xɣ²⁴

　　小　雪　封　地，大　雪　封　河。

47. ɚ˞⁵³paʔ²²yaʔ²²luæ⁵³tʂʰuæ²²i²⁴

　　二　八　月，乱　穿　衣。

48. ʂɛ⁵³ɕio⁵³pəʔ²²moŋ²⁴tʰʌu²⁴nɛ²⁴xuɣ²⁴ciʌu²¹ʂəʔ⁵³ciʌu²¹

　　睡　觉　不　蒙　头，能　活　九　十　九。

49. toŋ²²toŋ⁵³toŋ⁵³tʂʰuɛ²¹nuæ²¹nuæ²¹ɕio⁵³pəʔ²²ʂɛ²²tsɛ²²

　　冬　冻　冻　春　暖　暖　夏　不　生　灾。

5.故事

ɕio⁵³ʂuɛ⁵³ɕiəʔ⁵³fu²¹

孝　顺　媳　妇

ku²¹ʂɿ²⁴xʌu²¹iʌu²¹kəʔ⁰ɕiəʔ⁵³fu²¹iaˀ⁰zəŋ²⁴ciɒ²²ʂɿ⁵³tʰaʔ²²piaʔ⁵³ɕio⁵³ʂuɛ²¹ɕio⁵³

古　时　候　有　个　媳　妇　呀，人　家　是　特　别　孝　顺，孝

ʂuɛ²¹tʰa²²tɛ²¹kəʔ⁰lo²¹koŋ²²piəŋ²⁴ʂɿ⁵³xuɛ²⁴lɛ²⁴ʂɿ⁵³tuæ²²tʂʰɒ²⁴iaˀ⁰soŋ⁵³ʂɛ²¹iaˀ⁰ɕi²¹i²²

顺　她　这　个　老　公公。平　时　回　来　是　端　茶　呀、送　水　呀、洗　衣

fəʔ²²iaˀ⁰ʂəʔ⁵³məʔ⁰tʌu²²kəʔ⁵³lo²¹koŋ²²tsuəʔ⁵³lo²¹koŋ²²tɛ²¹kəʔ⁰miəŋ²⁴tsɿ²¹ɕio⁵³kəʔ⁰

服　呀　什　么　都　给　老　公公　做，老　公　这　个　名　字　叫　个

ʂəŋ⁵³tʰa²²tɕiɑu⁵³iəʔ²²tsʅ⁵³tʌu²²pəʔ²²ʂuɑʔ²²tʰa²²te²¹kəʔ⁰lo²¹koŋ²²ləʔ⁰cio⁵³kəʔ⁰lo²⁴

甚　她　就　　一字　都　不 说。她 这个 老 公公 嘞 叫 个 老

ciʌu²¹ciəŋ²²tʂʰã²⁴tsE⁵³vɛ⁵³me²¹tʂʰɛ²²təʔ⁰ʂʅ⁵³va²¹ne²¹əʅ²⁴ɕiəʔ⁵³fu²¹tuɛ⁵³va²¹tsəŋ²¹

九，经　常　在　外 面 吹　的 是 我 那儿 媳 妇 对 我 怎

məʔ⁰tsəŋ²¹məʔ⁰xo²¹tʰɑʔ²²piɑʔ⁵³təʔ⁰tʰi²¹tʰiɑ²²va²¹cio⁵³kəʔ⁰lo²⁴ciʌu²¹tsʰoŋ²⁴lɛ²⁴

么 怎 么 好，特 别 的 体 贴，我 叫 个 老 九 从 来

pəʔ²²ʂuɑʔ²²iəʔ²²kəʔ⁰ciʌu²⁴tsʅ²¹xuɤ²⁴tʰa²²ciəŋ²²tʂʰã²⁴tsE⁵³iəʔ²²kʰuE⁵³tsuɤ⁵³təʔ⁰lo²¹

不 说　一个 "九" 字。和 他 经 常　在 一块 坐　的 老

tʰʌu²⁴tʰʌu²¹ʂuɑʔ²²va²¹tɕiʌu⁵³pəʔ²²ɕiã²⁴ɕiəŋ⁵³ni²¹təʔ⁰əʅ²⁴ɕiəʔ⁵³fu²¹tɕiʌu⁵³tuɤ²²

头　头　说 我 就 不 相 信 你 的 儿 媳 妇 就　多

məʔ⁰cio⁵³ʂuɛ⁵³ni²¹suɤ²¹iʔ²¹ʂʅ⁵³ʐu²⁴iʌu²¹pəʔ²²ɕiəŋ⁵³læ⁰ni²¹cʰy⁵³tʂʰɑʔ²²ʂʅ⁵³iəʔ²²ɕiɒ⁵³

么 孝 顺 你。所 以 是 如 有 不 信 兰 你 去 察 视 一 下。

iʌu²¹iə²²tʰe²²tʰa²²liã²⁴kəʔ⁰xuɤ²⁴ci²¹tɕiʌu⁵³cʰy⁵³la⁰tɕiəŋ⁵³mɛ²⁴tɕiʌu⁵³vɛ⁵³ʂuɑʔ²²

有 一 天 他 两 个 伙 计 就　去 啦，进 门 就　问 说：

ni²¹lo²¹koŋ²²cʰy⁵³nɒ²⁴la⁰ɕiəʔ⁵³fu²¹ʂuɑʔ²²lo²¹koŋ²²pəʔ²²tsE⁵³ciɒ²²tʂʰuəʔ²²cʰy⁵³

"你老公公 去 哪 啦？"媳 妇说："老公公不　在　家　出　去

liʌu⁵³təʔ²²la⁰ni²¹tʂo²¹va²¹koŋ²²koŋ²²iʌu²¹ʂʅ⁵³məʔ⁰tʰa²²ʂuɑʔ²²ʂʅ⁵³va²¹cio⁵³sæ²⁴

溜　哒 啦，你 找 我 公 公 有 事 么？"他 说 是："我 叫 三

ciʌu²¹tʰa²²cio⁵³sʅ⁵³ciʌu²¹va²⁴liã²¹kɑʔ²²læ⁰ciʌu²⁴tsʰE²⁴xuæ⁵³lo²⁴ciʌu²¹cʰy⁵³kuɤ⁵³

九，他 叫 四 九，我 俩 割 兰 韭　菜　唤 老 九 去 过

ciʌu²⁴yɑʔ²²ciʌu²¹te²¹əʅ²⁴ɕiəʔ⁵³fu²¹tɕiʌu⁵³tʰiəŋ²²to⁵³læ⁰ʂuɑʔ²²ɤo²²te²¹sʅ⁵³sæ²²ʂu²⁴

九 月 九。"这儿 媳 妇 就　听 到 兰 说："哦，这是 三 叔

xuɤ²⁴sʅ⁵³ʂu⁵³pɒ⁰ne⁵³va²¹kʰɤ²⁴iʔ²¹xuɛ²⁴lE⁰tʂuæ⁵³tɑʔ²²va²¹koŋ²²koŋ²²tʰa²²liã²¹tsʌ²¹

和 四 叔 吧？那我 可 以 回 来 转 达 我 公 公。"他 俩 走

to⁵³ʂuã²²vɛ⁵³tsʰe²⁴tʰiəŋ²² ʐɤ²⁴lo²¹koŋ²²tɕiʌu⁵³xuɛ²⁴lE²⁴la⁰ʂuɑʔ²²ciəŋ²²tʰe²²ʂɛ²⁴lE²⁴

到　窗 外 前外面听。惹人家老公公就　回　来 啦，说："今 天 谁 来

tʂo²¹ciɒ²²lɛ²¹ər̩²⁴ɕiəʔ⁵³fu²¹tɕiʌu⁵³tuɛ⁵³lo²¹koŋ²²ʂuaʔ²²lɛ²¹ciəŋ²²tʰe²²ʂʅ⁵³sæ²²ʂu²⁴

找　家　来？"儿媳妇　就　　对　老公公公说来："今 天 是 三 叔

xuɤ²⁴ʂʅ⁵³ʂu⁵³lɛ²⁴laᵒkɑ²²təʔᵒcʰiəŋ²⁴tsʰɛ²¹xuæ⁵³lo²¹koŋ²²koŋ²²cʰy⁵³kuɤ⁵³tʂʰoŋ²⁴iɑ̃²⁴

和 四 叔 来 啦，割 的 芹　菜，唤 老 公 公 去 过 重　阳

tɕia²²zɤ²⁴yəŋ²¹pəʔ²²ʂuɤ²¹teʔ²¹kəʔᵒciʌu²⁴tsʅ²¹

节。"惹人家用 不　 上 这 个 九　字。

ʂəʔ⁵³ciaʔ²²ny²⁴ɕy²¹

势　甲　女婿

kuɤ⁵³cʰy⁵³iʌu²¹kəʔᵒve²⁴vɛ²¹tʰa²²iʌu²¹sæ²⁴kəʔᵒny²¹ər̩²⁴ti⁵³iəʔ²²kəʔᵒny²¹ər̩²⁴

过　去　有个员外，他 有 三 个 女儿。第一个　女儿

ɕyəŋ²⁴læᵒkəʔᵒny²⁴ɕy²¹zəŋ²⁴ʂʅ⁵³iʌu²¹ve²⁴tsʰɛ²¹zəŋ²⁴ʂʅ⁵³kəʔᵒse⁵³tʂɑ̃²¹tɑ̃²²kuæ²²ti⁵³

寻　兰 个 女婿人 是 有 文　采 人，是 个 县 长，当 官；第

ər̩⁵³kəʔᵒny²¹ər̩²⁴ɕyəŋ²⁴læᵒkəʔᵒny²⁴ɕy²¹ləʔᵒʂʅ⁵³kəʔᵒciʌu⁵³tsʰɛ²¹ti⁵³sæ²²kəʔᵒny²¹ər̩²⁴

二 个 女 儿 寻兰个女婿嘞，是 个 秀 才；第三个女儿

ɕyəŋ²⁴læᵒkəʔᵒny²¹ɕy²¹ləʔᵒtɕiʌu⁵³ʂʅ⁵³tʂɒ²⁴təʔᵒlo²¹pəʔ²² ɕiəŋ⁵³ʂua²²təʔᵒʂəʔ⁵³ciaʔ²²

寻 兰 个 女婿嘞就 是，咱 的 老 百 姓　说 的 势 甲

təʔᵒne²⁴xo⁵³iɑ̃⁵³ʂʅ²¹iɑ̃⁵³ʂəʔ⁵³ciaʔ²²xuɤ⁵³tʰa²²te²¹lo²¹tʂɑ̃⁵³m̩²¹lo²¹tʂɑ̃⁵³zəŋ²¹iəʔ²²tʂəʔ⁵³

的 那 号 样式 样，势　甲　货。他 这 老 丈 母 老 丈 人 一 直

kʰæ⁵³pəʔ²²cʰi²¹te²⁴kəʔᵒsæ²²ny²⁴ɕy²¹kɑ̃²²xo²¹tʰa²²te²¹lo²¹tʂɑ̃⁵³zəŋ²¹paʔ²²yaʔ²²ʂəʔ⁵³

看　不　起 这 个 三 女婿。刚 好 他 这 老 丈 人 八 月 十

u²¹kuɤ⁵³ʂʌu⁵³təʔᵒʂʅ²⁴xʌu²¹tʰoŋ²²tsʅ²²kuɛ²⁴ny²¹tʌu²²lɛ²⁴kəʔ⁵³tʰa²²kuɤ⁵³ʂʌu⁵³lɛ²⁴laᵒ

五 过　寿 的 时候，通 知 闺 女 都 来 给 他 过 寿 来啦。

te²¹lo²¹tʂɑ̃⁵³m̩²¹tɕiʌu⁵³næ²⁴ve²⁴te²¹kəʔᵒsæ²²ny²⁴ɕy²¹ləʔᵒ tʰa²²pəʔ²²ɕiɑ̃²¹tʂo²²tʰa²²

这 老 丈 母 就　难 为 这 个 三 女 婿嘞，她 不 想 着让 他

tʂʰəʔ²²fæ⁵³pəʔ²²ɕiɑ̃²¹tʂo²²tʰa²²ʂɑ̃⁵³tʂua²²i⁵³ʂʅ²²ʂʅ⁵³zɤ²⁴tʌu²²ʂʅ⁵³ciʌu⁵³tsʰɛ²⁴təʔᵒ

吃　饭，不 想 着让 他 上　桌。意 思是 惹人家都 是 秀 才 的

kæ⁵³pu²¹təʔ⁰ni²¹ʂəʔ⁵³ciaʔ²²pʰo²¹lE²⁴ʂã⁵³tʂuɑʔ²²tʰa²²ʂuɑʔ²²ʂʅ⁵³va²¹tʂʰuəʔ²²kəʔ⁰tʰi²⁴

干部的，你<u>势</u> 甲 跑 来 上桌？ 她 说 是 我 出 个题，

ci²⁴ɯʂɛ²⁴nɛ²⁴taʔ⁵³ʂã⁵³te²⁴kəʔ⁰tʰi²⁴lE²⁴sɛ²⁴tɕiau⁵³ʂã⁵³tʂuɑʔ²²tʂʰəʔ²²fæ⁵³sɛ²⁴taʔ⁵³

今儿谁能答 上这个题来谁 就 上 桌 吃饭，谁答

pəʔ²²ʂã⁵³tʰi²⁴lE²⁴ni²¹tuæ²⁴ʂã⁵³væʔkuɣ⁵³pe²²ʂã⁵³tʂʰəʔ²²tʰa²²pəʔ²²ɕiã²¹tʂo²²tɕʰ²¹sæ²²

不 上题来你端上碗 过 边上吃，她 不 想<u>着</u>让这三

ny²⁴ɕy²¹ʂã⁵³tʂua²²tʂʰəʔ²²fæ⁵³tʰa²²tɕiau⁵³kəʔ⁵³te²¹ny²⁴ɕy²¹mɛ²¹tʂʰuəʔ²²tʰi²⁴laʔ⁰te²¹

女婿上 桌 吃饭。她 就 给 这女婿们 出 题啦。这

ʂʅ²⁴yaʔ²²piəŋ²¹ʂəʔ²²məʔ⁰piəŋ²¹tauʔ²²pE²¹ʂã⁵³pE²¹læ⁰iəʔ²²tʂuɑʔ²²tsʰE⁵³tʰa²²tʂʰuəʔ²²

时 月 饼 什 么 饼 都 摆上，摆 兰 一 桌 菜，她 出

iəʔ²²kəʔ⁰tʰi²⁴məʔ²²ʂʅ⁵³vɛ²⁴aʔ⁰vɛ²⁴tuæ²¹pæ⁵³pe²²no⁵³tʂʰo²⁴tʂʰo²¹tɕiəŋ⁵³tɕʰio²⁴tɕʰio²¹

一 个 题目是：圆啊圆，短 半边，闹 吵 吵， 静 悄 悄。

vɛ²⁴zo²¹tʂu²¹va²¹te²¹tʰi²⁴kəʔ⁵³va²¹tʂuaʔ²²iəʔ²²ʂau²¹ʂʅ²²tsuəʔ⁵³təʔ²²lE²¹ni²¹tʂʰəʔ²²

围绕住 我 这题给 我 作 一 首 诗。作 得 来你 吃

fæ⁵³ʂã⁵³tʂua²²tsuəʔ⁵³pəʔ²²ʂã⁵³lE²¹ni²¹tɕiau⁵³kuɛ²¹tæ⁵³tʰa²²te²¹ta⁵³ny²⁴ɕy²¹zəŋ²⁴

饭，上桌， 作 不 上来你 就 滚蛋。她 这大女婿 人

ʂʅ⁵³tã⁵³kuæ²⁴təʔ⁰iaʔ⁰zy²⁴xuɛ⁵³ʂuaʔ²²zy²⁴kʰæ⁵³læ⁰kʰæ⁵³mo⁰læ⁰te²¹tʂuɑʔ²²ʂã⁵³iəʔ²²

是 当官 的呀，<u>惹人家会</u> 说，<u>惹人家看</u> 兰 看，<u>眊</u> 兰 这 桌 上一

ie²¹pE²¹təʔ⁰ʂʅ⁵³yaʔ²²piəŋ²¹xuɣ²¹ʂo²²zy²⁴xæ⁵³tɕʰi²¹te²¹kəʔ⁰xuɣ²¹ʂo²²ʂuaʔ²²iəʔ²²kəʔ⁰

眼 摆 的 是 月 饼 火 烧。<u>惹人家撼拿</u>起这个火 烧 说："一个

xuɣ²¹ʂo²²vɛ²⁴iau⁵³vɛ²⁴va²¹tʂʰəʔ²²læ⁰tʰa²²iəʔ²²tsE²¹tuæ²¹pæ⁵³pe²²tʂʅ²²mɒ²⁴ʂaʔ²²təʔ²²

火 烧圆又 圆，我 吃 兰它 一 嘴短 半边，芝麻撒 的

no⁵³tʂʰo²⁴tʂʰo²¹iəʔ²²tʂo²²tʂʰəʔ²²læ⁰tɕiəŋ⁵³tɕʰio²⁴tɕʰio²¹tʰa²²ʂuaʔ²²pɒ⁵³laʔ⁰luɛ²⁴tʂɣ⁰

闹 吵 吵，一 朝 吃兰 静 悄 悄。"他 说 罢啦轮着

lo²¹əɭ⁵³laʔ⁰lo²¹əɭ⁵³zy²⁴ʂʅ⁵³kəʔ⁰ɕiau⁵³tsʰE²¹zy²⁴xuɛ⁵³ʂuaʔ²²zy²⁴tʰE²⁴tɕʰi²¹tʰau²⁴iəʔ²²

老 二啦。老二<u>惹人家</u>是 个 秀 才，<u>惹人家会</u> 说。<u>惹人家</u> 抬 起 头 一

kʰæ⁵³yaʔ²²miəŋ²⁴miəŋ²⁴xuɑ̃²¹zɣ²⁴tɕiʌu⁵³ʂuaʔ²²ʂəʔ⁵³u²¹təʔ⁰yaʔ²²miəŋ²⁴ve²⁴iʌu⁵³
看， 月 明 明 晃， 惹人家 就 说："十 五 的 月 明 圆 又

ve²⁴kuɣ²⁴læ⁰ʂəʔ⁵³u²¹tuæ²¹pæ⁵³pe²²mæ²¹tʰe²²ɕiəŋ²⁴ɕyəʔ²²no⁵³tʂʰo²⁴tʂʰo²¹tʂʰəŋ⁵³
圆， 过 兰 十 五 短 半 边， 满 天 星 宿 闹 吵 吵， 趁

miəŋ²⁴luaʔ²²təʔ⁰tɕiəŋ⁵³tɕʰio²⁴tɕʰio²¹ɕiʌu⁵³tsʰE²⁴ia²¹tsuaʔ²²ʂɑ̃⁵³laʔ⁰luɛ²⁴to⁵³teʔ²¹ʂəʔ⁵³
明 落 的 静 悄 悄。"秀 才 也 作 上 啦。轮 到 这 势

ciaʔ²²laʔ⁰zɣ²⁴ʂuaʔ²²luɛ²⁴tʂɣ⁰ni²¹ʂuaʔ²²laʔ⁰kʰæ⁵³ni²¹tsəŋ²¹məʔ⁰ʂuaʔ²²ləʔ⁰teʔ²¹ny²⁴ɕy²¹
甲 啦，惹人家说："轮 着 你 说 啦， 看 你 怎 么 说 嘞？"这女婿

ləʔ⁰zɣ²⁴cʰi²¹lE²⁴iəʔ²²pəʔ²²tsuaʔ⁵³ʂʌu²¹liəʔ²²to⁵³teʔ²⁴ʂuaʔ²²tʂɑ̃⁵³m̩²¹tʂɑ̃⁵³zəŋ²⁴ve²⁴
嘞 惹人家起来 一 不 做 手，立 到 这说："丈 母 丈 人 圆

iʌu⁵³ve²⁴sɣ²¹læ⁰iəʔ²²kəʔ⁰tuæ²¹pæ⁵³pe²²əl̩²⁴ny²¹kʰuəʔ²²təʔ⁰no⁵³tʂʰo²⁴tʂʰo²¹iəʔ²²
又 圆， 死 兰 一 个 短 半 边， 儿 女 哭 的 闹 吵 吵 一

kəʔ²²læ²⁴tʰE²⁴tʂʰuəʔ²²təʔ⁰tɕiəŋ⁵³tɕʰio²⁴tɕʰio²¹
圪 栏 抬 出 的 静 悄 悄。"

zəŋ²⁴ɕiəŋ²²pəʔ²²tɕyəʔ²²ʂɣ²⁴tʰɛ²²ɕiɑ̃²²
人 心 不 足 蛇 吞 相承相

ku²¹ʂʅ²⁴xʌu²¹iʌu²¹kəʔ⁰zəŋ²⁴teʔ²¹kəʔ⁰zəŋ²⁴ia²¹pəʔ²²tsʰuɣ⁵³pɛ²¹lE²⁴ʂʅ⁵³kəʔ⁰ʂe⁵³
古 时 候 有 个 人， 这 个 人 也 不 错， 本 来 是 个 善

liɑ̃²⁴təʔ⁰zəŋ²⁴tʰa²²iʌu²¹iəʔ²²tʰe²²tʂʰuəʔ²²mE²⁴laʔ⁰kʰæ⁵³ke²¹mE²⁴kɛ²²tsʰe²⁴iʌu²¹tʰio²⁴
良 的 人。他 有 一 天 出 门 啦，看见 门 跟 前 有 条

ɕio²¹ʂɣ²⁴toŋ⁵³ʂʅ²⁴laʔ⁰tʰa²²ke²¹ne²¹ʂɣ²⁴ʂəʔ⁵³ne²¹təʔ⁰tɕiʌu⁵³pɒ²¹ʂɣ²⁴tɕiʌu⁵³po²²xuɛ²⁴
小 蛇 冻 死 啦。他见 那 蛇 实耐可怜的， 就 把 蛇 就 抱 回

vəʔ²²laʔ⁰po²²xuɛ²⁴vəʔ²²i²¹xʌu⁵³teʔ²¹ʂɣ²⁴tɕiʌu⁵³mæ⁵³mæ²¹ciʌu⁵³kuɣ⁵³lE²¹laʔ⁰xo²¹læ⁰
屋 啦。抱 回 屋 以 后， 这 蛇 就 慢 慢 救 过 来 啦。好 兰

i²¹xʌu⁵³ʂɣ²⁴tɕiʌu⁵³mæ⁵³mæ²¹tsʌu²⁴laʔ⁰tʰa²²ne²¹tuɛ⁵³me²¹təʔ⁰ʂæ²²ʂɑ̃⁵³iʌu²¹kəʔ⁰
以 后蛇 就 慢 慢 走 啦。他 那 对 面 的 山 上 有 个

toŋ⁵³ʂɤ²⁴tɕiʌu⁵³tʂu⁵³tsE²¹te²¹toŋ⁵³lə?⁰ʂɤ²⁴vɛ²⁴læ⁰po⁵³taʔ⁵³tʰa²²tə?⁰ɣɛ²²tʰe²²tʰe²²

洞，蛇 就 住 在 这洞 嘞。蛇为 兰 报答 他的恩，天 天

tʂʰuə?²²vɛ⁵³cʰy⁵³tE²¹ne²¹ciʔia⁰iE²¹tʰu⁵³ia⁰sə?²²mə?⁰tʌu²²kə?⁵³tʰa²²soŋ⁵³tə?⁰tʂʰə?²²

出 外 去 逮那 鸡呀、野兔呀什么 都 给 他 送 的 吃，

tʰa²²kæ⁵³xuaʔ⁵³ʂɤ²⁴iaʔpã²²tʰa²²xʌu⁵³lE²⁴ʂɤ²⁴mæ⁵³mæ²¹tʂã²¹ta⁵³la⁰tʰa²²iaʔ²¹kuɤ⁵³

他 干 活 蛇也帮 他。后 来蛇 慢 慢 长 大 啦，他也过

xo²⁴la⁰kuɤ⁵³xo²⁴la⁰iʔ²¹xʌu⁵³xuã²⁴ti⁵³tə?⁰lo²¹pʰɤ²⁴tə?²²læ⁰iə?²²tʂoŋ²¹ʂə?²²mə?⁰kuE⁵³

好啦。过 好 啦以后，皇帝 的老婆 得 兰 一 种 什么 怪

piəŋ⁵³i²²ʂɛ²²kə?⁵³tʰa²²kʰE²²læ⁰iə?²²fã²²ʂuaʔ²²io⁵³ʂɤ²⁴tə?⁰ie²¹tɕiəŋ²²lə?⁰to⁵³tʂʰu⁵³

病，医生 给 他 开 兰 一 方，说要 蛇 的 眼 睛 嘞，到 处

ɕyəŋ²⁴pə?²²ʂã⁵³te²¹xo⁵³iə?²² iʌu²¹iə?²²tʰe²²tʰa²²ʂã⁵³ciE²²ʂã⁵³la⁰ciE²²ʂã⁵³tʰiaʔ⁰tə?⁰

寻 不 上 这号 药。有 一 天 他 上 街 上 啦，街 上 贴 的

xuã²⁴pã²¹ʂuaʔ²²ʂɻ̩²¹ʂɛ²⁴nɛ²⁴vɒ²²to⁵³ʂɤ²⁴tə?⁰ie²¹tɕiəŋ²²tɕiʌu⁵³kə?⁵³tʰa²²pæ⁵³piəʔ²²

皇 榜，说 是 谁 能 挖到蛇 的 眼 睛， 就 给 他 半 壁

ciã²²ʂæ²²kə?⁵³tʰa²²ciəŋ²²iəŋ²⁴tsʰE²⁴po²¹kə?⁵³tʰa²²kə?⁰tʂʰəŋ²⁴ciã²¹tʂo²²tʰa²²tsuə?⁵³

江 山，给 他 金 银 财 宝，给 他 个 丞 相 着让他 做

tsuə?⁵³tuɤ²⁴ʂo²¹zəŋ²⁴kʰæ⁵³læ⁰tʌu²²kʰæ⁵³kʰæ²¹tsʌu²⁴la⁰mə?²²zəŋ²⁴kæ²¹ciaʔ²²xuã²⁴

做。多 少 人 看 兰 都 看 看 走 啦， 没 人 敢 揭 皇

pã²¹tʰa²²tɕiʌu⁵³pɒ²²te²¹xuã²⁴pã²¹ciaʔ²²la⁰ciaʔ²²xuɛ²⁴xuã²⁴pã²¹iʔ²¹xʌu⁵³læ⁰tʰa²²

榜，他 就 把 这 皇 榜 揭 啦。揭 回 皇 榜 以后 兰他

tɕiʌu⁵³cʰy⁵³kɛ²²te²¹ʂɤ²⁴ʂã²²liã²⁴lə?⁰tʰa²²ʂuaʔ²²ia⁰tɕiʌu⁵³ʂɻ̩²¹va²¹iɯ⁵³ciaʔ²²læ⁰iə?²²

就 去 跟 这蛇 商 量 嘞。他说 呀就 是 我 夜儿昨天揭 兰一

xuã²⁴pã²¹tʂʰo²⁴tʰiəŋ²⁴tə?⁰lo²¹pʰɤ²⁴xE⁵³læ⁰kə?⁰tʰaʔ²²piaʔ⁵³tə?⁰zaʔ²²kuE⁵³piəŋ⁵³fɛ²²

皇 榜，朝 廷 的老婆害 兰个 特 别 的 日 怪 病，非

io⁵³ʂɤ²⁴tə?⁰ie²¹tɕiəŋ²²ni²¹io⁵³ʂɻ̩²¹nɛ²⁴pɒ²¹te²¹ʂɤ²⁴ie²¹tɕiəŋ²²kə?⁵³læ⁰va²¹i²¹xʌu⁵³

要 蛇 的 眼睛，你 要 是 能 把 这蛇 眼 睛 给 兰我，我 以后

tɕiʌu⁵³ɕiã²¹fəʔ²²laº tɕiʌu⁵³ʂ̩²¹tsʰəŋ²⁴ɕiã²¹laºva²¹ia²¹iʌu²¹pæ⁵³piəʔ²²ciã²²ʂæ²²ʂəʔ²²

就　享福啦，就　是　丞　相　啦，我也有半　壁　江　山，什

məʔºtʌu²²iʌu²¹laºva²¹tɕiʌu⁵³pəʔ²²ɕy²⁴io⁵³ʂəʔ²²məʔºlaºte²¹ʂɣ²⁴ʂuaʔ²²vɛ²⁴læºpo⁵³

么　都　有　啦，我就　不　需　要什么　啦。这蛇说　　为兰报

taʔ⁵³ni²¹vɒ²²ləʔºni²¹tɕiʌu⁵³vɒ²⁴tsʌu²¹pɒºtʰa²²tɕiʌu⁵³pɒ²¹ʂɣ²⁴təʔºie²¹tɕiəŋ²²vɒ²⁴

答你，挖嘞你　就　挖　走吧。他　就　把蛇的　眼睛　挖

tsʌu²¹kəʔ⁵³laºte²¹xuã²⁴ti²¹xuã²⁴ti⁵³tɕiʌu⁵³pɒ²¹loʔ¹pʰɣ²⁴təʔºpiəŋ⁵³tʂo⁵³xo²¹laºkuɣ²⁴

走　给　啦这皇帝，皇帝　就　把老婆的　病　照治好啦。过

læºci²¹ne²⁴xuã²⁴ti⁵³lo²¹pʰɣ²⁴təʔºpiəŋ⁵³iʌu⁵³fæ⁵³laºtʰa²²te²¹i²²ʂɛ²²iʌu⁵³kəʔ⁵³tʰa²²

兰几年，皇帝老婆　的　病　又　犯啦，他这医生又　给　他

kʰE²²læºkəʔºfã²²piəʔ²²ɕy²²io⁵³ʂɣ²⁴təʔºɕiəŋ²²tsʰE²⁴nɛ²⁴tʂo⁵³xo²¹kã²²xo²¹ləʔºtʰa²²to⁵³

开　兰个方，必须要蛇的　心，才　能照治好。刚好嘞他到

ciE²²sã⁵³iəʔ²²kʰæ⁵³iʌu⁵³ʂ̩⁵³xuã²⁴pã²¹io⁵³ʂɣ²⁴təʔºɕiəŋ²²tʰa²²tɕiʌu⁵³iʌu⁵³ciaʔ²²læº

街　上　一看，又　是皇　榜，要蛇的　心，他　就　又　揭兰

xuã²⁴pã²¹xuɛ²⁴lE²⁴laºtʰa²²tɕiʌu⁵³cʰy⁵³kɛ²²te²¹ʂɣ²⁴ʂuaʔ²²laºʂuaʔ²²ʂ̩⁵³xuã²⁴ti⁵³təʔº

皇榜　回　来啦。他就　去　跟这蛇　说啦，说　是皇帝的

lo²¹pʰɣ²⁴piəŋ⁵³fæ⁵³læºɕy²⁴io⁵³ʂɣ²⁴təʔºɕiəŋ²²va²¹io⁵³ʂ̩⁵³nɛ²⁴io⁵³sã⁵³ʂɣ²⁴təʔºɕiəŋ²²

老婆　病　犯兰，需要蛇的　心，我要是能　要上蛇的　心，

ciʌu⁵³xuaʔ⁵³tʰa²²təʔºmiəŋ⁵³tʰa²²tɕiʌu⁵³kəʔ⁵³va²¹ciã²²ʂæ²²va²¹kʰɣ²⁴i²¹tsuəʔ⁵³xuã²⁴

救　活　她的　命，　他　就　给我江山，我可以　做　皇

ti⁵³ʂɣ²⁴ʂuaʔ²²ni²¹vɒ²²pɒºva²¹tsã²²kʰE²²tsɛ²¹ni²¹tɕiəŋ⁵³cʰy⁵³vɒ²⁴tʰa²²tɕiəŋ⁵³cʰy⁵³i²¹

帝。蛇说你挖吧，我张开　嘴你进　去　挖。他　进　去以

xʌu⁵³ʂɣ²⁴tɕiʌu⁵³iəʔ²²tsɛ²¹pɒ²¹tʰa²²tʂʰəʔ²²laº

后　蛇就　一　嘴　把他吃　啦。

四、端氏方言语法例举

1. ni²¹cʰy⁵³toŋ⁵³ tʰE⁵³ve²⁴ təʔ⁰xuæ⁵³şã⁵³va²¹

　你 去 动 太原 的 唤上 我。

2. tʂʰəʔ²²toŋ⁵³læ⁰mæ⁵³te²¹kʰæ⁵³ɣɛ²⁴tʂu⁵³la⁰

　吃 动 兰慢点，看 噎住 啦。

3. tʂɒ²⁴tɕiã²⁴sʌu²¹kʰE⁵³ɕiE²²lE²⁴tso²¹tɕiʌu⁵³to⁵³la⁰

　咱 将 走 快 些 来 早 就 到 啦。

4. xo²¹xo²¹ne⁵³şu²²lE²⁴ni²¹pəʔ²²ʂ̩⁵³tɕiʌu⁵³pəʔ²²tʂoŋ²¹ti⁵³la⁰

　好 好 念 书 来，你 不 是 就 不 种 地 啦?

5. iʌu²¹pɛ²¹ʂ̩⁵³la⁰tɕiʌu⁵³nɛ²⁴tʂɛ⁵³tsʰe²⁴la⁰

　有 本 事 啦，就 能 挣 钱 啦。

6. te²¹təʔ⁰ni²¹tʂɛ⁵³læ⁰tsʰe²⁴la⁰va²¹tɕiʌu⁵³pəʔ²²tʂʰʌu²⁴la⁰kE²²ɕiã²¹fəʔ²²ləʔ⁰

　等 的 你 挣 兰 钱 啦，我 就 不 愁 啦，该 享福 嘞。

7. pɒ²²şuã²²kuæ²²tʂu⁵³pæ⁰

　把 窗 关 住（班）命令语气!

8. ni²¹tʂʰəʔ²²fæ⁵³pæ⁰

　你 吃 饭 班 祈使句!

9. ni²¹kəʔ²²te²¹kəʔ²²liʌu²⁴liã²¹tʰe²²pæ⁰

　你 搁 这 圪 溜 两 天 班 住两天吧，挽留义。

10. tɕʰio²²tɕʰio²²təʔ⁰pəʔ²²io⁵³şuɑ²² xɒ⁵³kʰæ⁵³pɒ²²ia²⁴ia²⁴tʂʰo²¹ɕiəŋ²¹la⁰

　悄 悄 的，不要 说 话，看 把 爷 爷 吵 醒 啦。

11. ni²¹xuæ²⁴pəʔ²²şəŋ⁵³va²¹va²¹xuæ²⁴tʂʰəʔ²²liã²¹kəʔ⁰ləʔ⁰ni²¹tsʰE²⁴tʂʰəʔ²²iE⁵³

　你 还 不 胜 我，我 还 吃 两 个 嘞，你 才 吃 野一个的合音。

12. te²⁴liã²¹xE²⁴iəʔ²²pæ²²ta⁵³

　这 两 孩 一 般 大。

13. te²⁴liã²¹xE²⁴iəʔ²²iã⁵³iã⁵³ko²²

　这 两 孩 一 样 样 高。

14. ne²⁴xE²⁴ti²²ti²²tə?⁰pə?²²ko²²ʂəŋ⁵³

那 孩 低 低的，不 高 甚。

15. te²¹pə?²²kʌu⁵³ia⁰　　　pə?²²tuæ²¹ʂəŋ⁵³

这 不 够 呀？——不 短 甚。

16. tʰE⁵³suæ²²læ⁰pɒ⁰　　　ve²²suæ²²te²¹pɒ⁰pə?²²suæ²²ʂəŋ⁵³

太 酸 兰吧？——微酸 点吧，不 酸 甚。

17. te²⁴xE²⁴tʰE⁵³lo²¹ʂə?⁵³la⁰pɒ⁰ ve²² lo²¹ʂə?⁵³te²¹pɒ⁰ia²¹pə?²²ʂ̩⁵³tʰE⁵³lo²¹ʂə?⁵³ʂəŋ⁵³

这 孩 太 老 实啦吧？——微老 实点 吧，也 不 是 太 老 实 甚

pɒ⁰

吧。

18. tʂã²²sæ²²tʂəŋ²²ta⁵³fã²²　　　ve²²ta⁵³fã²²te²¹ia²¹pə?²²ta⁵³fã²²ʂəŋ⁵³pɒ⁰

张 三 真 大 方！——微大 方点，也 不 大 方 甚 吧。

19. tʂʰə?²²tə?⁰kʰæ⁵³tə?²²

吃 的 看 的边吃边看。

20. ni²¹tsuə?⁵³tə?⁰tʂuɑ?²²ia?²²kʰæ⁵³tə?⁰mɛ²⁴

你 做 的 作 业看 的 门边做作业边看门。

21. piɑ?⁵³kʰæ⁵³tʰa²²zəŋ²⁴ɕio²¹kuɛ²¹ta⁵³tə?⁰lə?⁰

别 看 他 人 小，鬼 大 的 嘞。

22. tɕʰiəŋ²²miəŋ²⁴ne²⁴liã²¹tʰe²²kʰɣ²¹lɛ²¹lə?⁰

清 明 那 两 天 可 冷 嘞。

23. ne²⁴xE²⁴kə?²²no²¹liəŋ²⁴tə?⁰lə?⁰kʰæ⁵³ʂã⁵³liã²¹ie²¹tɕiʌu⁵³ci⁵³tʂu⁵³la⁰

那 孩 圪 脑 灵 的 嘞，看上 两 眼 就 记 住 啦。

24. kə?²²næ²⁴næ²⁴tiɑ?²²læ⁰iɑ?²²tiɑ?²²

圪 喃 喃 跌 兰 一 跌。

25. te⁵³fæ⁵³tʂʰə?²² tə?⁰ɕiã²²ɕiã²²tə?⁰

这 饭 吃 得 香 香 的。

26. te²⁴ʂʅ⁵³va²¹mE²¹təʔ⁰ʂu²²

　　这 是 我 买　的 书。

27. va²¹mE²¹te²⁴ʂu²²xo²¹tʰa²²mE²¹ne²⁴ʂu²²pəʔ²²xo²¹

　　我 买　这 书 好，他 买 那 书 不　好。

28. tʂæ²¹ɕiəŋ²²təʔ⁰ʂu²²ni²¹tɕiᴀu⁵³ʂʅ²²læ⁵³la⁰

　　崭　新　的 书 你　就 撕 烂 啦。

29. va²¹kɛ²²tʰa²²tᴀu²²ʂʅ⁵³tuæ²²ʂʅ⁵³zəŋ²⁴

　　我　跟 他　都 是 端　氏 人。

30. va²¹tso²¹tɕiᴀu⁵³kɛ²² tʰa²²ʂuɒ²² kuɤ⁵³tʰa²²tɕiᴀu⁵³ʂʅ⁵³pəʔ²²tʰiəŋ²²

　　我 早　就　跟 他 说　过，他 就　是 不 听。

31. kʰæ⁵³kɛ²²sʅ²¹zəŋ²⁴iəʔ²²iã⁵³tʂæ⁵³ne²⁴pəʔ²²toŋ⁵³tʰæ²⁴

　　看　跟 死 人　一样，站 那 不 动　弹!

32. ni²¹kɛ²²nɒ²¹lE²⁴təʔ⁰va²¹kɛ²²tʰE⁵³ve²⁴lE²⁴təʔ⁰

　　你 跟　哪 来 的? 我 跟 太 原 来 的。

33. vã²⁴cʰiã²⁴cio⁵³kᴀu²¹io²¹læ⁰iəʔ²²tsɛ²¹

　　王　强　叫 狗 咬兰 一　嘴。

34. ɤɒ²²li⁵³cio⁵³xE²⁴pɒ²²tʂuɒ²²ʂəʔ²²tuəʔ⁵³ʂəʔ⁵³tuəʔ⁵³

　　阿 丽 叫 孩 把 桌　拾 掇 拾 掇。

35. ni²¹pɒ²²tsʰe²⁴kəʔ⁵³læ⁰zɤ²⁴ɤã²²

　　你 把 钱 给　兰惹人家昂!

36. pɤ²²li²⁴ʂɛ²⁴kəʔ⁵³to²¹læ⁵³la⁰　　　　tʰa²²pɒ²²pɤ²¹li²⁴kəʔ⁵³to²¹læ⁵³la⁰

　　玻 璃 谁 给　捣 烂 啦? ——他 把 玻 璃 给 捣 烂 啦。

37. tc²¹xuɛ⁵³təʔ⁰ʂʅ⁵³ni²¹xuæ²⁴ci⁵³təʔ²²va²¹tso²¹tɕiᴀu⁵³vã⁵³la⁰

　　这 会　的 事 你 还 记 得? 我 早　就 忘 啦。

38. va²¹pɒ⁵³ni²¹te²¹mə²²tsʰE²⁴lio⁵³təʔ⁰toŋ²²ɕi²²ni²²ne²⁴tsuəʔ⁵³ʂəŋ⁵³

　　我 把 你 这 没 材 料 的 东 西! 你 能 做 甚!

39. ni²² cʰy⁵³ tʰE⁵³ve²⁴pəʔ²²cʰy⁵³

你 去 太 原 不 去？

40. va²¹se²²tsʌu²¹la⁰ɣɑ̃²⁴ ni²²xʌu⁵³ti⁵³lE²⁴pɒ²²ɕiəŋ²⁴pəʔ²²ɕiəŋ²⁴

我 先 走 啦，昂，你 后 地 来 吧 行 不 行？

41. ni²²nɛ²⁴kʰɑ̃⁵³toŋ⁵³te²⁴tE⁵³me⁵³pəʔ²²nɛ²⁴

你 能 扛 动 这 袋 面 不 能？

42. ni²²ʂɿ⁵³tuæ²²ʂɿ⁵³zəŋ²⁴pəʔ²²ʂɿ⁵³

你 是 端 氏 人 不 是？

43. mE²¹ʂɑ̃⁵³tsʰE⁵³læ⁰məʔ²²iʌu²¹

买 上 菜 兰 没 有？

44. te²⁴iəʔ²²tiəŋ²¹ʂɿ⁵³pəʔ²²tiəŋ²¹ʂɿ⁵³

这 药 顶 事 不 顶 事？

45. ni²²pæ²²təʔ²²cʰi²¹pæ²²pəʔ²²cʰi²¹

你 搬 得 起 搬 不 起？

46. ni²²to⁵³ti²¹tʂʰəʔ²²pəʔ²²tʂʰəʔ²²

你 到 底 吃 不 吃生气、不耐烦的口吻!

47. te²¹toŋ²²ɕi²²ni²²xE²⁴io⁵³pəʔ²²io⁵³la⁰

这 东 西 你 还 要 不 要 啦？

48. ne²⁴ʂɿ⁵³ɕio²¹vɑ̃²⁴mE²¹təʔ⁰tʂʰɤ²²xo²¹   xo²¹ʂɿ⁵³ɕio²¹tʂʰəŋ²⁴mE²¹təʔ⁰lE²⁴xo²¹

那 是 小 王 买 的 车 好？ ——好 是 小 陈 买 的 来 好。

49. tʰʌu²⁴kɑ̃²²kɛ²²tʰa²²ʂuɑ²²xɒ⁵³xo²¹ʂɿ⁵³tʰa²²kɑʔ²²xo²¹   xo²⁴ʂɿ⁵³xo²¹

头 刚 跟 他 说 话 好 是 他 哥 好 ——好 是 好。

50. tsuəʔ⁵³iəʔ²²kəʔ⁰zəŋ²⁴təʔ⁰fæ⁵³xE²⁴kəʔ²²təʔ²²tʂu⁵³tsuəʔ²⁴   kəʔ²²pəʔ²²tʂu⁵³

做 一 个 人 的 饭 还 搁 得 住 做？ ——搁 不 住不值得。

51. ni²²ʂɿ⁵³pəʔ²²ʂɿ⁵³ciɑʔ²¹təʔ²²lE²¹təʔ²²xuɑ̃²²pɒ²¹ʂuɑ̃²²kuæ²²tʂu⁵³pɒ²⁴

你 是 不 是 觉 得 冷 得 慌，把 窗 关 住 吧？

52. ɣã²⁴lo²¹vã²⁴məʔ²²laʔ⁰iɛ⁵³tɕʰiəŋ²²tso²¹xɛ²⁴ke⁵³ tʰa²² lɛ²⁴məʔ⁰

昂？老王 没 啦？夜清　早 还见他 来 么！

53. ʂɛ²⁴tʂã²¹pʰiəŋ²⁴lɛ²⁴tʂɒ²⁴tuæ²²ʂʅ⁵³lɛ²⁴laʔ⁰　　xo⁵³pəʔ²²nɛ²⁴xo²¹

省 长　来咱端 氏 来 啦。——好 不 能 好！

54. toŋ²²tʰʌu²⁴lo²¹vã²⁴məʔ²²laʔ⁰　　xo⁵³pəʔ²²nɛ²⁴xo²¹iɛ⁵³xɛ²⁴ke⁵³ tʰa²² lɛ²⁴

东 头 老王 没 啦。——好 不 能 好！夜还 见 他 来！

55. ni²²ʂʅ⁵³io⁵³te²⁴kəʔ⁰iaʔ⁰（xɛ²⁴ ʂʅ⁵³）io⁵³ne²⁴kəʔ⁰ləʔ⁰

你是要这个呀（还是）要那个嘞？

56. pɛ²⁴təʔ⁰xo²¹iaʔ⁰（xɛ²⁴ ʂʅ⁵³）xoŋ²⁴təʔ⁰xo²¹

白 的好 呀（还　是）红 的 好？

57. tʂɒ²⁴tʂʰəʔ²²mi²¹pɒ²¹məʔ⁵³pəʔ²²læ⁰tʂʰəʔ²²me⁵³məʔ⁵³ pəʔ²²læ⁰tʂʰəʔ²²pe²¹səʔ⁵³

咱 吃 米 吧，么 不 兰 吃 面，么　不 兰 吃 扁 食？

58. tʂɒ²⁴cʰy⁵³tɒ²¹læ²⁴cʰiʌu²⁴məʔ⁵³pəʔ²²læ⁰tɒ⁵³y²¹mo²⁴cʰiʌu²⁴məʔ⁵³pəʔ²²læ⁰tʰiəʔ²²

咱 去 打 篮 球，么 不 兰 打羽毛 球，么　不 兰 踢

　　tɕyəʔ²²cʰiʌu²⁴

　　足　球。

59. tʰa²²ʂʅ⁵³ʂe²⁴lɛ²⁴　　（tʰa²² ʂʅ⁵³）vã²⁴cʰiã²⁴

他是 谁 来？——（他 是）王 强。

60. ni²²cʰy⁵³nɒ²⁴ləʔ⁰　　　məʔ²²ʂʅ⁵³kəʔ²²liʌu²¹ləʔ⁰

你 去哪 嘞——没 事，圪溜 嘞。

61. ni²²xæ²¹təʔ⁰ʂəʔ⁵³məʔ⁵³tɕiʌu⁵³te²⁴tʂoŋ⁵³

你 撼 的 什 么　就这 重？

62. ni²²tʂʰəŋ⁵³ʂɒŋ⁵³ləʔ⁰tʂʰəŋ⁵³ciã²²læ²²ni²²moʔ²²kəʔ²²tsuɛ⁵³tʂʰəŋ⁵³suæ⁵³læ²²ni²¹

你 趁 甚 嘞？趁　姜 兰 你 没 圪缀，趁 蒜 兰 你

pəʔ²² fæ²² mi²⁴

不 分　眉什么方面都比不上别人。

63. $te^{24}ʂɻ^{53}ʂəŋ^{53}va^{21}tsəŋ^{21}məʔ^{53}tɕiʌu^{53}məʔ^{53}ke^{53}kuɤ^{53}lE^{21}$

这 是 甚? 我 怎 么 就 没 见 过 来?

64. $te^{24}toŋ^{22}ɕi^{22}tsəŋ^{21}məʔ^{53}tʂʰəʔ^{22}ləʔ^{0}$

这 东 西 怎 么 吃 嘞?

65. $ni^{22}io^{21}tɕiE^{24}$ / $tuɤ^{22}ʂo^{21}$

你 要 捷几个的和音/ 多 少?

66. $ni^{22}io^{21}nɒ^{24}iE^{21}$　　　　　　$tʰio^{21}ʂã^{53}iE^{21}$

你 要 哪 野一个的合音? 挑 上 野一个的合音。

67. $ni^{22}io^{21}tuɤ^{22}taʔ^{53}təʔ^{0}pʰɛ^{24}ləʔ^{0}$　$te^{24}taʔ^{53}təʔ^{0}xE^{24}ʂɻ^{53}ne^{24}taʔ^{53}təʔ^{0}$

你 要 多 大 的 盆 嘞? 这 大 的 还 是 那 大 的?

68. $xo^{53}pəʔ^{22}nɛ^{24}ta^{22}pəʔ^{22}ɕiəŋ^{24}ni^{22}nɛ^{24}ɕiəŋ^{24}$

好 不 能 他 不 行 你 能 行难道他不行就你行?

69. $xo^{53}pəʔ^{22}nɛ^{24}ni^{22}məʔ^{22}tʰiəŋ^{22}ʂuɑʔ^{22}kuɤ^{53}$

好 不 能 你 没 听 说 过?

70. $xo^{53}pəʔ^{22}nɛ^{24}va^{21}tɕiʌu^{53}pəʔ^{22}z̩u^{24}ni^{22}$

好 不 能 我 就 不 如 你!

71. $ʂɛ^{24}pɒ^{21}væ^{21}tɒ^{21}la^{0}$　　　　$tʰa^{22}$ lE^{24}

谁 把 碗 打 啦? ——他 来。

72. $mE^{21}ʂã^{53}pʰio^{53}la^{0}$

买 上 票 啦。

73. $va^{21}tʂʰəʔ^{22}læ^{0}fæ^{53}la^{0}$

我 吃 兰 饭 啦。

74. $tʰa^{22}cʰy^{53}tʰE^{53}ve^{24}la^{0}$

他 去 太 原 啦已走。

75. $va^{21}cʰy^{53}tʰE^{53}ve^{24}lE^{21}$

我 去 太 原 来去了已经回来。

76. ʐɣ²⁴liɑ̃²¹zəŋ²⁴tɕiʌu⁵³məʔ²²fæ⁵³kuɣ⁵³pəʔ²²xo²¹

惹_{人家}两人 就 没 犯 过 不 好_{没吵过架}。

77. tɒ⁵³kuɣ²²sɑ̃⁵³ tʂəŋ²²təʔ⁰kæ²²təʔ⁰ɕio²¹kuɣ²²sɑ̃⁵³vo²⁴təʔ⁰ɕi²²təʔ⁰

大 锅 上 蒸 的 干的，小 锅 上 熬 的 稀 的。

78. va²¹ɕiəŋ²¹təʔ⁰ləʔ⁰ məʔ²²sɛ⁵³tʂɣ²⁴

我 醒 的 嘞，没 睡 着。

79. kʰæ⁵³tʰe²²sɑ̃⁵³fɛ²²təʔ⁰fɛ²²ɕi²²

看 天 上 飞 的 飞 机。

80. va²¹cʰi²⁴təʔ⁰mɣ²⁴tʰuɑ²²tʂʰɣ²²ləʔ⁰

我 骑 的 摩 托 车 嘞。

81. ɕiɒ⁵³kʰᴇ²²y²⁴la⁰

下 开 雨 啦。

82. ni²¹te²⁴təʔ⁰pʰɛ²⁴ɕiɒ⁵³cʰy⁵³lo²¹pɛ²¹tʌu²²pʰɛ²⁴kuɑ̃²²la⁰

你 这的 赔 下 去 老 本 都 赔 光 啦。

83. va²¹ʂʌu²¹kəʔ²²tʂɒ²²la⁰ va²¹cʰy⁵³ɕi²¹ɕi²¹

我 手 圪 渣 啦，我 去 洗 洗_{第一个"洗"无长音也可}。

84. va²¹tʂəŋ⁵³tsᴇ⁵³lu⁵³sɑ̃⁵³tsʌu²¹təʔ⁰ləʔ⁰kʰuᴇ⁵³to⁵³ɕiɒ²²la⁰

我 正 在 路 上 走 的 嘞，快 到 家 啦。

85. va²¹ku⁵³pəʔ²²təʔ²²va²¹sɑ̃⁵³təʔ⁰kʰuɣ⁵³ləʔ⁰

我 顾 不 得，我 上 的 课 嘞。

86. ne²⁴ʂʅ²⁴ɕiʌu²¹yɒ²²va²¹xᴇ²⁴ne⁵³ʂu²²təʔ⁰ləʔ⁰

年 时 九 月，我 还 念 书 的 嘞。

87. tsᴇ⁵³pəʔ²²tʂʰuæ²²kuɣ⁵³ne²⁴tɕiʌu⁵³ɕio²¹la⁰

再 不 穿， 过 年 就 小 啦。

88. miəŋ²⁴te²⁴xuɛ⁵³va²¹tɕiʌu⁵³to⁵³pɛ²¹ciəŋ²²la⁰

明_{明天}这会 我 就 到 北 京 啦。

89. tʰɑ²¹cʰy⁵³tʰɛ⁵³ve²⁴ləʔ⁰

    他 去　太　原　嘞将去。

90. va²¹xuɛ²tsuəʔ⁵³fæ⁵³ləʔ⁰

    我 回　做　饭　嘞将做。

91. te²⁴ʂʅ⁵³yəŋ⁵³ʂʌu²¹ɕiɛ²¹təʔ⁰,pəʔ²²ʂʅ⁵³iəŋ⁵³təʔ⁰

    这 是　用　手　写 的, 不 是　印　的。

附录1 端氏方言音系

1.声母

p 菠步病别	pʰ坡配旁泼	m 磨某忙麦	f 付飞凡法	v 味物冤蛙
t 多待党夺	tʰ拖图通铁	n 挪脑难捏		l 来吕狼略
ts 左尖增作	tsʰ搓曹钱错		s 锁鲜宋速	
tʂ遮诸捉庄	tʂʰ车除床拆		ʂ 蛇瘦霜勺	ʐ 惹染让热
tɕ姐祭尽接	tɕʰ且齐秦七		ɕ 写袖姓熄	
c 家巨件杰	cʰ区斤屈箕			
k 哥狗见刮	kʰ可口牵客		x 花和婚忽	ɣ爱饿硬恶
ø 夜卧沃域				

说明：

（1）[v]摩擦较重，[ɣ]摩擦较轻，只有在重读时才明显。

（2）古见组字齐撮二呼前大都读[c cʰ]，其中送气音更靠前一些，接近[tɕʰ]，当地人[cʰ tɕʰ]区别明显。

（3）齐齿呼的零声母音节开头有摩擦，接近半元音[j]，这里处理为零声母。

2.韵母

ɿ 资瓷四自	i备移批鸡	u补肚猪五	y举取徐雨
ʅ 知池师是			
ɚ儿二而耳			
a婆哥伯馍	ia姐爷呀也		

ɒ疤花挂茶　　　iɒ家下哑佳

ɣ饿河坡磨　　　　　　　　　uɣ多搓过火

ɛ蛇才排奶　　　iɛ借街鞋茄　　　uɛ快拽甩坏　　　yɛ瘸靴轩楦

ɜ罪跟杏横　　　　　　　　　　uɜ怪村春横

o毛高罩烧　　　io标鸟交晓

ʌu走勾周偷　　iʌu流秋牛丢

e减甜奸远　　　ie严炎眼燕　　　ue全圈劝犬

æ贪凡看弯　　　　　　　　　　uæ端幻转阮

ã帮邦项王　　　iã娘将项江　　　uã光筐窗双

əŋ沉人朋冯　　　iəŋ心贫兴兵　　　　　　　　　yəŋ旬军永容

oŋ谋墓梦中

ɑʔ答剥掰肋　　　iɑʔ甲铁瞎烈　　uɑʔ刷卒郭桌　　yɑʔ削缺岳月

əʔ执各屋木　　　iəʔ立吉力席　　uəʔ活突获哭　　yəʔ肃玉菊俗

m̩某母亩拇

说明：

（1）[ɚ]的舌位很靠后，而且舌尖已轻抵硬腭和软腭交界处，实际音色[ɚ̢]。

（2）[ɛ]与[tʂ tʂʰ ʂ z]相拼时，有很明显的[ɤ]介音，实际音色为[ɤɛ]，因与[ɛ]不对立，故合为一个音位。

（3）[o]的舌位略底，介于[o]和[ɔ]之间。

（4）[ʌu]的两个元音有开口度大小的区别，但韵尾[u]几乎没有圆唇动作，因与单韵母[u]不对立，故合为一个音位。

（5）[iɛ yɛ]的韵腹[ɛ]比单韵母[ɛ]开口度略大，介于[ɛ]与[ɜ]之间。

（6）宕江摄韵母的读音听感上接近普通话的[aŋ]，但当地人发音没有后鼻音韵尾，是由[a]鼻化后形成的，这里记作[ã]。

（7）深臻摄和曾梗摄开口呼韵母与非唇音声母相拼时为[əŋ]，与唇音声母[p pʰ m f]相拼时韵腹圆唇，这里记作[oŋ]；曾梗通合口呼韵母发音与[oŋ]

接近：发音时唇形略圆，比[u]开口度略大，这里统一记为[oŋ]。

3.声调

阴平˩22　　高边开初抽婚三低

阳平˦24　　才穷寒神鹅床人云

上声˩21　　古走口草好粉五有

去声˥53　　在罪盖对汉共害岸

阴入˩22　　眨入渴疾作桌力百

阳入˥53　　杂给拔侄镯逼白答

说明：

（1）阴平和上声调值很低，阴平趋平，上声趋降，这里分别记作22和21。

（2）阴入调值同阴平，阳入调值同去声。两个入声韵尾喉塞明显。

附录 2　主要发音合作人

王小能，女，67 岁，沁水县端氏镇端氏村人，农民，小学毕业，只会说本地方言。

刘国应，男，64 岁，沁水县端氏镇高庄村人，农民，中专毕业，只会说本地方言。

蔡来余，男，69 岁，沁水县端氏镇端氏村人，农民，初中毕业，只会说本地方言。

贾志军，男，61 岁，沁水县端氏镇坪上村人，村干部，中专毕业，只会说本地方言。

史世君，男，53 岁，沁水县端氏镇必底村人，乡镇干部，高中毕业，只会说本地方言。

王达财，男，65 岁，沁水县端氏镇樊庄村人，农民，中专毕业，只会说本地方言。

庞雪枝，女，65 岁，沁水县端氏镇端氏村人，农民，小学毕业，只会说本地方言。

李兰珠，女，68 岁，沁水县端氏镇端氏村人，农民，初中毕业，只会说本地方言。

后 记

历时两年，这本小书就要和读者见面了，付梓之际，心中充满了感恩和感谢之情。

首先，我们要感谢山西大学副校长行龙教授。我有幸参加了由行校长主持的沁河风韵学术工作坊，在行校长的带领下，2014年暑假课题组一行人对沁河流域进行了一次历史文化考察，这次考察不仅让我感受到了沁河流域历史文化的厚重，也使我第一次从另一个视角看地域方言：过去我们调查方言，只重视地域差异，总觉着流域与地域没有什么区别，因为黄河流域和汾河流域的方言都是南北差异大，东西两岸则大同小异。这次考察沁河流域的方言，我们惊奇地发现，隔着小小的沁河，两岸的方言却大相径庭——东岸属于晋语区，西岸则属于中原官话区，语言是文化的载体，地域方言与地域文化必然形影相随，这给了我们探究这方热土源远流长的方言的热情和动力。行校长身体力行和严谨治学的学者风范，更给我们树立了榜样，我们只有认真做好这本小书，才对得起行校长的信任和期待。

其次，我们要感谢晋城市委、沁水县委、阳城县委相关领导的大力支持。2014年8月下旬到9月上旬，我们师生四人前往沁水和阳城两县调查方言。在晋城市委宣传部的统一领导下，我们调查了沁水县端氏镇和中村两个乡镇的方言以及阳城县各乡镇方言。在沁水县调查期间，县委宣传部梁部长亲自安排，端氏镇、中村的乡镇有关领导积极配合，使我们的调查工作进行得较为顺利；在阳城县调查期间，郭副县长亲自领导，经常到我们的调查现场询问调查情况，我们时时处处能感受到郭县长对民俗文化的热爱和对文化建设的高度重视。我们还要感谢沁水县王扎根老师和阳城县志办的王家胜主任。在沁水调查期间，王扎根老师全程陪同，帮我们拍摄图片，协调有关问题，寻找相关发音人，去中村时他找来朋友的车为我们送行；在阳城县期间，王家胜主任全程负责我们的调查工作，跑前跑后为我们寻找合适的发音人，协调各方面关系。两位老师的敬业精神和任劳任怨的工作态度令我们感动。

再次，我们要感谢众多的发音人。在沁水和阳城两县，我们接触了各乡镇几十位发音人，每位发音人都非常敬业。这里要特别感谢端氏镇的王小能女士，在端氏镇调查时，她就是我们的主要发音合作人，2015年3月底到4月初又来到太原配合我们的核实工作。她思维清晰，方言纯正，对当地民俗文化了如指掌，尤其是她任劳任怨、有求必应的敬业精神令人感动，在太原期间一度身体不适，即使躺在床上也坚持配合我们工作，经常和我们一起工作到晚上10点，当我们对这位年近70的老人表达谢意时，她总是用一句朴实的"搁不住，搁不住！"来回应我们。在端氏镇期间，高庄村的刘国应先生也是我们的主要发音人；还有端氏镇的贾丽娜女士，在这本小书校对期间，回答了我们很多疑问，为我们的核实工作提供了很多方便。在这里我们对这些为我们付出了辛苦劳动的发音人由衷地说一句"谢谢"！没有你们的积极配合，这本小书不可能顺利出版。

另外，还要特别感谢三位同学——吕佳、尹国梁和史荣。在端氏镇和阳城调查期间，三位同学一直陪伴着我。由于时间紧，任务重，她们很快独当一面，面对完全陌生的方言，学中干，干中学，较为出色地完成了调查任务。后期的录入、核实和校对工作她们也作出了很大的贡献。

同时感谢王扎根和麻林森两位老师为我们提供的丰富的图片资料，使这本书更加完整和生动。

最后要感谢的是出版社的王新斐、张慧兵等多位编辑，感谢他们为这本小书的辛勤付出。

沁河流域历史文化源远流长，民俗语汇犹如汪洋大海。由于时间紧迫，篇幅有限，我们收录的只是当地民俗语汇的一小部分。又由于作者水平有限，书中错误和疏漏在所难免，恳请各位专家和读者不吝赐教，我们一定虚心接受。

史秀菊